兴业国际信托有限公司

CHINA INDUSTRIAL INTERNATIONAL TRUST LIMITED

兴业国际信托有限公司的前身系联华国际信托有限公司，成立于2003年3月，公司注册地为福建省福州市，注册资本为人民币12亿元。2011年1月，经国务院和中国银行业监督管理委员会批准，由兴业银行股份有限公司控股，成为经国务院特批的我国第三家由商业银行控股的信托公司；同时也是福建省唯一一家信托公司以及我国第一批引进境外战略投资者的信托公司。

兴业国际信托有限公司按照《中华人民共和国信托法》、中国银行业监督管理委员会《信托公司管理办法》等有关法律法规要求，紧紧围绕“高起点、高标准、高品位，打造全国一流信托公司”的发展战略目标，坚持依法经营、稳健经营，不断夯实业务基础和客户基础，着力提升业务发展和创新能力，致力于成为国内优秀的综合信托服务提供商，成为综合化、有特色的全国一流信托公司。截至2011年末，兴业国际信托有限公司固有资产总额为33.57亿元，信托资产余额为1507.77亿元，累计开展信托项目991个，已顺利结束信托项目471个，公司所有结束清算的信托计划全部如期或提前兑付，所有信托产品的收益都达到或超过预期收益率，存续的信托财产运营情况正常。

按照立足福建、面向全国的经营发展战略，目前兴业国际信托有限公司已设立了9个综合管理部门、11个业务发展部门、1个客户营销总部，在福州、北京、上海、广州、深圳、重庆、西安、武汉、沈阳等全国主要经济中心城市设立业务和客户服务网络，并参股紫金矿业集团财务有限公司、华福证券有限责任公司。在全国优秀信托公司评选活动中，兴业国际信托有限公司先后荣获“最佳发展潜力信托公司”、“‘诚信托’行业新秀奖”、“最具区域影响力信托公司”、“最佳高端客户投资渠道奖”、“最具成长性信托公司”、“最佳区域理财机构”等多项荣誉。

公司股东实力雄厚，可持续发展前景良好。公司现有股东中既有中资主流商业银行，又有国际知名外资银行及大型国有企业等实力强大的股东。兴业国际信托有限公司现有股东分别为：兴业银行股份有限公司、澳大利亚国民银行、福建华投投资有限公司、福建省南平市投资担保中心。

兴信立业

精诚守托

华融国际信托有限责任公司

华融国际信托有限责任公司
HUARONG INTERNATIONAL TRUST CO.,LTD

华融国际信托有限责任公司（以下简称“华融信托”）成立于1987年1月，是国内最早经营信托业务的公司之一。2007年3月，中国华融资产管理公司（以下简称“中国华融”）对其实施重组，2008年5月，更名为华融国际信托有限责任公司，注册资本15.1777亿元，中国华融持股97.5%。

重组成立三年多来，华融信托致力于信托主业，努力从传统投融资业务向资产管理和财富管理业务方向转型，发行了煤炭、有色金属、房地产、证券、PE股权、艺术品、基础设施、现代服务业、战略新兴产业、现代制造业和文化产业等一系列信托产品，累计为数百家优秀企业提供了超1000亿元的综合金融服务方案，累计管理资产规模超2000亿元，为受益人实现收益超80亿元。同时，华融信托行业排名和品牌地位大幅提升，2010年财务指标综合排名已跃升至行业第9名（信托业协会《2010年中国信托业年鉴》），集中显现了公司三年多来跨越式的发展业绩。

华融信托企业文化

（一）企业使命

为客户创造价值

为股东创造价值

为员工创造价值

为社会创造价值

（二）企业理念

依法合规

稳健经营

创造财富

成就价值

（三）企业精神

尽责　诚信　创新　和谐

（四）华融信托主要荣誉

监管部门授予荣誉：

•2011年1月，获中国银监会授予的2010年度“全国银监会系统先进集体”荣誉称号

•2011年、2012年连续两年获新疆银监局授予的“监管统计工作三等奖”

▪ 华融信托获得2010年度“全国银监会系统先进集体”荣誉称号

▪ 华融信托首创的TOT信托理财模式在2011年中国国际金融展获得“金鼎奖”优秀金融服务解决方案奖

▪ 华融信托办公大楼

行业内部荣誉：

•2011年9月，华融信托首创的TOT信托理财模式在2011年中国国际金融展获得“金鼎奖”优秀金融服务解决方案奖

•2011年8月，在“第四届中国优秀信托公司”评选活动中获得“中国最具成长性信托公司”荣誉称号

•2011年8月，由华融信托发行的“金牡丹　融丰系列　华瑞煤业采矿权收益权转让暨回购项目集合资金信托计划”　在“第四届中国优秀信托公司”评选活动中获得“最佳资源类投资信托计划”

•2011年4月，在中国信托业协会二届六次会员大会上，华融信托以高票当选为中国信托业协会理事单位之一

其他荣誉：

•连续四年获得新疆自治区精神文明建设指导委员会授予的新疆自治区“精神文明单位”称号

•2011年3月，获乌鲁木齐市2010年度“纳税突出贡献企业”荣誉称号

•2011年1月，获新疆自治区内部审计协会授予的“2008—2010年度新疆自治区内部审计工作先进单位”称号

▪ 华融国际信托有限责任公司董事长隋运生

盈利能力再创新高，信托主业地位进一步凸显。2011年，华融信托实现营业收入14.28亿元，比2010年增长89.45%，其中信托业务收入11.96亿元，占比 83.76%，显著领先行业78.78%的平均水平，信托主业地位稳固；实现利润总额6.98亿元，人均利润总额572.4万元，分别比2010年增长169.14%和26.08%，公司整体经营能力和人均创利能力在跨越式发展的基础上又上一个新台阶。

二次转型成效初显，内涵式发展引领公司前进。2011年，在行业二次转型的大潮推动下，华融信托积极践行监管号召，努力实现内涵式发展，不仅显著提升了主动管理信托规模，而且在业务结构优化、产品创新研发等方面都进行了有益的探索和尝试，TOT信托理财产品、以有限合伙方式开展的证券投资业务、艺术品投资信托等创新产品全面铺开，均收到了良好的市场反馈效果。

立足财富管理，稳步发展资金直销能力。2011年，华融信托加快了向专业财富管理机构迈进的步伐，在之前研究开发的TOT信托理财模式良好市场反响的基础上稳步发展资金直销能力，自主募集资金规模占集合信托计划规模比例超过50%。在此成绩之上，华融信托将在2012年启动财富管理中心的建设工作，着力提高直销能力，培养自己的客户群体，进而为提升信托行业在理财市场上的地位和影响力贡献力量。

▪ 华融信托2012年年会部分演职人员合影

坚持诚信经营、为客户创造价值，到期信托产品全部如期兑付。华融信托恪守"尽责、诚信"的企业精神，始终把客户利益放在首要位置，以完备的风控措施和专业的创新能力驱动公司不断为客户创造新的价值。三年多来累计向社会提供了近800期信托理财产品，累计为投资者实现收益超80亿元，到期产品全部如期兑付。

▪ 华融信托香港信托业务与创新培训班合影

以人为本，打造高素质的人才队伍。华融信托重视人才引进和培养，建立公开、公平、公正的人才竞争和选拔机制，为员工提供多渠道的职业发展通道和个性化的培训体系。2011年，华融信托在队伍建设、人才引进、人才培养方面加大力度，引进信托业务、资金营销、风险管理、法律审查等多名专业人才，目前大多数员工具备五年以上的金融、信托行业从业经历，其中硕士及以上学历人员已占到总人数的60.2%。

▪ 华融信托参加大股东中国华融运动会合影

热心公益，积极支持民族团结事业。华融信托在新疆地区确定了三个定点扶贫单位：塔什库尔干县的柯克亚尔乡谢尔乃甫村、塔合曼乡喀依那儿村、拜什库尔干村。公司组织向定点扶贫单位捐赠，帮助村组织改善办公条件，有力支持了落后地区发展，为消除贫困、增强民族团结尽了一份力。公司还与乌鲁木齐市雅玛里克山片区管委会西虹社区结成共建关系，经常深入社区走访慰问社区居民，捐款资助社区老年文艺队，贴近群众，帮助解决群众反映强烈的问题，共同商讨共建及维护稳定事宜，进一步增强了民族之间的团结，有效发挥了公司的社会责任。

▪ 华融信托大客户座谈会祝愿仪式

昆仑信托有限责任公司
KUNLUN TRUST CO.,LTD.

王亮　昆仑信托有限责任公司　总裁

昆仑信托有限责任公司（以下简称“昆仑信托”）成立于1986年11月。2009年6月，中国石油天然气集团公司对金港信托进行重组，并更名为昆仑信托，公司注册资本从4.07亿元增至30亿元人民币。

在新的起点上，昆仑信托坚持“高起点、快发展、可持续”的发展思路，一贯秉承“专业创造价值”理念，依法合规经营，严格控制风险，不断开拓市场，打造公司品牌，履行“受人之托，代人理财”责任，为客户提供稳健的投资回报，盈利能力逐年提升。2008年到2011年，公司信托资产规模从387亿元增长到645亿元，营业收入从1.2亿元增长到8.2亿元，净利润从3800万元增长到5.3亿元。2011年，公司当选中国信托业协会会员理事单位，获浙江省优秀金融企业称号，“昆仑信托”品牌影响力持续扩大，公司形象稳步提升。

昆仑信托不断完善法人治理结构，建立了严格的风险管理、清晰的财务管理、高效的综合

管理和智能的信息管理体系和流程。公司着力加强内控与风险管理，坚持“低风险偏好、零风险容忍”的核心理念，发布实施《内控与风险管理手册》，强化对各类业务项目的风险合规审查、关联交易审查，履行尽职管理职责，形成了诚信、稳健的经营风格。

昆仑信托拥有一支富有朝气、勇于开拓、善于创新的专业财富管理队伍，公司团队坚持客户至上原则，强化客户服务，秉承“为投资人提供安全、高收益理财产品”的理念，以持续的产品创新为突破，依托“昆仑财富”、“坤德”、“甬江”等系列产品吸引了大批机构投资者和高净值人士。公司以宁波、北京两地为基础，依托石油矿区和经济发达地区，初步形成了辐射全国的营销网络。

昆仑信托高度重视企业建设，着力倡导将中国石油的大庆精神、铁人精神与金融文化中的职业精神、市场意识有机结合，不断提高公司自主管理能力、财富管理能力、产品创新能力，以“诚信为本、团结协作、服务至上、专业理财、善于学习、勇于创新”为内容，打造一流的文化，建设一流的团队。

昆仑信托秉承“做有责任的企业”理念，忠实履行《信托公司社会责任公约》，实现利益相关方共同和谐发展。公司设立“仁爱”系列慈善信托计划，与宁波市慈善总会合作成立了昆仑信托慈善基金，将信托收益捐赠给慈善事业。公司积极为节能减排行业提供优质金融服务，努力打造绿色、环保的企业形象。公司连续荣获宁波市“纳税50强”、宁波市服务业“纳税20强”以及宁波市和谐企业创建先进单位等荣誉称号。

面对不断变化的发展环境，昆仑信托将依托股东的优势资源，立足京津冀、长三角和主要油气等能源产业区，走自主化、专业化、特色化、国际化的经营发展道路，打造国内一流的产融互动平台、财富管理平台和战略共赢平台，建设信托行业的百年老店。

吉林省信托有限责任公司董事长
高福波

吉林省信托有限责任公司简介

吉林省信托有限责任公司成立于 1985 年。近年来，公司确定了信托主业和金融股权投资两条业务主线，全面启动市场化战略，建立完备的风险管控体系，提升精细化管理水平，打造稳定的盈利模式。截至 2011 年末，公司所有者权益 25.68 亿元，全年实现总收入 8.29 亿元，净利润 4.01 亿元，人均净利润 271 万元，不良资产为 0。

公司始终遵循“面向市场、规模适度、资本充足、风险最小、效益最大、回报最高”的宗旨和“恪尽职守、诚信为本、客户至尊”的经营理念，稳步拓展信托主业，已经打造出“长白山”、“松花江”、“财富基金”、“吉信增盈”等特色品牌。在 2010 年和 2011 年“诚信托奖”评选中，公司连续两年荣膺“成长优势奖”，在 2011 年北京国际金融博览会荣膺最佳财富管理机构奖和最具影响力品牌奖。截至 2011 年末，信托资产管理规模达 626 亿元，实现信托报酬 5.24 亿元。

公司不断加大金融股权投资力度，投资控股天治基金和天富期货公司；作为第二大股东投资参股东北证券；作为第一大股东投资吉林九台农商行；作为并列第一大股东投资中融人寿保险；同时还投资参股吉林银行、长春农商行、吉林舒兰农商行、吉林电力等金融股权和上市公司。截至 2011 年末，公司金融股权和上市公司投资总额达到 12 亿元，总市值超过 20 亿元，一个涵盖信托、基金、期货、商行、证券、保险等领域的金融控股公司架构已经初步形成。

未来，吉林信托将进一步完善法人治理结构，全面提升产品创新能力，健全完备的风险管理体系，培育优良的资产结构，构建强劲的核心竞争力，打造前卫的市场化运营机制，打造稳定的盈利模式，打造一流的高端财富管理机构。

吉林省信托有
吉林信托
JILIN TRUST

华宸信托有限责任公司简介

华宸信托有限责任公司成立于1988年，目前拥有员工103人，其中本科以上学历工作人员占员工总数的69%。公司注册资本为5.72亿元人民币。

“十一五”规划期间，华宸信托有限责任公司一方面紧紧围绕中央和内蒙古自治区确定的“保增长、扩内需、调结构、惠民生”的工作重点，积极贯彻适度宽松的货币政策，不断创新金融服务方式，全面加大对经济和社会发展的支持力度，在应对国际金融危机、推动社会经济平稳较快发展中发挥了积极的作用；另一方面不断提升资产质量、资本盈利能力等“硬实力”和法人治理、内控体系及管理手段等“软实力”。华宸信托高度的社会责任感和良好稳健的经营业绩得到了各界认可，国家银监会非银部、内蒙古银监局以及内蒙古国资委等上级主管部门领导多次视察公司，对公司所取得的成就给予了充分的肯定。近年来公司曾荣获“中国最具区域影响力信托公司奖”、“中国最佳基础设施信托计划奖”、“内蒙古自治区金融业务创新奖”、“内蒙古自治区诚信企业奖”、“最具创新理财团队奖”、“内蒙古自治区A级纳税企业奖”等奖项。

2011年是华宸信托具有特殊意义的一年。在国际金融危机尚未结束，国内推行“稳经济、调结构、控通胀”的大背景下，公司又面临着股权结构调整的复杂局面。在股东单位和监管机构的大力关怀下，在董事会的正确领导下，公司紧紧抓住稳定、发展、创新三大主题，积极配合股权转让和增资扩股工作，加大业务转型和创新力度，努力开创公司各项工作的新局面。公司全年信托业务手续费收入占营业收入比例为73.44%，比上年上升22.87个百分点，达到监管要求的最好水平，信托业务名副其实的成为公司的主营业务。公司相继推出的“华宸·鸿泰”基础设施建设系列产品、“华宸·金诚”房地产系列产品和“华宸·紫金”矿产资源开发系列产品等信托理财产品，较好地支持了地方经济和一批优质企业的发展，在推进地区新型工业化进程、改善民生等经济社会发展方面作出了积极贡献，在业内赢得较高美誉度。

“天行健,君子以自强不息”。2012年是华宸信托将继续秉承“受人之托、代人理财”的信托宗旨，在专业化、特色化的发展道路上继续前进，为服务地方经济、维护社会和谐作出更大的贡献。

国联信托股份有限公司

国联信托股份有限公司的前身是无锡市投资信托公司，初创于1987年1月。2003年1月，公司获准重新登记，并更名为国联信托投资有限责任公司。2007年6月，获领新金融牌照，更名为国联信托有限责任公司。2008年7月，国联信托有限责任公司变更为国联信托股份有限公司。公司目前注册资本12.3亿元人民币。控股股东为无锡市国联发展（集团）有限公司。

国联信托自重新登记9年来，始终遵循"受人之扎，代人理财"的信托理念，凭借"诚信为道"的价值观赢得了广大投资人的关注与信任，公司发行的所有信托产品均达到和超过了预期的回报；凭借开拓与稳健并行的经营策略、创新与风控并重的经营模式，逐步成为江苏乃至长三角地区具有竞争力的资产管理型金融企业。

公司始终把"诚信、稳健、规范、创新"的经营宗旨，融入到"受人之托，代人理财"信托理念之中，在不断变化的市场环境中，抓住每一个时期的热点和重大投资机会，拓展业务领域和规模，在服务于地方经济发展过程中，取得了良好的社会与经济效益。截至2011年12月底，净资产达到22.01亿元，公司受托信托资产规模达到224.15亿元。累计信托业务资产总规模836亿元，其中发行集合信托产品近90个，规模122亿元；单一信托产品近420个，规模714亿元。

2012年，在新的起点上，国联信托将不断提高投资盈利能力和风险管控能力，进一步培育"发现价值、提升价值、实现价值"的核心竞争力，最终发展成国内具有竞争力的资产管理型金融服务公司。

网址：www.gltic.com.cn

▪ 国联信托新办公大楼效果图

北京国际信托有限公司

北京国际信托有限公司（简称北京信托）成立于1984年10月，2002年3月，经中国人民银行批准重新登记。2003年3月增资改制成为多家知名企业参股的非银行金融机构。2007年，经中国银行业监督管理委员会批准，公司实施了引进境外战略投资人的股权重组，同时按照信托新规的要求换发了新的《金融许可证》。公司注册资本金14亿元人民币，为中国信托业协会会员、常务理事单位，北京市银行业协会会员。

北京信托始终恪守"谨慎、诚信、尽职、创新"理念，坚持防范风险、合规经营、持续创新、稳健发展的方针，在现代企业制度基础上，建立了日臻完善的法人治理结构；拥有高素质、专业化的业务管理团队；具备较雄厚的产品研发、创新实力并已形成系列品牌；建立了涵盖各类业务操作流程、内控制度在内的较为完备的风险管理体系。基于健全的内部管理架构和有效的激励机制，并依托于良好和谐的外部环境，加之经营团队敏锐的市场研判把控能力和专业化的管理实力，近年来，北京信托在不断强化自主管理能力，调整产品结构，推进业务转型，加强多领域合作中，积极发挥金融信托平台优势。在服务实体经济、扶持中小企业发展、节能环保产业投资等方面加强信托业务和信托产品创新力度，公司业绩不断攀升。截至2011年末，受托管理的信托财产余额1030.6亿元，自2002年以来，受托管理信托财产累计约4074亿元。公司以自身不断提升的综合实力为投资人创造了安全、稳定的信托财产增值收益，成为广大投资人信赖的金融机构，先后荣获中国证券报"诚信托""卓越公司奖"、"最佳信托理财机构奖"、"最佳客户服务信托公司"以及相关产品奖和多个单项奖。

网址：www.bjitic.com

上海国际信托有限公司

上海国际信托有限公司（以下简称“公司”）成立于 1981 年，注册资本金人民币 25 亿元。公司自成立以来，始终坚持稳健经营、规范管理，不断推进科学发展、自主创新，在市场上树立了品牌形象，赢得了良好信誉，综合实力居全国信托公司前列。

公司曾被国务院指定为全国对外融资十大窗口之一；获地方金融机构最高信用评级（穆迪 Baa2、标普 BBB-）；被指定为非银行业金融机构中首家合规试点单位；被推举为中国会计学会信托分会会长单位；发起设立中国第一家信托登记机构——上海信托登记中心，并被推选为理事长单位；被一致推选为第二届信托业协会会员理事单位和副会长单位。近年来，公司先后荣获《上海证券报》《证券时报》《21 世纪经济报道》等权威媒体评选出的多项行业大奖，公司的“红宝石”安心进取伞形配置信托计划作为唯一一家入围信托公司创新产品，荣获上海市政府首次颁发的“2010 年上海金融创新奖二等奖”。

公司长期致力于推进产品创新，现已获得资产证券化业务、代客境外理财（QDII）、企业年金业务受托人资格，并在全国率先推出“优先劣后”受益权的结构性信托产品，在证券投资、不动产和股权投资领域，逐渐形成产品特色，打造了“蓝宝石”、“红宝石”、“紫晶石”、“白金”、“明珠”、“现金丰利”等系列品牌，为不同风险偏好和理财需求的投资者提供产品选择和服务。近几年来，公司相继推出业内首个 QDII 产品、首个以大类资产配置为导向的伞形配置自主管理信托产品和首个受托人自主管理的 PIPE 基金、“香花石”艺术品投资信托等创新产品，信托主业和创新业务得到快速健康发展。2010 年，公司重新打造视觉品牌形象，提出“信利正•睿见远”的公司口号，全面提升了公司品牌效应，为公司业务发展提供了有力支持。2011 年，公司及时抓住 PE 市场等另类资产管理市场迅猛发展的机遇，经中国银监会批准设立了“上海上信资产管理有限公司”，建立了专业化的资产管理平台，为加速培养主动管理能力创造了良好条件。

www.shanghaitrust.com

上海信托
SHANGHAI TRUST

中铁信托有限责任公司

中铁信托有限责任公司（简称中铁信托，原名为衡平信托有限责任公司）是经中国银行业监督管理委员会批准，以金融信托为主营业务的非银行金融机构，注册资本12亿元。2007年7月，公司按照中国银监会《信托公司管理办法》换发了新的金融许可证，成为全国首批换发金融许可证的信托公司之一。中铁信托的控股股东——中国中铁股份有限公司是全球第二大建筑工程承包商，在世界企业500强排名第95位、中国企业500强排名第6位、中央企业排名第5位。

2011年，中铁信托牢牢把握信托行业发展机遇，恪守“创新、服务、可持续”的经营理念，深入实施大优客户战略，加快推进全国化业务布局，目前已在北京、上海、广州、深圳、武汉、重庆派驻了业务团队，重点打造了“营销+风控”的双核竞争力。2011年度新增信托项目192个，管理信托资产规模425亿元，信托产品兑付率100%。截至2011年底，中铁信托累计发行信托产品近700个、管理信托财产规模1300多亿元。2011年4月，中铁信托入选中国信托业协会第一届监事会；2011年8月，在《证券时报》主办的第四届中国优秀信托公司评选活动中，公司蝉联“中国优秀信托公司”称号，是中西部地区唯一获此殊荣的信托公司；2011年9月，公司在第七届中国（成都）金融理财节上，连续第四次荣获“年度最佳理财服务品牌”称号。

信任源于专业，专业创造价值。2012年是实施中铁信托“十二五”规划承上启下的重要一年，中铁信托将始终铭记使命、珍惜托付，深入贯彻“创新、服务、可持续”的经营理念，进一步确定符合自身特点与资源优势的市场定位，竭诚为广大客户提供更加专业、更加优质的金融理财服务，共同创造更加美好的未来！

网址：www.crtrust.com

中航信托股份有限公司

中航信托股份有限公司（简称“中航信托”）的前身是江西江南信托股份有限公司，于2009年12月28日经中国银监会批准设立的股份制非银行金融机构，是经中国商务部核准的外商投资企业。公司由国内大型国有企业中国航空工业集团公司、中国航空技术深圳有限公司等及引进的战略投资者“新加坡华侨银行”共同发起设立，注册地为江西南昌市红谷滩新区赣江北大道1号中航国际广场。

公司总部设有信托业务中心、投资管理部、财富管理中心、固定收益部、风险管理部、计划财务部、综合管理部、稽核审计部、信息科技部等部门，目前已在北京、上海、深圳、重庆、昆明、沈阳等驻有业务团队。

中航信托以“打造细分市场资产管理核心能力，成为专业化的一流金融服务商”为发展愿景，确立“高起点、高境界、可持续、快发展”的经营方针，坚持走“差异化、专业化”经营道路，立足江西，依托航空，面向全国，借助强大的股东背景和地方资源优势，力争创建一流公司、建设一流团队、创建一流业绩、实现一流管理、争做一流员工。与客户携手，分享丰硕成果！

网址：www.sctic.com

中国人民大学中国财政金融政策研究中心系列报告

中国信托业发展报告

（2012）

中国人民大学信托与基金研究所　著

中国经济出版社
CHINA ECONOMIC PUBLISHING HOUSE
北　京

图书在版编目（CIP）数据

中国信托业发展报告．2012/中国人民大学信托与基金研究所著

北京：中国经济出版社，2012.4

ISBN 978-7-5136-1495-5

Ⅰ．①中… Ⅱ．①中… Ⅲ．①信托—研究报告—中国—2012 Ⅳ．①F832.49

中国版本图书馆 CIP 数据核字（2012）第 052473 号

责任编辑　彭彩霞

责任审读　霍宏涛

责任印制　石星岳

封面设计　任燕飞设计室

出版发行　中国经济出版社

印 刷 者　北京市京津彩印有限公司

经 销 者　各地新华书店

开　　本　787mm×1092mm　1/16

印　　张　16

字　　数　250 千字

版　　次　2012 年 4 月第 1 版

印　　次　2012 年 4 月第 1 次

书　　号　ISBN 978-7-5136-1495-5/F·9276

定　　价　150.00 元

中国经济出版社 **网址** www.economyph.com **社址** 北京市西城区百万庄北街 3 号 **邮编** 100037

本版图书如存在印装质量问题，请与本社发行中心联系调换（联系电话：010-68319116）

夏斌
国务院发展研究中心
金融研究所所长

王丽娟
中国信托业协会
专职副会长

王晓龙
北京国际信托有限公司
总经理

王亮
昆仑信托有限责任公司
总裁

华伟荣
国联信托股份有限公司
董事长

杨华辉
兴业国际信托有限公司
董事长

姚江涛
中航信托股份有限公司
总裁

高福波
吉林省信托有限责任公司
董事长

隋运生
华融国际信托有限责任公司
董事长

董永成
大连华信信托股份有限公司
董事长

景开强
中铁信托有限责任公司
总经理

甄学军
华宸信托有限责任公司
总裁

潘卫东
上海国际信托有限公司
董事长

专家委员会主任：

夏　斌	国务院发展研究中心金融研究所	所　长
王丽娟	中国信托业协会	专职副会长

专家委员会成员：（按姓氏笔画）

王晓龙	北京国际信托有限公司	总经理
王　亮	昆仑信托有限责任公司	总　裁
华伟荣	国联信托股份有限公司	董事长
杨华辉	兴业国际信托有限公司	董事长
姚江涛	中航信托股份有限公司	总　裁
高福波	吉林省信托有限责任公司	董事长
隋运生	华融国际信托有限责任公司	董事长
董永成	大连华信信托股份有限公司	董事长
景开强	中铁信托有限责任公司	总经理
甄学军	华宸信托有限责任公司	总　裁
潘卫东	上海国际信托有限公司	董事长

前　言

中国人民大学信托与基金研究所是依托中国人民大学成立，我国迄今唯一一家信托基金专业研究机构，长期专注和致力于国内外信托业的理论与实践的研究，深度参与和见证了中国信托业的发展与信托制度建设历程。

迄今中国人民大学信托与基金研究所已于2004—2012年连续九年出版《中国信托业发展报告》。以其翔实的数据和权威的观点，成为信托业监管、业者经营投资以及信托研究最重要的决策参考资料，受到普遍与热烈的欢迎。在充分总结前几部《中国信托业发展报告》编著与出版经验的基础上，中国人民大学信托与基金研究所继续推出了这部《中国信托业发展报告（2012）》。本报告沿袭了中国人民大学信托与基金研究所一贯秉承的以事实案例和数据统计为根据的研究理念，高度贴近市场与实践，以专业的高度、公正的观点，全面分析了2011年信托业发展的现状，总结存在的问题，提出操作性的方案，并对2012年中国信托业的发展前景和趋势作出预测。报告的研究范围涵盖2011年信托业发展的热点和难点问题，牢牢把握住“创新发展与风险控制并举”这一主线，从行业分析、信托公司、信托产品、信托市场、法规与政策、2012年焦点问题等几个方面，对2011年的中国信托业进行了全景式的回顾、总结、解析与展望，提出了一系列既具理论高度又有操作价值的思路、观点和理念，是一部十分难得、极具学术价值和实用价值的行业性发展报告。

本报告的主要编写人员为：周小明、邢成、席月民、陈赤、张大威、黄文涛、张雅楠、杨健海、宋冲、林远东、兰文伟等。其中周小明、邢成负责创意和总纂；邢成独立及与黄文涛、张大威、张雅楠、宋冲等共同完成第一、二、六章；陈赤等完成第三章；杨健海等完成第四章；席月民、沈凯完成第五章。本报告在编写过程中，有关数据得到中国银行监督管理委员会非银部的大力支持，报告中部分资料参考、引用了有关专家和机构的数据和观点。在此我们表示衷心感谢。

中国人民大学信托与基金研究所

2012年2月

目　　录

图目录

表目录

第一章

2011 年中国信托业回顾与展望

1. 宏观经济金融形势

1.1 全球经济将进入增长中枢下移的“新常态”

次贷危机和欧债危机将全球经济带入下降周期

在全球经济长波周期的演进中，美国次级住房抵押贷款问题引发的金融危机成为周期大拐点，宣告了长达 20 多年的长波复苏和繁荣时代的终结，世界经济面临的将是一个相对较长时期的衰退和萧条阶段。根据我们对长波运行中经济特征的研究，在未来的 20 年中，全球经济增长总量的边际递减是不可抗拒的，全球经济将进入一个增长中枢下移的“新常态”。

全球经济的“新常态”以及全球经济和各主要经济体的经济内外再平衡的进程，决定了未来全球经济增长的乏力，以及总需求的相对不足。这正是全球经济周期的直接表现，不管是以康德拉季耶夫周期理论还是以熊彼特的长波周期理论看，全球经济无法摆脱周期力量的束缚。“在经济活动的一个波峰之后，跟着一个 10 年停滞时期。”

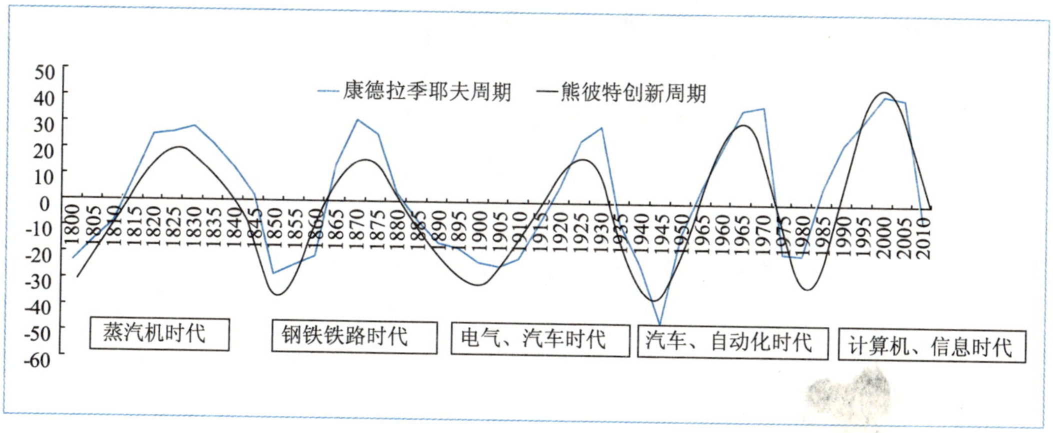

图 1－1 技术创新下的长波周期

资料来源：世界银行，熊彼特，雅各布·范杜因，中信建投研发部。

中枢下移的日韩经验

通过对比研究我国当前人均GDP、劳动力增长状况、工业化的发展水平与综合技术水平状况，我们认为当前的中国与20世纪70年代初的日本、90年代初的韩国情况非常相似，这说明我国当前已经存在潜在经济增长中枢下移的内在条件，自改革开放以来30多年的高速增长时代正在终结。日韩的前车之鉴告诉我们，高速增长时代终结的触发点主要是来源于外部危机的冲击，而政府对以往高速增长时代高速度的迷恋，往往又会加剧经济增长中枢下移拐点时期经济的动荡。因此，对未来中国经济增长中枢下移拐点的把握，外部危机冲击和政府的政策扩张动向是两个非常重要的观察对象。

综上，中国经济正在经历增长中枢下移，这是经济增长规律和人口结构变化规律使然，是不以人的意志为转移的必然事件。虽然政策和外部事件会产生正面或负面的影响，短暂地改变经济波动的幅度和频率，但从中长期来看，增长中枢下移是大势所趋。

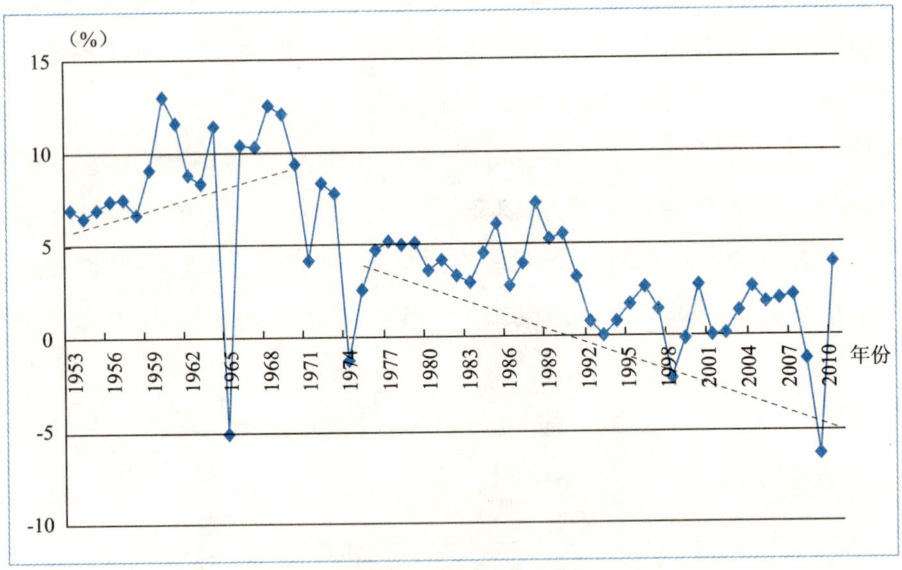

图1-2　日本经济增长率(2005年价)

数据来源：CEIC中信建投证券研究发展部。

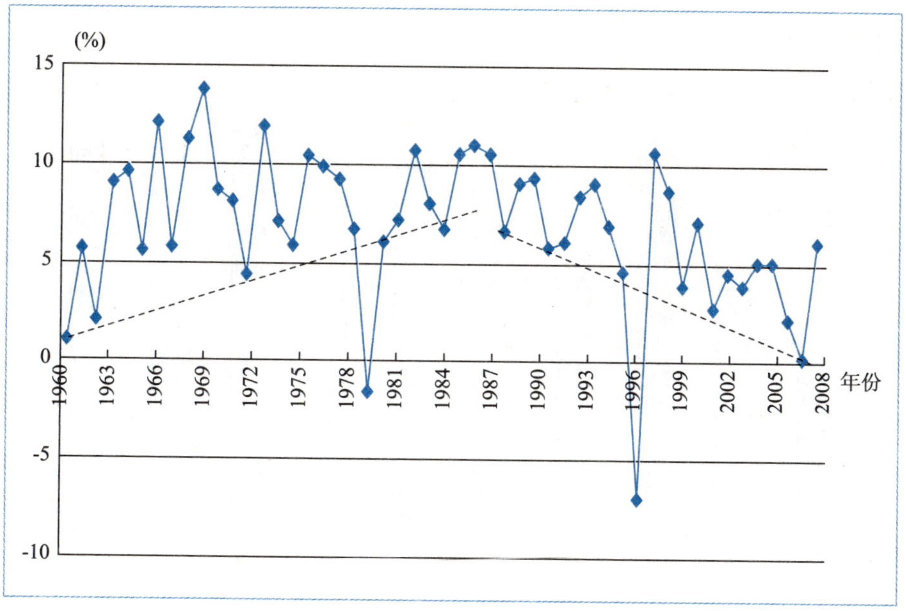

图 1－3　韩国经济增长率（2005 年价）

数据来源：CEIC 中信建投证券研究发展部。

1.2　中国经济：增长中枢下移

刘易斯拐点到来，“人口红利”逐步消失

从劳动人口占比的变化趋势看，2008 年中国劳动人口占总人口的比例高达 55.3%，人口扶养比仅为 44.7%，这可能是中国劳动人口占比的最高水平时期。通过国际比较、人口出生率、劳动人口占比以及农民工工资的变化趋势看，我们认为，中国的刘易斯拐点已经非常逼近或已经来临。未来一段时间内，中国人口状况将开始逐步发生结构性改变，“人口红利”将逐步消失，经济潜在增长率将由此出现小幅度的下移。

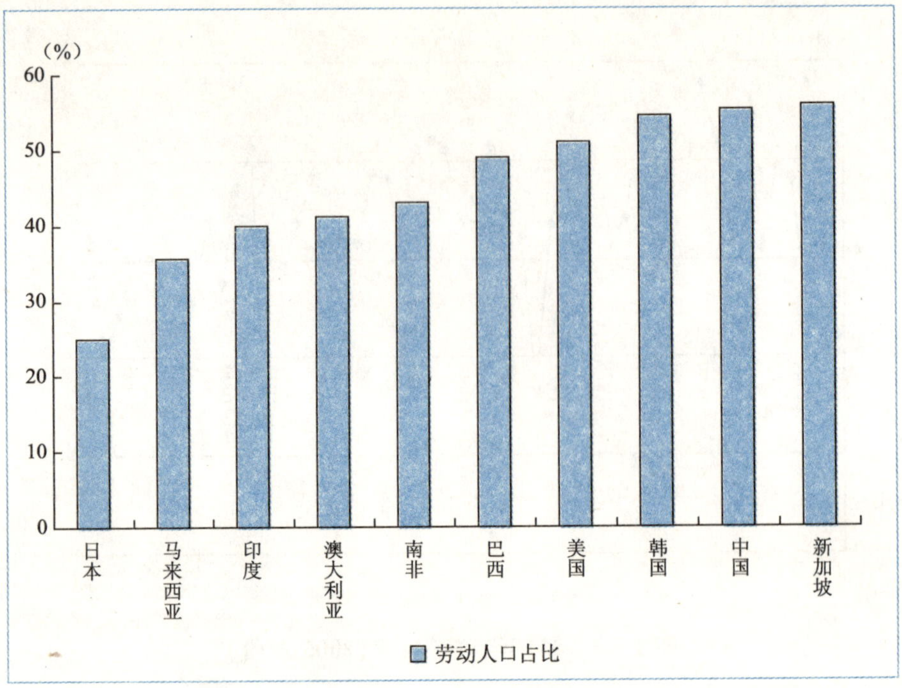

图 1-4　中国劳动人口占比已经接近峰值水平

注:印度、巴西、南非和美国数据来自 OECD,2006 年。其余数据来自 WHO,2008 年。

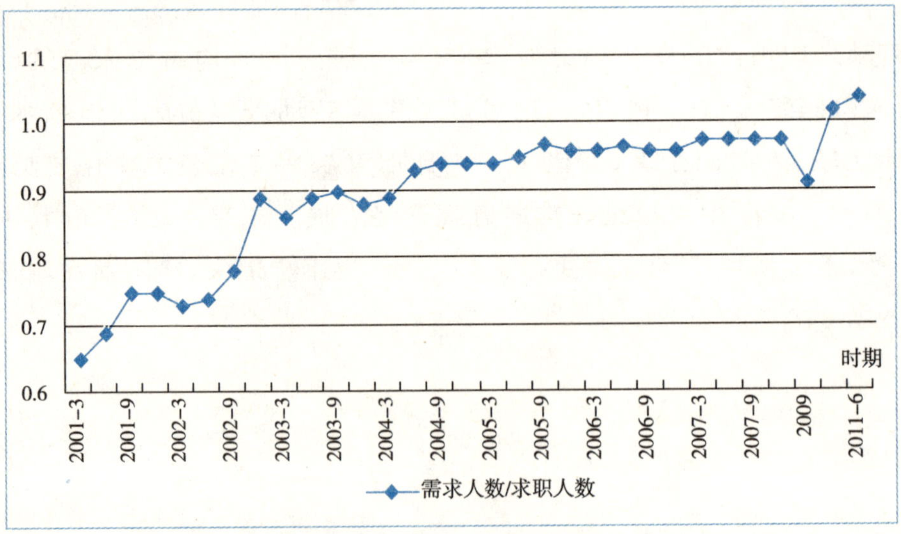

图 1-5　中国求人倍率

数据来源:CEIC 中信建投证券研究发展部。

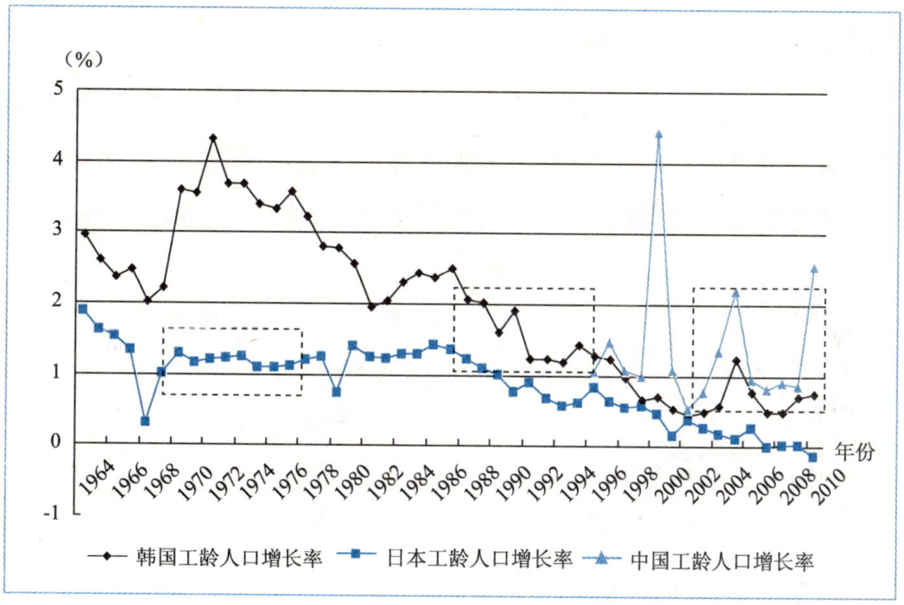

图1－6 中、日、韩劳动年龄人口增长率

数据来源：CEIC中信建投证券研究发展部。

人力资本的结构性紧缺以及人力成本上升在2007年就显示出明显的迹象，2010年结构性紧缺更加明显，人力成本上升更快。同时，这整体比原材料上涨的幅度更大。

刘易斯拐点的到来和人口红利的逐步消失，将带来几方面的影响：一是农业部门劳动力向工业部门无限转移的进程将逐步削减，工资水平将从工业部门向农业部门传递，工资将呈螺旋式上升。

二是城市化进程和结构可能受到影响，由于农业人口无法无限地向城市聚集，要么城市化速度放缓，要么城市化下移。对于中国而言，只能选择后者，城市化下移实际上是人口结构变化的一个必然结果。

三是资本积累结构。由于此前人口持续向城市积聚，促进工业增长和城市化的大幅提升，资本积累在大城市凝聚。随着劳动力供给无限时代的结束，资本积累可能开始出现“回馈”效应，从城市向外围扩散。

最后，对于中国而言，刘易斯拐点的到来，还意味着人口结构的重大变化，即老龄化的临近。中国儿童抚养比最低，老龄扶养比次之，而劳动人口占比最高，这意味着老龄化将加速，这将深刻改变家庭部门的消费储蓄关系，进而影响储蓄投资缺口及潜在增长水平。

地产投资下降先急后缓

房地产投资在整个固定资产投资中占有21%左右的份额，因此房地产行业投资举足轻重。目前的房地产投资增速还处于高位，但这不过是前期计划的滞后反映。随着销售面积的走低，未来土地购置和土建施工都会减速。

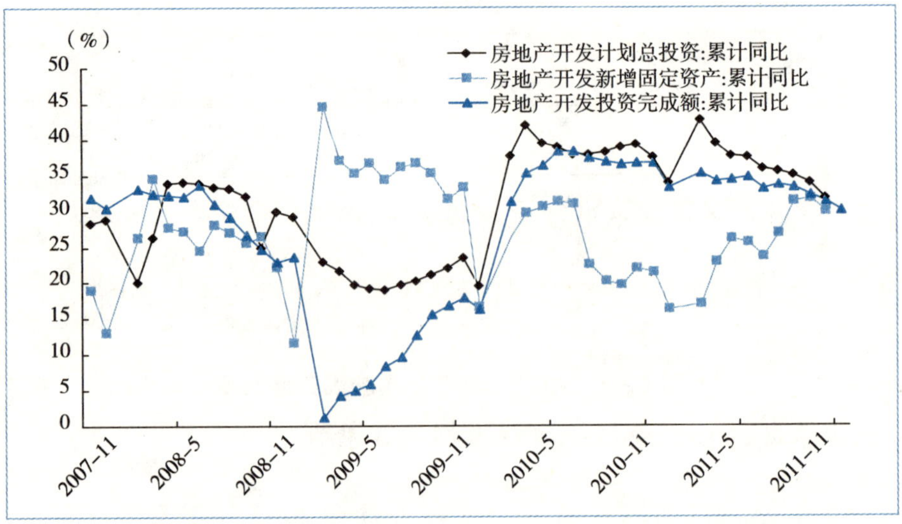

图1-7　房地产开发新增投资和计划投资累计同比增长（%）

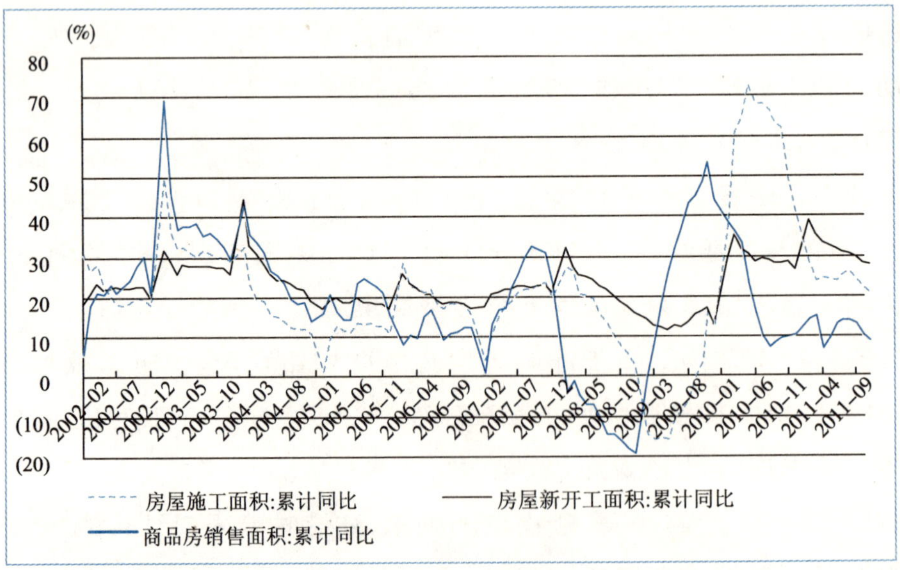

图1-8　房屋开工、施工和销售面积累计同比（%）

数据来源：Wind，中信建投研发部。

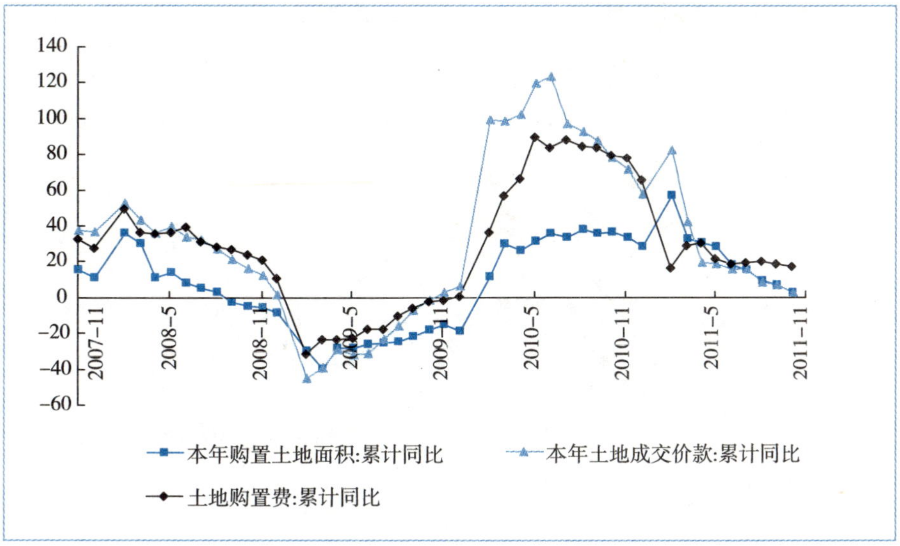

图 1-9　购置土地面积、成交款和购置费累计同比（%）

数据来源：Wind，中信建投研发部。

从供给方面看，在当前的严厉政策调控之下，小企业通过金融系统融资的路径基本上已经全被堵死，推盘销售几乎成了它们唯一的资金来源，目前众多的小型地产企业资金链已非常紧张，相比较而言，大企业通过金融系统融资的难度仍然不大，只是成本有所上升。但不管是大企业还是小企业，积极促销已成共识。然而，由于受到高地价造成的高成本约束和部分业主的反对压力，房地产企业普遍存在着想降价而又不敢降价的尴尬。

因此，地产整合大幕即将拉开，2012 年房地产投资下降趋势确定，但降幅不会出现市场担忧的极度萎缩。房地产行业向正常利润时代回归。

私人投资具备持续动力

以内资企业和国有及国有控股单位的投资累计同比增速的差作为私人部门投资的指标。这个指标在 2008 年的四季度快速回落，2009 年 2 月探底，之后开始缓慢回升，在整个 2009 年基本为负值，意味着金融危机对私人部门的冲击和四万亿投资刺激下的国有部门主导作用。2010 年，这一差额稳定在 6%～7%，3 月份开始，私人部门投资增速稳定高于国有部门；进入 2011 年，这一指标在 3、4 月份稍作调整后，持续向上，不考虑投资比例的变化，私人部门相对于国有部门的投资速度呈加快增长态势。

2011 年 10 月私人部门的投资增速达到 40.86%，创年内新高，11 月依然在 35%

之上；国有部门的投资增速回落到6%，但高于8月的3.82%。就此数据而言，私人部门的投资并未如国有部门那样受到政策的剧烈影响：在2009年的宽松时期未出现爆发式增长，在2011年政策紧缩和不利的经济环境下，却保持了较高的增速。

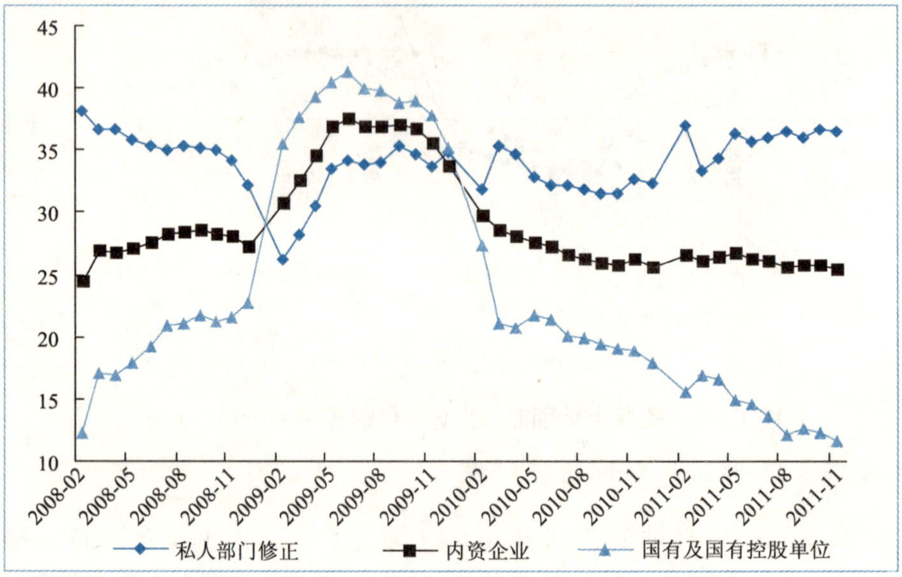

图1-10　国有部门和私人部门投资累计同比（%）

数据来源：Wind，中信建投研发部。

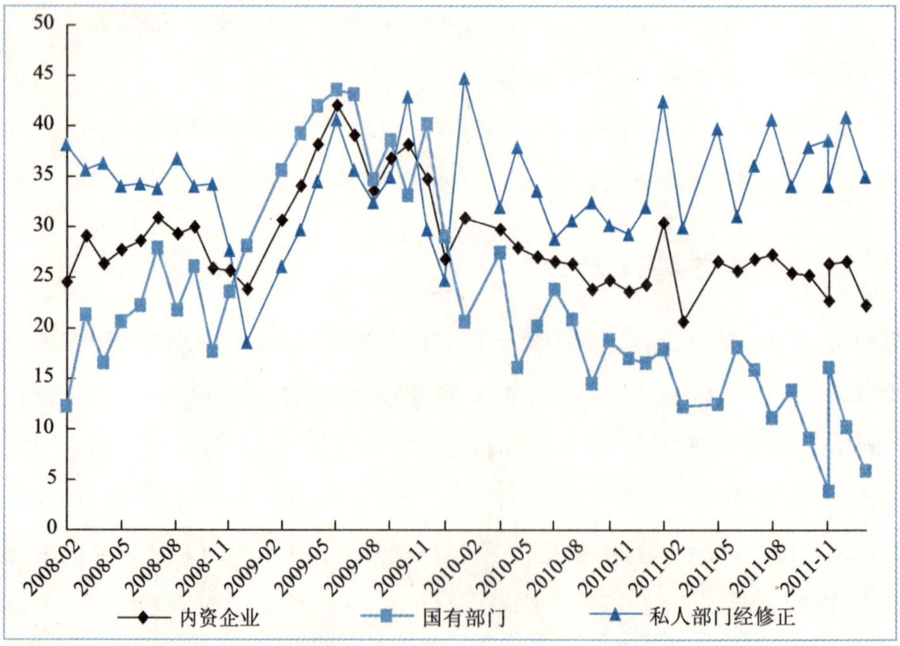

图1-11　国有和私人部门投资增速当月同比（%）

数据来源：Wind，中信建投研发部。

消费难能支大厦

我国基本消费品的需求具有刚性，而可选消费品的需求与居民储蓄存款息息相关，需要通过储蓄的积累来完成。2008—2010 年的消费高峰伴随着存款增长的高峰。2009 年以来一系列刺激消费的政策措施引发了消费的热潮。政策刺激使消费不仅远远高于 10% 的运行中枢，也远远超过储蓄的增长速度，透支了未来的可选消费品消费。

而消费的增长阶段都伴随着较高的储蓄增长率，目前已下降到历史低位的储蓄不能为消费提供支撑。储蓄的下降有负利率的原因，也与前期消费透支了大量的存款有关。

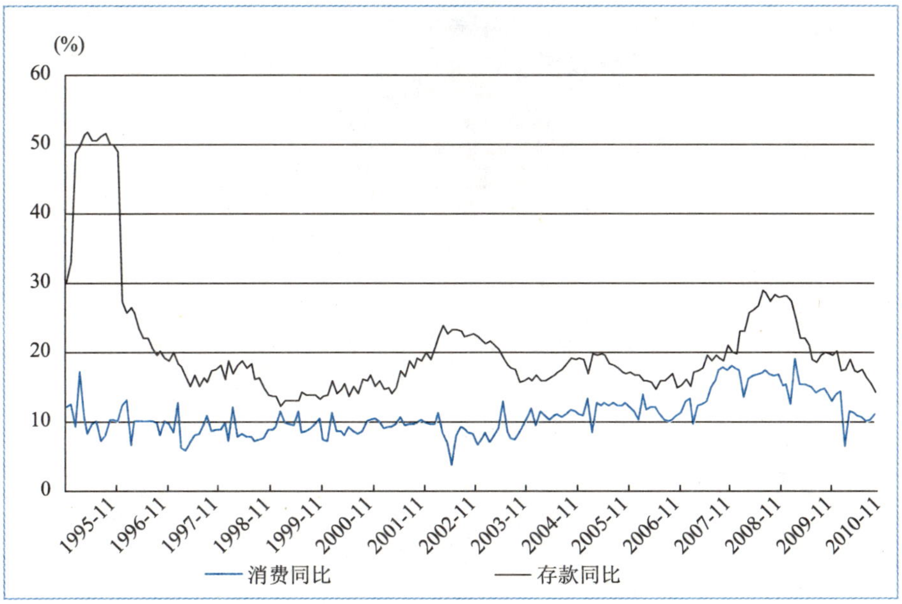

图 1－12　存款与零售额之关系

数据来源：Wind，中信建投研发部。

从结构看，零售总额中消费品最大的是汽车，占总额的 23%，家电和音像器材也占了 6%。根据汽车行业研究员的判断，2012 年汽车销售增速基本与 2011 年持平或略高。而家电和音像器材、家具等与房地产销售关系密切，受房地产销售下滑和前几年透支消费的影响，其增速应会继续下滑。而其他的粮油、服装、食品、日用品将有较大的刚性。

从整个收入分配体制看，公共收入长期挤占居民收入，国家财政预算收入的增速远远高于居民可支配收入的增速，居民并没有充分享受经济增长的成果，“国富民穷”的现象十分显著。这种分配体制不调整，畸形的财富分配体制将阻碍消费的进一步提高。

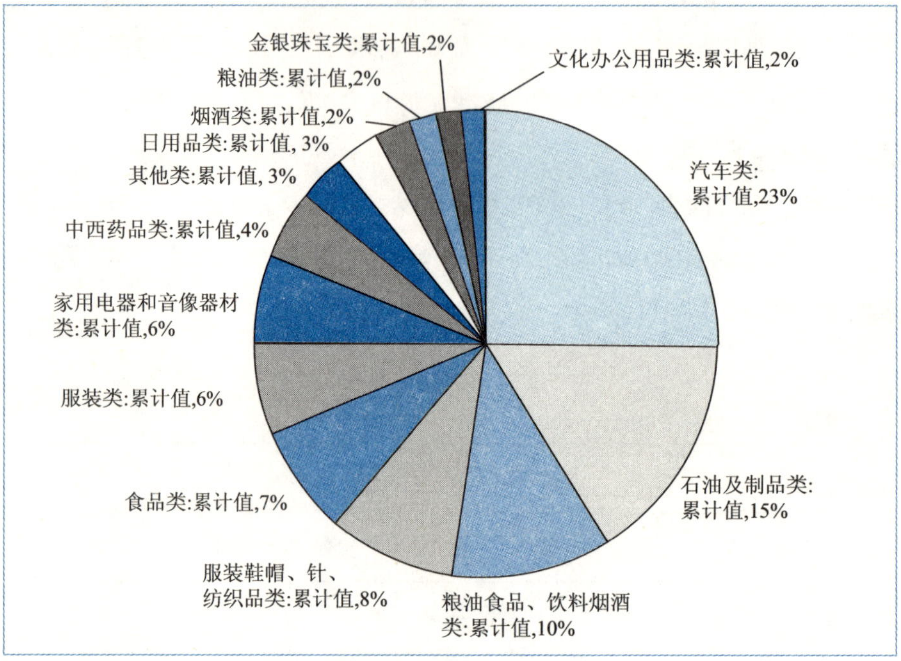

图1－13　零售结构

数据来源：Wind，中信建投研发部。

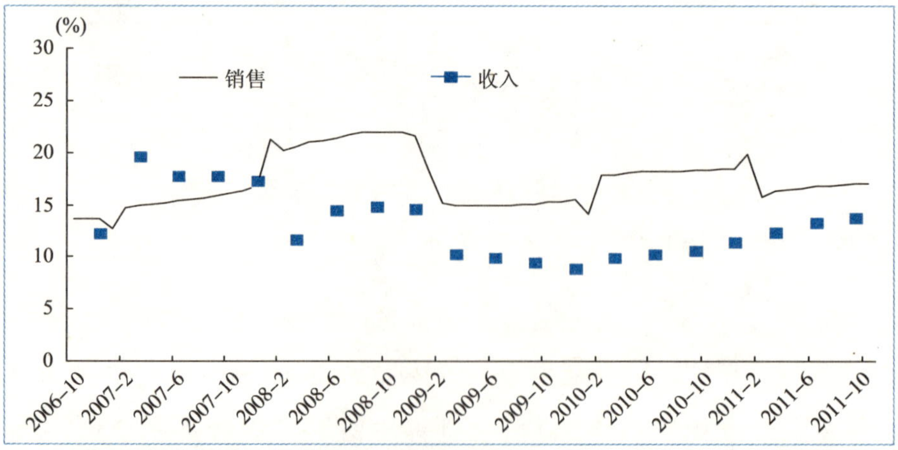

图1－14　收入增长长期慢于消费增长

数据来源：Wind，中信建投研发部。

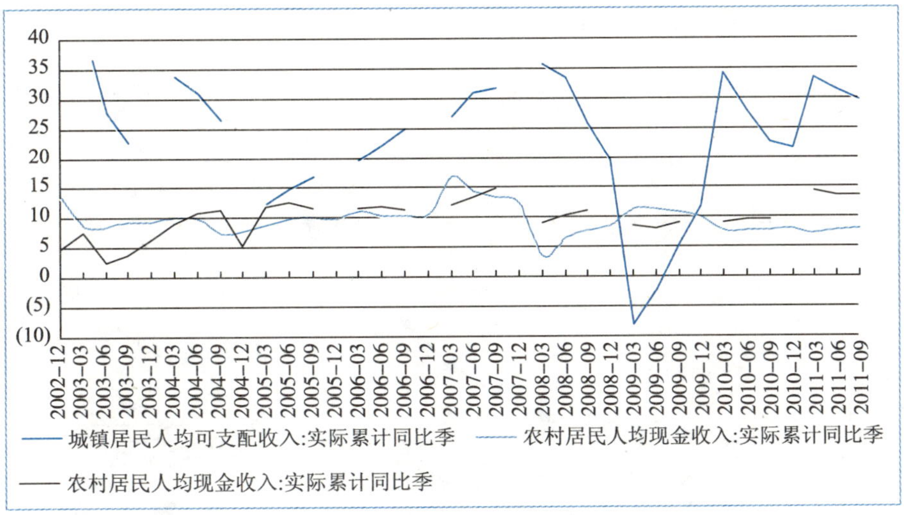

图1－15　城乡居民收入增长

数据来源：Wind，中信建投研发部。

出口增速遇挫折

受全球主要经济体进入2008年金融危机以来第一轮短周期下行期的影响，2011年我国进出口贸易整体上呈现出在震荡中下行的态势。

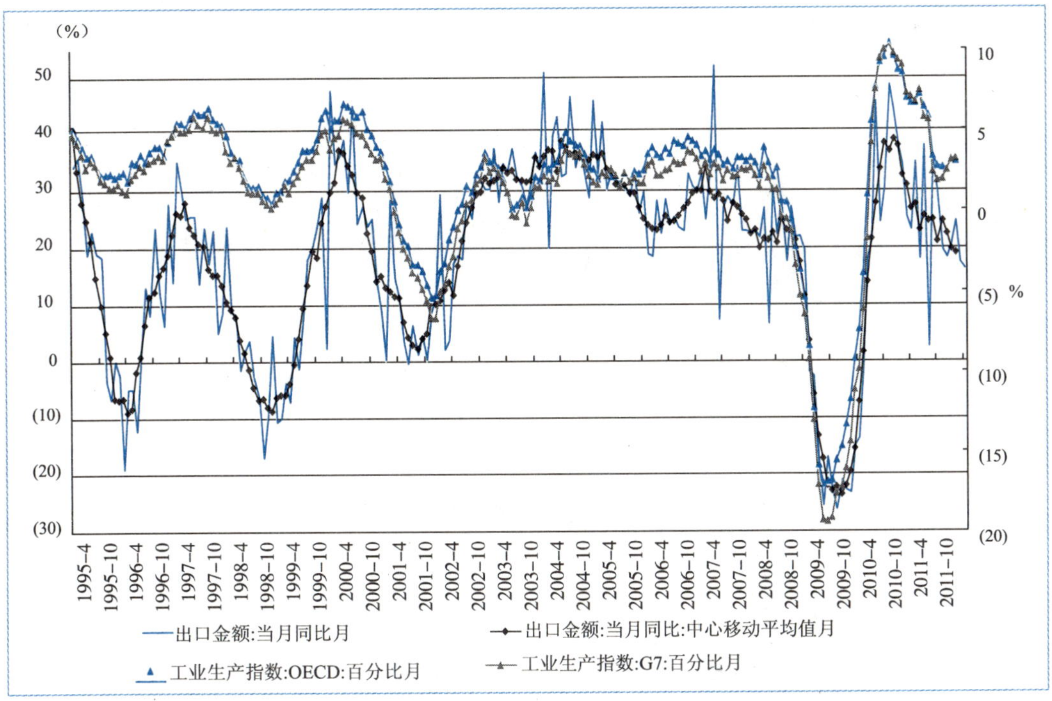

图1－16　OECD、G7工业生产指数与我国出口增速

数据来源：Wind，中信建投研发部。

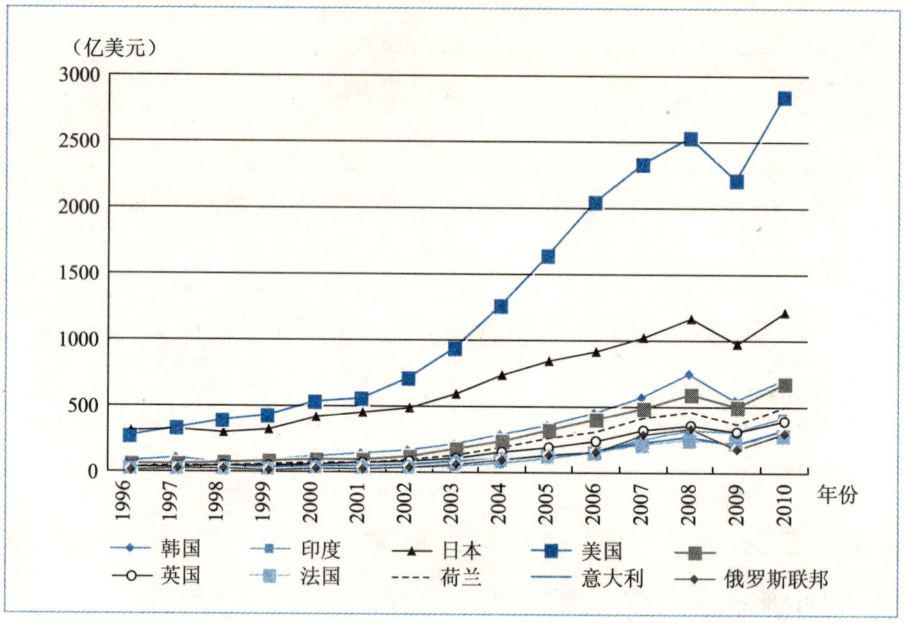

图 1－17　中国前十大出口国家出口额

数据来源：Wind，中信建投研发部。

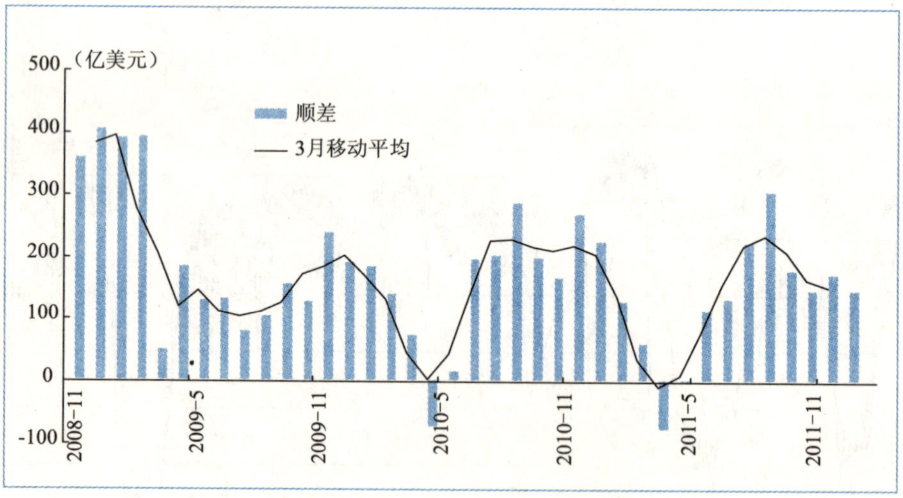

图 1－18　中国贸易收支差额

数据来源：WIND，Bloomberg，中信建投研发部。

由于我国的贸易顺差基本上全部来自欧美，而欧美又都受困于主权债务去杠杆化的压力，尤其是正饱受债务危机冲击的欧洲市场，从 2011 年下半年开始我国对其的贸易顺差增速已开始快速下滑。

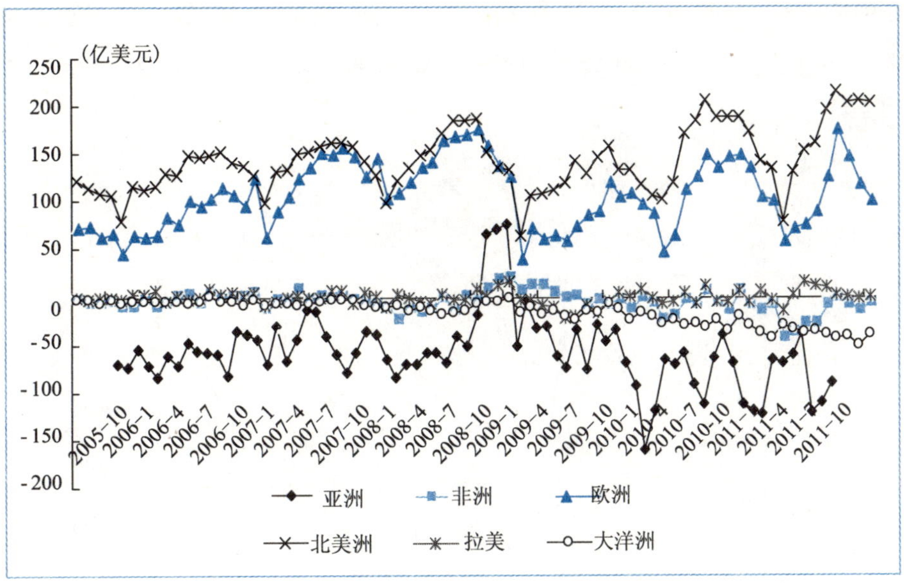

图 1－19　中国贸易收支差额的洲际分布

数据来源：WIND，Bloomberg，中信建投研发部。

通货膨胀得到有效控制

2010 年以来，通胀威胁不断增加，成为我国经济宏观调控的重点。2011 年，伴随着经济增速的放缓，通胀率也呈现了前高后低的态势。

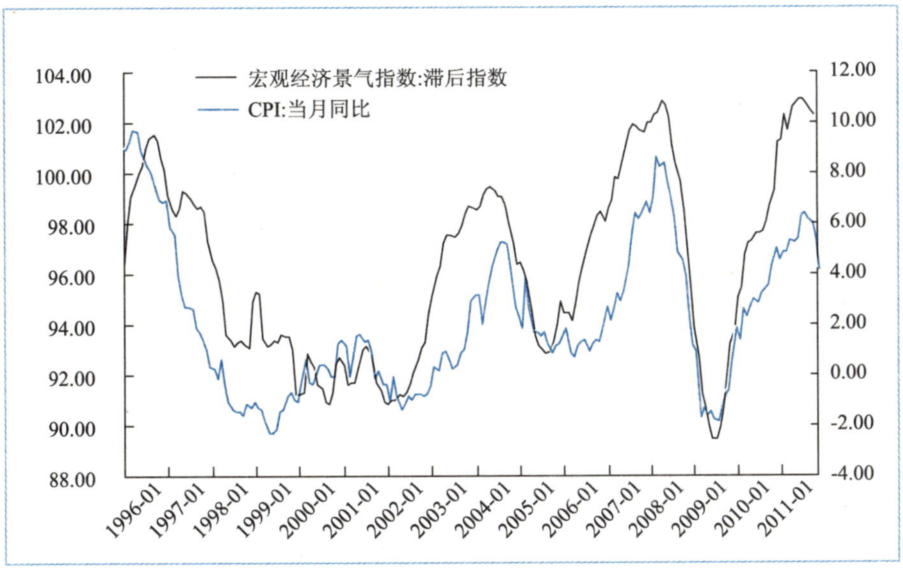

图 1－20　滞后指数与 CPI 高度相关

近期对 CPI 影响最大的猪肉价格持续回落，考虑到春节因素，猪肉价格还有企稳回升的空间。从生猪存栏量来看，其已达近两年的新高，这会增加未来1－2个季度猪肉的供给，从而为稳定猪肉价格奠定基础。总体看，本轮猪周期价格顶部正在形成。

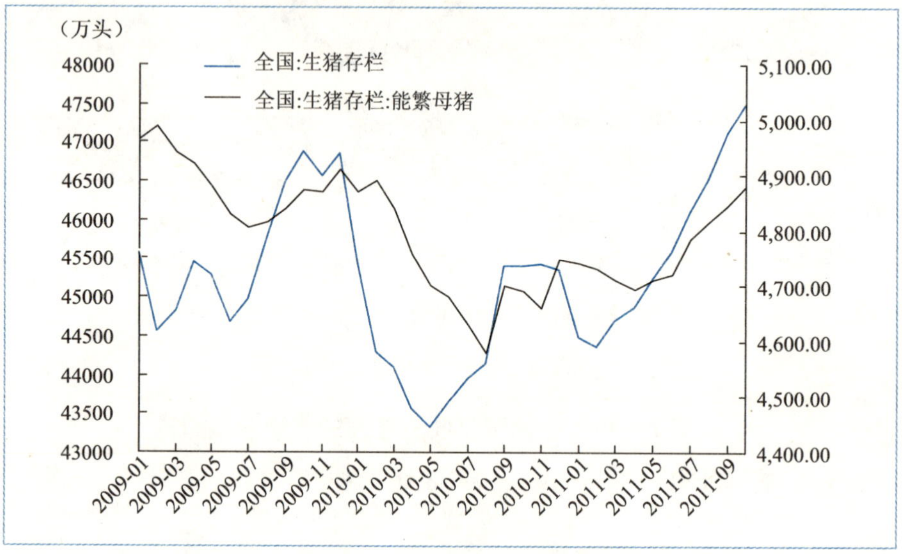

图1－21　生猪存栏创新高

数据来源：Wind中信建投证券研究发展部。

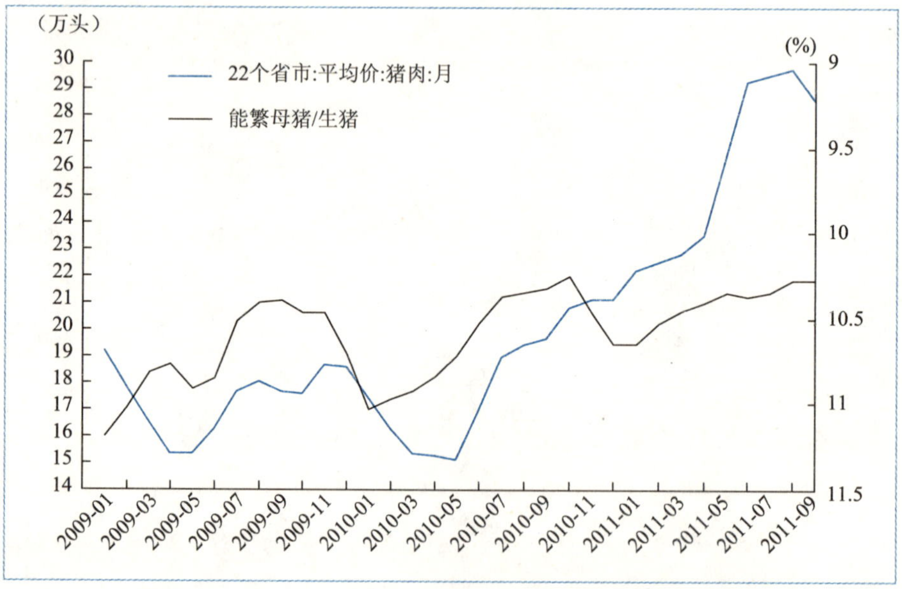

图1－22　能繁母猪/生猪存栏量见底

数据来源：Wind中信建投证券研究发展部。

准备金率从高点开始回落

从存款准备金率变动的历史上看，外汇占款导致的流动性被动变动和 CPI 的变动是引致其调整的主要动因。CPI 已经走过本轮通胀的高点，外汇占款的降速无疑也使得央行被动投放货币和对冲的压力减弱。11 月底的 CPI 下降宣告本轮存款准备金上调周期结束，同时预示随着通胀压力的减弱和外汇占款的走低，降低存款准备金率将是未来趋势。

12 月首次降准有通胀快速回落下的试探性放松的考虑，也是针对流动性的年关难过以对冲风险，是在抚平过度紧缩的创伤，而不是全面放松的开始。在外汇占款的流入趋势性减少的情况下，降低准备金率有中性而非放松的政策性质。

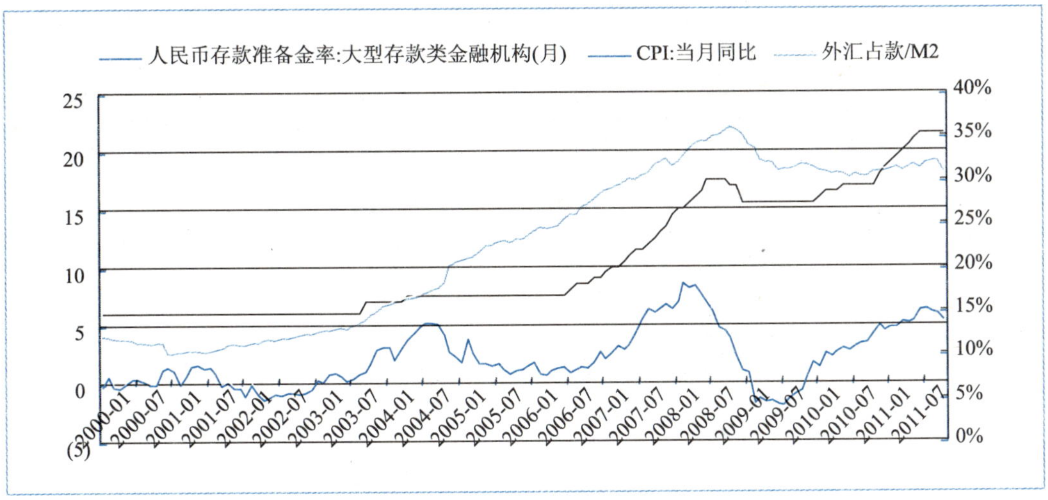

图 1-23　外汇占款和 CPI 是准备金率变动的主要驱动因素

资料来源：Wind 中信建投证券研究发展部

人民币汇率双向波动，总体有升

2010 年人民币升值 3%，而 2011 年人民币升值 4%。

2011 年 10 月，外汇占款在 2008 年以来首次下降，12 月上旬，人民币即期汇率连续 8 个交易日盘中触及跌停，虽然中间价并未贬值，但这表明了在经济减速、房地产调控持续、外贸行业调整的背景下，对于人民币汇率的博弈激化。2012 年，人民币兑美元汇率将结束单边升值，开始真正的双向浮动，波幅也会扩大，2012 年是美国、法国、意大利等国的大选之年，出于国际社会的种种压力，人民币还有升值的动能。但随着出口企业的生存压力加大和经济增长内生动力的衰减，预计2012年人民币升值的空间远远小于2011年，但全年总体依然小幅升值。

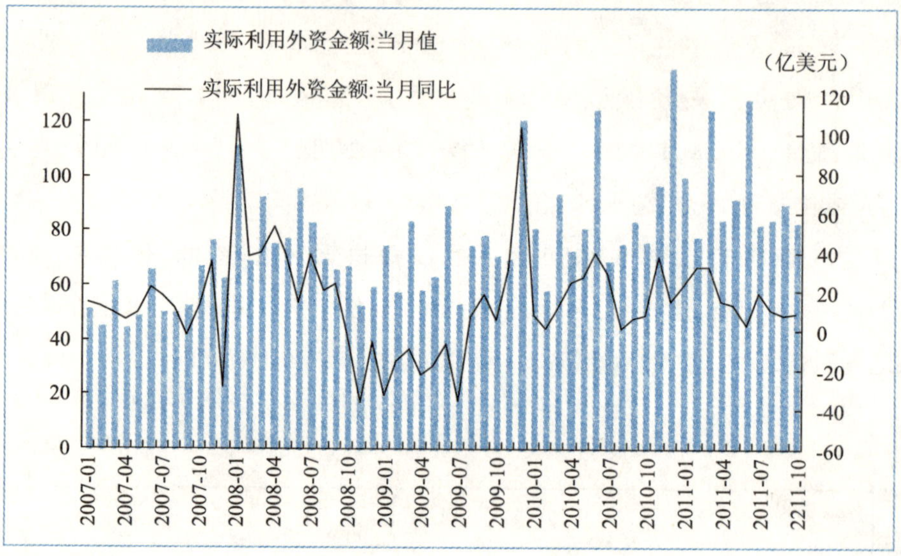

图1－24　中国实际利用外资回落

数据来源：Wind中信建投证券研究发展部。

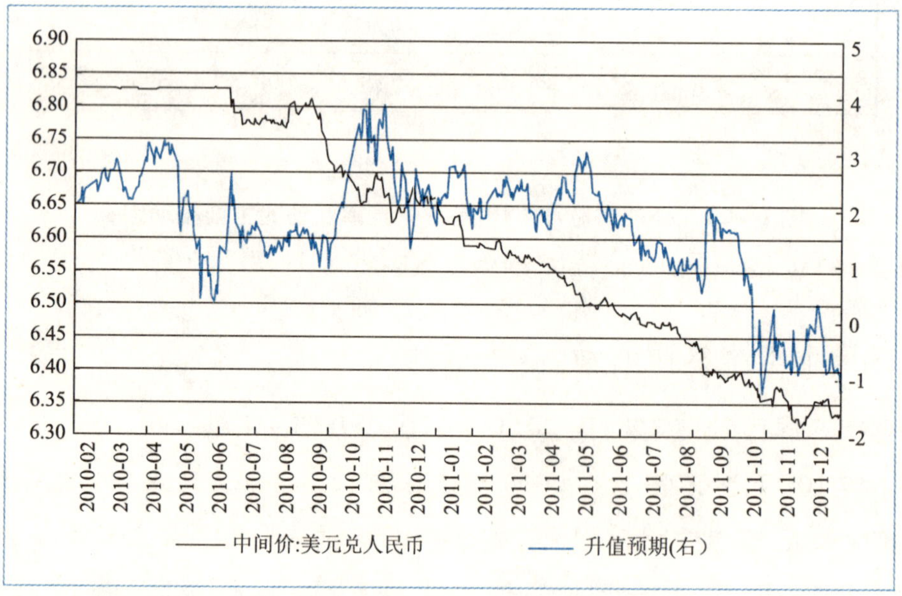

图1－25　人民币升值预期

数据来源：Wind中信建投证券研究发展部。

2. 2011：我国信托业现状与特征分析

2.1 资产规模持续高速增长，泡沫成分需及时挤出

2011 年出乎很多人年初时的预判和估计，全行业信托资产规模继续保持一个持续高速增长的态势，截至 2011 年末，中国信托业资产规模已一举突破 4.8 万亿元，达到 4.8114 万亿元的历史新高。同比增长 58.25%，比 2007 年“新两规”出台时的 0.95 万亿元，4 年增长了 5 倍有余。可以说是延续了 2010 年全行业信托资产规模爆发性增长的惯性。全行业信托资产不仅远远超过了公募基金 2 万亿的总资产规模，并且有望赶超中国保险行业 6 万亿元的总资产规模，而在不远的将来跃升为中国仅次于商业银行业的第二大资产规模的金融行业。

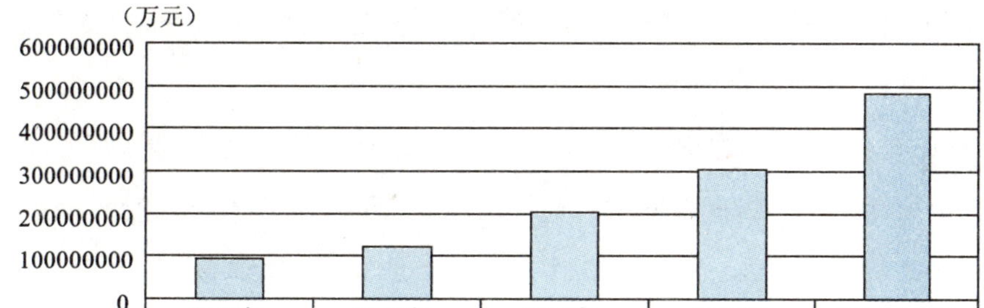

	2007年	2008年	2009年	2010年	2011三季度
□信托资产	94915260	122310283	201631844	304045500	481143800

图 1－26　信托公司管理信托资产规模变动图

2009 年 12 月、2010 年 8 月和 2011 年 1 月中国银监会先后制定出台了《关于进一步加强银信合作有关问题的通知》《关于规范银信理财合作业务有关事项的通知》《关于进一步规范银信理财合作业务的通知》，其中 2011 年 1 月银监会下发《关于进一步规范银信理财合作业务的通知》，明确要求各商业银行应当在 1 月 31 日前向银监会或其省级派出机构报送资产转表计划，原则上银信合作贷款余额应当按照每季至少 25% 的比例予以压缩。为了给信托公司施压，《通知》指出，对商业银行未转入表内的银信合作信托贷款，各信托公司应当按照 10.5% 的比例计提风险资本。与此同时，2010 年中国银监会制订出台《信托公司净资本管理办法》，从此宣告了信托业进入了“一法三规”政策框架下的全新发展时期。

2011年初，中国银监会下发了《关于印发信托公司净资本计算标准有关事项的通知》，对信托公司较为集中的房地产信托融资类业务计提了较高风险资本系数，同时对融资类银信合作业务提出了新增额不得超过当月30%的余额比例管理的要求，对2011年年底未转表的信托公司投资信贷资产、信托贷款、票据的银信合作业务计提高达10.5%的风险资本，以迫使信托公司放弃此类业务。信托公司片面追求规模，单纯依靠"以量取胜"，和粗放式、外延式的发展模式面临颠覆，信托公司业务模式的二次转型迫在眉睫。

根据监管部门这样的一个高压态势和政策环境，普遍认为2011年信托资产规模应该出现较大回落，至少出现一个高位盘整的形态。但2011年的统计数据却使多数预测大跌眼镜，银信合作2011年末余额较2010年年底不降反升。根据信托业协会公布的数据显示，截至2011年末，信托公司银信合作业务余额达到了1.67万亿元，在全部信托资产中占比34.73%；2010年底信托公司银信合作业务余额为1.66万亿元，在2010年底全部信托资产中的占比为54.61%。虽然绝对余额没有明显下降，但从占比数据上看，银信合作业务的比例已经处于持续下降通道中。

从2011年实际运行状况分析，各信托公司迫于上述监管规定的压力，早在2011年一季度就已将应转表的银信产品统计情况送达相关监管部门，并与各家合作银行磋商转表事宜。但一部分银信合作业务存量较高的商业银行又试图在发行增量方面打"擦边球"，通过对"信托收益权"模式的运用，使银行和信托公司传统的两方合作转变为三方合作模式，将直接放贷行为转变为间接放贷，用这种变相的银信合作模式绕开监管的限制，从而使得部分较大型商业银行存在拖延转表的情况。据当时悲观的估计，到2011年末规定期限考核时，全行业60余家信托公司中可能有近30%最终不能达标。除此之外的另一虚增因素是，近两年新成立的信托公司，市场上缺乏足够的根基，为了短时间内上规模，出效益，往往仍将银信合作作为增加受托资产规模的主要手段。加之2011年紧缩的货币政策，使信托公司面临较为宽松的市场环境，在2011年新增的集合信托资产中，融资类业务仍占主流，而反映信托公司管理能力的投资类业务在总规模中的比重仍然较低。这使得监管层希望信托公司放弃通道类业务以及降低对贷款类业务的倚重的初衷大打折扣，也使2011年前三季度4万亿的资产规模中难以避免地存在泡沫和水分。

然而2011年11月，中国银监会在2011年第四次经济金融形势通报分析会上，再次要求各家银行加快银信合作业务转表，确保在年内全部完成，使得各商业银行的银信业务转表工作加快了速度，也使多家信托公司的压力得到巨大缓解，据此判断，2011 年末绝大多数信托公司的相关指标将最终达标。令人深思的是，对于 2012 年银信业务的发展，中国银监会也确定了基调，2012 年“融资类银信理财合作业务余额占银信理财合作业务余额的比例不得高于 30%”。实际上可以肯定，2011 年年末信托资产规模走势应该是盘整回落的形态，而 2012 年则会伴随巨量“平台型”银信合作业务的转表工作的落实，泡沫效应充分挤出，信托资产规模进入平稳增长期。

值得关注的是，2011 年在全行业的信托资产规模高速增长的同时，资产结构也发生了一些明显的变化。根据信托业协会公布的数据测算，单一资金类信托在新增信托中的占比 2008 年时高达 93%，集合资金类仅占 7%；但截至 2010 年底，新增集合资金信托的占比已经上涨至 19.27%；而根据 2011 年末的数据显示，新增集合资金信托的占比已经升至 58.21%，达 9596 亿元，余额更是超过 1.36 万亿元。在以银信合作为主的单一类资金信托受限的 2011 年，集合资金信托产品发展的速度极为抢眼。集合资金信托的成长反映了信托公司主动管理能力的提升。尽管如此，2011 年单一类资金信托在新增信托资产中仍占据着 4 成的份额。当然，单一类资金信托并不能简单地和被动管理的“平台型”业务画等号，特别是随着机构投资者和高净值资产合格投资人的比重不断攀升，主动管理型的单一类资金信托将不断增加。但在 2011 年这样高比例的份额中，“平台型”、“通道型”的被动管理信托业务仍占据着较大的比重。由此可知，2011 年信托资产规模的持续高速增长，在表现出信托业勃勃生机和后发优势的同时，在某种意义上也隐含着信托业由粗放式、外延型的发展模式向内涵式、高附加值的发展模式转型之路，仍然任重道远。

2.2 净资本管理实质启动，业务模式转型初见成效

11 号文标志着净资本管理进入实操阶段

2011 年 2 月 12 日，银监会印发《信托公司净资本计算标准有关事项的通知》（银监发〔2011〕11 号），对信托公司净资本、风险资本计算标准和监管指标作出了明确规定，并随通知下发了信托公司净资本计算表、信托公司风险资本计算表以及信托公司净资本风险控制指标监管报表。《通知》除了对净资本达标要求

作了具体界定，对到期未能达标的公司，也说明了处理办法。《通知》称，对在规定时间内未达标的信托公司，各银监局应立即暂停其信托业务，并追究该公司董事长和高级管理人员责任。这意味着净资本管理正式进入实际可操作阶段，并将在年底进入"结算期"。受到融资类房地产信托业务的风险系数高达3%的影响，多家信托公司因银信合作业务、房地产信托业务占比较大而使其风险资本趋紧甚至不足，由此，2011年末部分信托公司不得不主动压缩房地产信托等高风险系数业务，以满足净资本管理的要求。

表1-1 《信托公司净资本计算标准有关事项的通知》主要内容

监管原则	具体内容
充分体现分类监管原则	评级结果为3级及以下的信托公司风险资本计算系数为标准系数。评级结果为1级和2级的信托公司风险资本计算系数在标准系数基础上下浮20%。
通过差异化的风险系数进行业务调控	融资类业务：除TOT和股票受益权投资信托业务外，其他受益权投资信托业务原则上应按照融资类业务计算风险资本 。
	集合类业务：银信合作业务以及受益权发生转让导致受益人超过2人（含2人）的信托业务，按照集合资金信托业务计算风险资本。
	银信合作业务：银信合作业务作为集合类信托业务，计提附加风险资本系数，总计10.5%。
	房地产业务：房地产融资信托业务被细分，公租房、廉租房类融资业务风险系数低于其他普通融资类房地产信托融资业务。

其中，尤其对于占据2011年全行业主导地位的房地产信托业务而言，更是首当其冲。《信托公司净资本管理办法》实施细则的出台，意味着信托公司净资本管理正式进入实际操作阶段，同时也充分区别了监管层鼓励与限制的业务。由于房地产业目前受到严厉的宏观调控，房地产业的风险逐渐积聚，房地产信托也就相应受到监管层的重点关注，成为风险资本提取比例最高的一类业务。

单纯增资只能暂时解"燃眉之急"

据初步统计，截至2011年5月24日，正常经营的63家信托公司有50家公布了2010年年报。年报显示，全行业净资本规模最大的信托公司平安信托，净资本即将告急；个别信托公司规模膨胀过快，甚至出现16亿元净资本缺口。面对2011年末的考核大限，曾经游走在"红线"边缘或者现在仍未能达标的信托公司都在用尽解数以达到监管的目标。一方面积极调整产品业务结构，主动开始业务结构的转型；另一方面，大力扩张实收资本规模，包括引进战略投资者、股东增资，甚至寻求上市。

2011年10月18日陕国投A公告称，公司接到银监会批复，同意陕国投股本由3.58亿股变更为5.78亿股；同意陕西煤业化工集团有限责任公司认购该公司股份2亿股，持股比例为34.58%；同意西安投资控股有限公司认购该公司股份2000万股，持股比例为3.46%。7月底，陕国投A股东大会通过了定增议案，拟向上述两家公司，以9.65元/股的价格合计发行不超过2.2亿股人民币普通股。募集资金总额不超过21.23亿元，扣除相关发行费用后将全部用于充实公司资本金。

2011年10月12日，兴业银行公告称，该行已成功受让永安资产管理有限公司持有的兴业国际信托有限公司的4.90%股权，兴业银行成为兴业信托第一大股东；而早在7月12日，兴业银行董事会就已经通过向兴业信托增资不超过20亿元的议案。

2011年6月，爱建信托的控股股东爱建股份对其增资20亿元的方案，也获得了中国银监会原则同意。

2011年12月21日，湖南信托发出公告显示，经公司2011年度股东会第二次临时会议审议通过，同意公司注册资本由人民币5亿元增加至人民币7亿元。此次增资由现有股东同比例增资，不涉及股权变更和股权结构调整。增加注册资本后，股东湖南财信投资控股有限责任公司总计出资人民币6.72亿元，占新增注册资本的96%。湖南信托在2010年年报中直言，净资本管理办法出台后，公司的资本金规模偏小，面临业务调整和转型的压力。

中海信托在公司网站宣布，该公司的注册资本已经由之前的12亿元增至15亿元，中海信托也由此进入了信托公司注册资本较高的第一梯队。中海信托2010年年报显示，其受托资产规模高达1645亿元。就该公司业务结构而言，其2010年的净资本压力还与银行的转表程度有直接关系。

除此以外，东莞信托、中融信托、平安信托、安信信托都不同程度将增资扩股安排提到重要日程上，正面临巨大的压力和考验。

业务模式转型方为治本之道

信托公司通过引进战略投资者等增加净资本的手段只能作为缓解目前燃眉之急的权宜之计，无法支撑信托公司继续走粗放型增长的道路。长远来看，作为风险资本提取比例最高的融资类平台型银信合作业务、普通商品房房地产信托贷款业务等，必然会受到信托公司的自发性收缩。信托公司解决净资本约束的根本性方法是通过调整业务结构，转变盈利模式，实现公司业务产品模式的全面转型，即：以内涵型深耕式发展为指导思想，以主动管理信托资产为基本原则，以净资本管理风险指数为发展导向，以投融资等多种手段组合为竞争优势，以基金化、高附加值、智力密集信托产品线为支撑的全新业务模式。

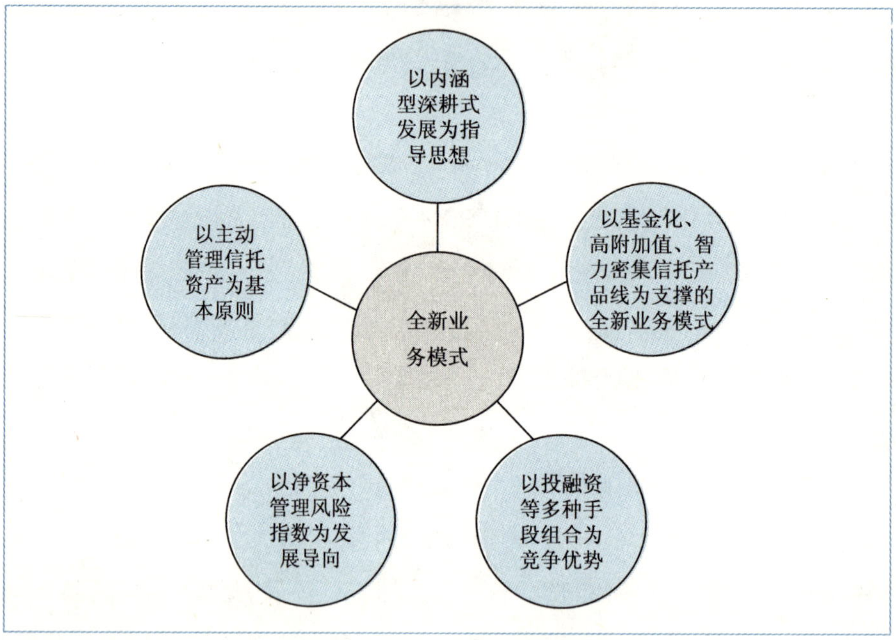

图 1－27　信托创新业务模式

信托公司最终要实现以下全方位转型：

- 由粗放型转变为深耕型；
- 由外延式发展转变为内涵式发展；
- 由资金推动型转变为制度服务型；
- 由通道型转变为主动管理型；
- 由量产型转变为定制型；
- 由资金密集型转变为智力密集型；
- 由以小博大型转变为量力而行型；
- 由项目融资型转变为产业基金型。

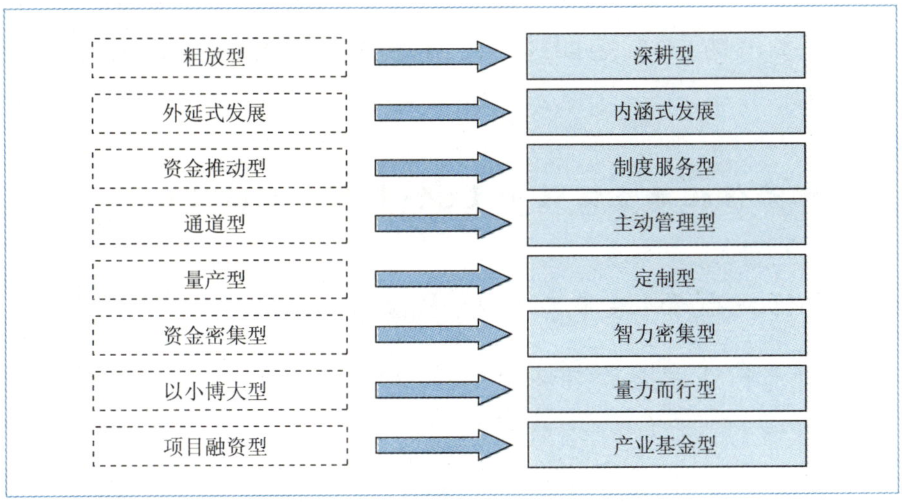

图1－28　信托业全方位转型

纵观行业实践中，几年来在业务模式转型中初步实现实质性飞跃的信托公司也不乏其人，例如平安信托、上海信托、中信信托、北京国信、西安信托等都进行了十分艰难但却具有重大意义的探索和创新，其中平安信托尤为明显。

平安信托将公司定位于私人财富管理机构，即以客户为中心的服务理念，建立一套围绕高净值客户资产配置需求而形成的产品供给及服务体系，为高端客户提供全方位的金融产品和理财服务，从而实现客户财富的保值和稳健增值。针对公司全新的定位和业务转型，平安信托努力构建一个长期盈利的、可持续发展的业务模式，并打造良好的产品研发、投资管理及综合服务能力，在实现企业健康成长的同时，为客户提供最佳的金融服务体验，根据客户的需求为客户量身定做个性化、差异化的产品和服务。尤其令人关注的是，该公司在信托产品的转型思路上，通过两年的探索和规范，已实现从为客户提供单个信托产品到基金化产品，再到信托产品资产化配置的转变。这一质的飞跃使之与传统信托的发展方向与做法发生本质变化。由于公司将私人财富机构作为公司战略定位，从而要求产品平台上要有一条丰富的全谱系的产品线，平安信托目前已经初步形成了资本市场、非资本市场、金融信贷市场三大投资产品系列，例如平安信托凭借自身投资能力打造的物业、基建、PE投资产品系列等。同时，平安信托也在积极构建在市场中"借船出海"的产品体系，通过建立开放式平台、利用自身管理优势，吸引优秀金融机构到平安信托的平台推出产品，使得客户除了能够享受平安信托的投资能力，还能够分享到市场上其他最优秀的投资能力。在产品创新方面，平安信托根据在不同经济周期、客户不同的风险接受度情况，提供诸如 PE、房地产基金、资本市场 TOT、短期理财产品等各类型组合产品包，使客户具有更加广泛的选择权。

2.3 房地产信托业务惯性十足，个案风险开始显现

房地产信托监管：政策环境冷中偏暖

与大的房地产行业调控政策环境相比，2011 年房地产信托调控政策应属相对宽松。

自 2010 年底迄今，正式出台的相关政策有 4 项，这对于单项信托业务而言，已算相当密集，房地产信托政策随宏观调控的步伐，逐渐趋紧的态势十分明显。2011 年中期银监会防控风险有所升级，自 6 月份要求将房地产信托从“事后报备”改为“事前报备”后，又对项目立项“窗口指导”，实质上实行审批制。

表 1－2　2010 年底至今出台的房地产信托相关政策

序号	文件名称	下发时间
1	《关于信托公司房地产信托业务风险提示的通知》	2010. 12
2	《信托公司净资本计算标准有关事项的通知》	2011. 2. 12
3	《关于逐月上报房地产信托业务风险监测表的通知》	2011. 5. 5
4	《关于做好房地产信托业务风险监测工作有关事项的通知》	2011. 9. 5

（1）2010 年 12 月，银监会发布《关于信托公司房地产信托业务风险提示的通知》。

为有效落实国家房地产调控政策，进一步规范信托公司房地产信托业务，提高信托公司风险防范意识和风险控制能力，银监会 2010 年 12 月颁布了《中国银监会办公厅关于信托公司房地产信托业务风险提示的通知》（以下简称《通知》）。

《通知》对信托公司房地产信托业务进行风险提示，要求各信托公司立即进行业务合规性风险自查，逐笔分析业务的合规性和风险状况，包括但不限于以下内容：信托公司发放贷款的房地产开发项目是否满足“四证”齐全、开发商或其控股股东是否具备二级资质、项目资本金比例是否达到国家最低要求等条件（所谓“四、三、二”由此而来）；第一还款来源充足性、可靠性评价；抵质押等担保措施

情况及评价；项目到期偿付能力评价及风险处置预案等。

《通知》要求各银监局进一步加强对辖内信托公司房地产信托业务的合规性监管和风险监控，结合年内开展的专项调查和压力测试，在信托公司自查基础上，逐笔对房地产信托业务进行核查，对以受让债权等方式变相提供贷款的情况要按照实质重于形式的原则予以甄别。对在自查和核查中发现的问题，要立即采取措施责成信托公司予以纠正，并对违规行为依法查处。《通知》还要求各银监局督促信托公司在开展房地产信托业务时审慎选择交易对手，合理把握规模扩展，加强信托资金运用监控，严控对大型房企集团多头授信、集团成员内部关联风险，积极防范房地产市场调整风险。

同时，银监会也强调，房地产信托业务是信托公司的合法业务，一直处于银监会的严格监管之下。银监会将继续密切跟踪房地产行业调控的最新变化情况，督促信托公司加强项目后期尽职管理工作，在依法合规和有效控制风险的前提下健康开展房地产信托业务，提示信托公司关注流动性风险，提前做好风险处置预案工作。银监会将根据国家宏观调控政策变化和经济形势的发展加强房地产信托业务的监管工作。

（2）银监会印发《信托公司净资本计算标准有关事项的通知》。

2011 年 2 月 12 日，银监会印发《信托公司净资本计算标准有关事项的通知》（银监发〔2011〕11 号），对信托公司净资本、风险资本计算标准和监管指标作出了明确规定，并随通知下发了信托公司净资本计算表、信托公司风险资本计算表以及信托公司净资本风险控制指标监管报表。这意味着净资本管理正式进入实际可操作阶段，并将在年底进入“结算期”。受到融资类房地产信托业务的风险系数高达 3% 的影响，多家信托公司因房地产信托业务占比较大而使其风险资本趋紧甚至不足，由此，部分信托公司不得不主动压缩房地产信托业务以满足净资本管理的要求。

对于房地产信托而言，《信托公司净资本管理办法》实施细则的出台，充分区别了监管层鼓励与限制的业务，由于房地产业目前受到严厉的宏观调控，房地产业的风险逐渐积聚，房地产信托也就相应受到监管层的重点关注，成为风险资本提取比例最高的一类业务。

同时，截至 2011 年 5 月 24 日，正常经营的 63 家信托公司有 50 家公布了 2010 年年报。年报显示，全行业净资本规模最大的信托公司平安信托，净资本即将告急；个别信托公司规模膨胀过快，甚至出现 16 亿元净资本缺口。2011 年年末，曾经游走在“红线”边缘或者现在仍未能达标的信托公司都在用尽解数以达到监管的目标。除了调整业务结构之外，还强烈需要资本金扩张，包括引进战略投资者、股东增资，甚至寻求上市。在这种形势下，作为风险资本提取比例最高的房地产信托业务，在未来一段时期将会受到信托公司的自发性收缩。此外，信托公司引进战略投资者等增加净资本的手段只能缓解目前的燃眉之急，无法支撑信托公司继续走粗放型增长的道路。长远来看，信托公司解决净资本约束的根本性方法是通过调整业务结构，转变盈利模式。而房地产信托业务的相关风险资本的提取比例若不下调，那么开发商对信托资源的争夺将更加激烈。少数信托公司甚至会考虑到中小开发商融资渠道较少，或愿意支付更高的融资成本，而将信托资源在一定程度上向其倾斜，也将因此增加该部分信托公司房地产信托的系统性风险。

(3)《关于逐月上报房地产信托业务风险监测表的通知》。

2011 年 5 月 5 日，由银监会非银行金融机构监管部下发了《关于逐月上报房地产信托业务风险监测表的通知》。第一期房地产信托业务风险监测表已在 5 月 10 日前上报。为做好信托公司房地产信托业务风险防范工作，确保房地产信托业务平稳运行，各信托公司要按月报送房地产信托业务风险监测表，并于每月 7 日前将表格填写完整并上报。

银监会下发的《房地产信托业务风险监测表》(下称《监测表》)显示，除了要求填写房地产信托项目属性、规模、到期日、资金运用方式、房地产项目类型外，还要求填写资金来源有无银行理财资金，如有还须说明具体金额。

《监测表》要求，对风险控制方面要详细说明抵押或担保措施，不但信托公司要对项目风险给出判断意见，监管部门对项目到期兑付风险也要作出判断。值得关注的是，监测表对项目风险的划分尤为细致，据还款资金情况细分为 5 级。

项目风险 5 级分类：

1 级代表第一还款来源流动性充裕，无清算障碍；

2 级代表第一还款来源流动性不稳定，有可能需要第二还款来源补充流动性；

3 级代表第一还款来源流动性不足，需要动用第二还款来源偿付；

4 级代表第二还款来源流动性不稳定，有可能需要其他还款来源补充流动性；

5 级代表现有还款来源资金流动性不足，需要其他还款来源偿付(对于无第二还款来源的项目，若第一还款来源资金不足，即认定为5级风险）。

当然，进入2011年下半年后，伴随大环境进一步趋紧，部分风险开始凸显，银监会业进一步加大了“窗口指导”指导的力度，规定凡涉及房地产的相关业务都须逐笔报批。

（4）2011年9月，再次下发《关于做好房地产信托业务风险监测工作有关事项的通知》。

银监会时隔4个月，再次下发《关于做好房地产信托业务风险监测工作有关事项的通知》，要求各地银监局逐笔监测3个月以内到期信托项目的预期兑付情况，判断兑付风险，并采取相应的措施，做到对房地产信托项目兑付风险“早发现、早预警、早处置”。此前，房地产信托已由发行后报备，全部转为发行前“审批”，只有极少数项目获得通过。《监测通知》特别要求，对于已出现风险的房地产信托项目，各银监局应果断处置并将有关情况及时报送银监会。对于房地产信托业务发展速度过快，或者风险隐患加大的信托公司，各银监局可采取项目事前报告或者暂停房地产信托业务等措施。对于已出现风险的房地产信托项目，各银监局应果断处置，并将有关情况及时报送银监会。除了上述成文的相关监管规定和规定之外，中国银监会还通过其他管道多角度加强对房地产信托业的政策导向和业务监控。

2011年4月中下旬开始银监会要求各家商业银行对房地产业务进行压力测试，结果显示，多家商业银行对房价下跌容忍度在30%至40%之间。国有大银行中，交通银行率先公布房贷压力测试结果：房地产价格下降30%，交行开发贷款不良率将增加1.2%，个人按揭不良率提高0.9%。由于担心房价下跌的风险累及信托公司，二季度末存量就已过3000亿元的房地产信托业务正受到监管部门越来越多的关注。7月初，按照监管部门的统一安排，各信托公司此前对房地产信托业务启动了压力测试，目前各家信托公司自查阶段基本结束，相关信托公司已相继将压力测试结果上报到监管部门。针对房地产信托单项业务的压力测试是前所未有的，风险测评标准也比往年针对整体业务时更为精细。在上半年银监会连续两轮对房地产信托业务进行压力测试的基础上，河南等地方监管部门正准备按季度测试的频率，对辖区内信托公司的房地产信托业务进行长期关注，而上海、北京等地银监会也均在内部口头提醒信托公司注意风险控制。

2011年5月6日，在银监会第22次委务（扩大）会上，时任银监会主席刘明康表示，在房地产信贷风险防控上，要本着市场化原则和审慎经营要求，科学支持保障性住房建设，对当前房地产市场出现的一些新苗头密切监测、加强研判，加强房地产信托业务的监管，推动加强与当地住建部门等信息的沟通与共享。

房地产业务规模增长惯性十足，彰显逆趋势化特征

在外部环境极为紧缩的情况下，2011 年房地产信托业务第一季度乃至上半年仍然延续了快速增长的惯性，再次彰显其政策环境越严峻，业务机会越活跃的“逆趋势性”。但总体来看，2011 年三季度房地产信托的规模及数量均已见顶，从四季度开始将转入下降通道。

信托业协会的数据显示，截至 2011 年末，房地产信托业务余额达到了 6882. 31 亿元的历史最高值，在全部信托资产中的占比也高达 14. 83%。与 2010 年底的 4323. 68 亿元相比增长了 59. 18%，超过了同期信托总资产 47. 23% 的增速近 12 个百分点。2011 年度新增房地产项目规模 3704. 58 亿元。

表 1－3　2010 年至今房地产信托增长情况统计表　　　单位：亿元

	2010 年一季度	2010 年二季度	2010 年三季度	2010 年四季度	2011 年一季度	2011 年二季度	2011 年三季度	2011 年四季度
余额	2351. 29	3153. 63	3778. 20	4323. 68	4868. 88	6051. 91	6797. 69	6882. 31
比例	10. 64%	11. 35%	13. 41%	14. 95%	15. 58%	16. 91%	17. 24%	14. 83%
新增	631. 44	776. 05	797. 26	659. 33	710. 98	1366. 68	1139. 01	487. 90
环比增速				17. 45%	16. 44%	28. 07%	18. 82%	7. 18%

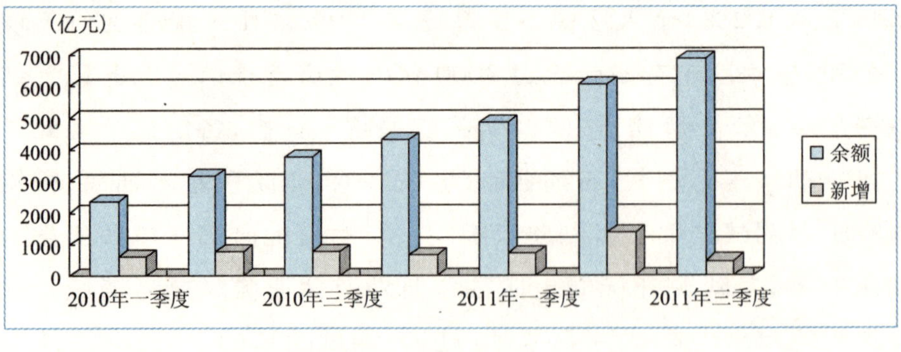

图 1－29　2010 年以来房地产信托资产余额与新增规模增长图

从2010年以来房地产信托资产余额与新增规模增长图可见,2010年以来,房地产信托资产余额一直呈快速上升态势,从2010年一季度的2351亿元,增长到2011年末的6882亿元,增长近3倍,平均增幅达31.5%。

从2010年以来房地产信托比例图可见,房地产信托资产占信托资产余额的比例也是持续增长的,从2010年一季度的10%左右,上升至最高值2011年三季度的17.24%,增长近10个百分点,远远超过信托资产增长速度。

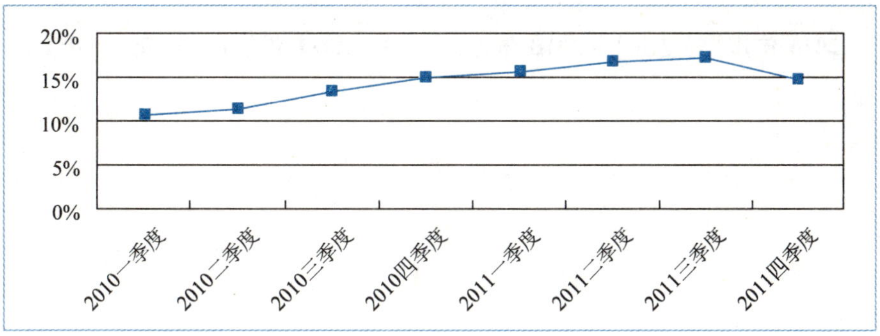

图1-30 2010年以来房地产信托比例图

从2011年度的趋势判断,伴随全国房价拐点的来临,2012年度房地产信托业务规模应该出现明显回落,2011年末的高增长已是强弩之末。事实上,2011第三个季度房地产信托的增速环比已经出现了明显的放缓。与三季度6000多亿元的余额相比,2011年四季度末继续回落,如2011年末-2012年初兑付产品数量较多的话,这个数字在2012年第一季度会出现明显回落。

此外,伴随着2011年底净资本考核大限的到来,按照《信托公司净资本计算标准有关事项的通知》的要求,信托公司面临去房产化压力。对于净资本紧张的信托公司来讲,为了满足净资本监管要求而调整结构,去房地产化以及压缩银信合作业务规模也便成为了重中之重。

从信托公司目前业务开展态势看,多数信托公司已非常谨慎地开展房地产类信托业务,在选择交易对手方面也只选择上市公司或国内知名房地产开发企业,房地产信托发行规模明显减少。业内已经有不少项目在提前找房地产私募基金等机构接盘。

房地产信托运用方式粗放化

房地产信托运用方式通常分为四种,股权、贷款、权益、组合运用,根据近两年房地产信托运用方式不完全统计,贷款和股权方式运用的房地产信托规模有所增加，分别由2010年的14.61%和36%增长到17.65%和41.71%；组合、权益运用方式的房地产信托规模有所下降，其中权益运用方式由23.70%降低至21.53%，而组合运用方式的房地产信托规模则由25.49%降低至15.13%，减少了10个多百分点。究其原因，是伴随房地产优质项目不断增多，资金饥渴严重，信托公司卖方市场逐步形成，信托公司产品创新意愿弱化，逐步出现粗放化的态势。

表1-4　房地产信托运用方式对比表

	2010年规模（亿元）	2010年占比（%）	2011年规模（亿元）	2011年占比（%）
贷款	291	14.61	295	17.65
股权投资	718	36	697	41.71
权益投资	473	23.70	360	21.53
组合运用	508	25.49	253	15.13

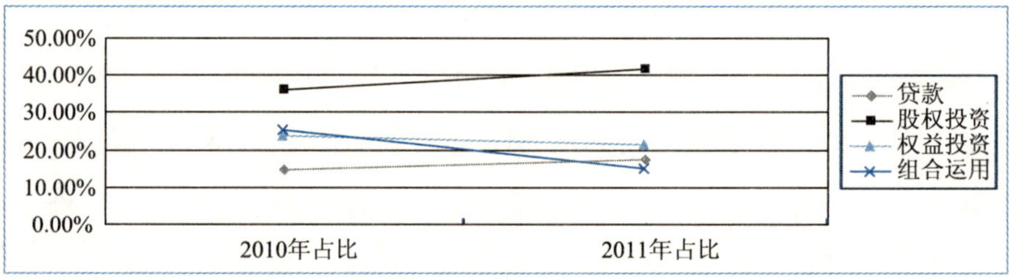

图1-31　房地产信托运用方式比例图

目前房地产信托产品的融资方式大致分为三种情况：项目方资质较好，抵押物充足的产品，一般采用贷款和权益投资等投资方式；而达不到“四三二”标准，或为开发某一项目的单一项目公司以及较早介入项目运作，还未获得土地使用权来用于抵押的项目，则多采用股权投资的方式；此外，2011年有部分信托公司尝试和处于龙头地位的房地产开发商合作发行房地产信托基金，该类产品募集资金投资于开发商的多个储备项目，以分散单一项目风险，也给开发商更加灵活的资金使用选择。这类产品对信托公司以及开发商的要求都较高。从信托资金投资的标的可以看到，单一项目融资仍然是2011年房地产信托产品发行的主流形式。且从发行数量来看，房地产信托产品的投资方式较均匀地分布在贷款、股权投资和权益投资上，三者共占总量的86.19%，除此之外的13.8%则主要是以房地产信托基金方式募集。与2010年相比，股权投资类、组合运用这两类占比略有下降，其他基本持平。

据不完全统计，2011 年上半年有 40% 的资金集中于股权投资类产品，较 2010 年增加了 5 个百分点，贷款类也增加了 3%，权益投资类基本持平，但组合运用类占比下降了近 10%。由于股权投资类产品缺乏抵押和担保，故该类产品多数会有结构化设计，项目方或第三方认购劣后受益权以保证优先级投资者的安全，所以股权投资类产品的一般规模较大。而贷款类和权益投资类产品一般会有抵押/质押率在 60% 以下的抵押/质押物，从而一定程度上会影响该类产品的募集规模。

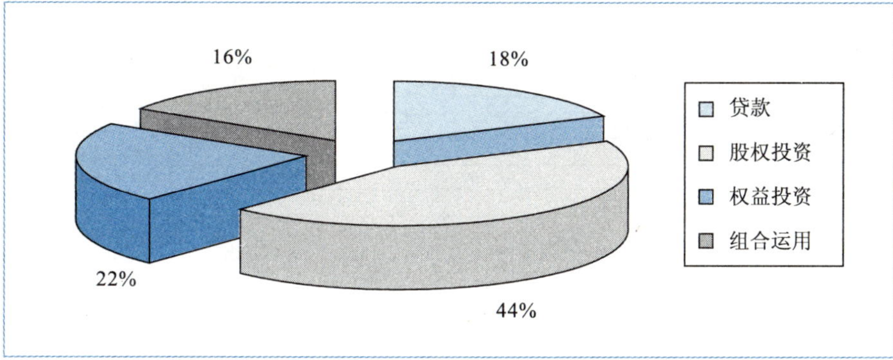

图 1-32　2011 年房地产信托运用方式结构图

房地产信托收益屡创新高

2011 年以来，一方面，银根不断抽紧，资金成本不断高企，水涨船高，房地产信托资金成本也随之不断攀升；另一方面，房地产调控政策紧锣密鼓地出台，房地产开发企业资金压力陡增，房地产信托收益也屡创新高，信托公司在锁定受益人信托收益水平的同时，高来高走，水涨船高，对开发商的信托融资成本年息超过 20% 已经成为常态，极端案例高达 38%。

常识告诉我们，风险收益成正比，高收益背后孕育着高风险。

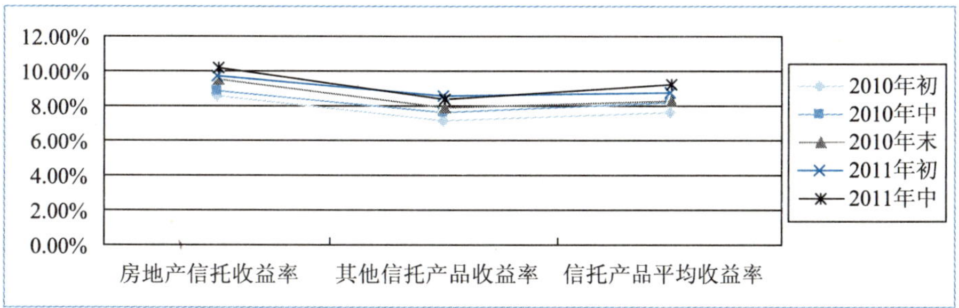

图 1-33

表 1-5　信托产品收益率情况表　（%）

时　间	房地产信托收益率	其他信托产品收益率	信托产品平均收益率
2010 年初	8.57	7.15	7.59
2010 年中	8.87	7.61	8.17
2010 年末	9.55	7.87	8.32
2011 年初	9.75	8.53	8.80
2011 年中	10.17	8.35	9.27

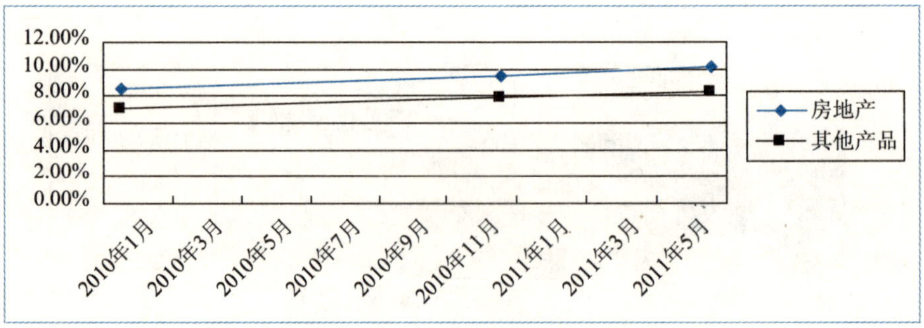

图 1-34　房地产信托产品收益率与其他产品平均收益率对比图

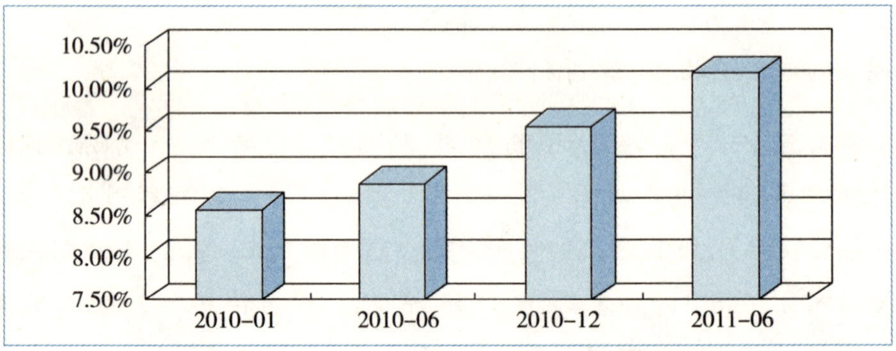

图 1-35　房地产信托产品收益率增长趋势图

自 2010 年以来，房地产信托产品的收益率一直不断升高，从表 1-5 中可知，根据 2011 年上半年不完全统计，房地产信托产品平均年化收益率已达 10.17%，比 2010 年初的 8.57% 增长了 18.67%，增幅接近 20%。而其他信托产品的年化收益率的增幅只有 16.78%，房地产信托的收益增长速度明显高于其他信托产品。同期信托产品的总体平均收益率仅为 9.27%，房地产信托产品为 10.17%，其绝对收益率比总体收益率高了将近 10%。

同时多数信托公司发行的房地产信托产品的信托期限均以短期为主，表现出信托公司心态谨慎。《国务院关于坚决遏制部分城市房价过快上涨的通知》下发后的3个月间，披露相关信息的房地产信托产品中，约有超过50%的产品期限为1～2年，超过40%的产品期限为2～3年，只有7%弱的产品期限为3年以上，平均期限为不到20个个月，环比缩短2.4个月。最短的为1年，最长的为5年，足以说明信托公司在调控大环境下大多持有谨慎心态。

令人欣慰的是，绝大多数信托公司的风险意识和风控能力都有大幅度的提高，2011年各信托公司房地产信托产品风控措施较其他时期是最严谨、最保守的。在风控措施的使用上，土地及房产抵押成为使用最多的风险控制措施，占比达53%；其次为非上市公司股权质押，占比43%，这与股权投资类项目较多有密切关系；保证担保和受益权分层也得到广泛应用，占比各约25%，从抵/质押率看，土地和房产的平均抵押率为42.37%，上市公司股票质押的平均质押率39.91%，显示了信托公司对房地产项目稳健的操作风格。而且多数采用了多重保障的风控措施，即质押、担保和法人个人保障多重保障。

一线开发商成为房地产信托的常客

2011年一道亮丽的风景是以往不屑与信托公司打交道的房地产大佬，频频现身房地产信托融资行列中。这表明，一系列房地产调控政策的出台、银根紧缩后的调控效应已经显现，房地产企业的资金压力已经自下而上地蔓延开来，在中小型开发商受到严重冲击后，大型知名开发企业也逐渐感觉到压力，由以往低成本的银行贷款转向信托资金。

据不完全统计，2011年上半年发行的房地产信托产品中，有约40%的产品项目方或其母公司有一级资质，项目方自身或其母公司拥有二级资质的约占20%。保障房由于受政策鼓励，属于低风险产品，故不纳入开发商资质统计。目前，首先受房地产调控政策冲击的，更多的是中小开发商，大的开发商由于有充足的土地储备和项目储备，以及自身在房地产市场的品牌效应，受到宏观调控政策的影响将相对较小。由此，我们有理由相信，在2011年发行的集合信托产品中，多数房地产信托产品受到目前调控政策影响将不会比银行更大。

从投资方式的方角度来说，我们可以看到，一级资质的开发商比较多的是使用权益投资和贷款等资金运用方式，使用股权投资与组合运用类产品相对较少。作为权益投资和贷款，开发商对所融资金的使用可以更加灵活与方便，但是要求提供充足的抵押担保，故受到土地和项目储备较多的大开发商的青睐。同时，股权投资类房地产信托一般要求控股或者对融资方派遣财务总监或者掌管财务印鉴，对项目方的限制比较大，而且控股该类开发商所需资金也较大，故一级开发商采用股权投资的产品较少。而地产基金类产品，考虑到目前市场对该类产品的谨慎态度，以及对信托公司管理有较高要求，该类产品的发行也较少，但是这类产品设计主要是具有一级开发资质的开发商采用。

三级以下资质的开发商，多为单一项目公司，并且有较多在项目开始，需要缴纳土地款的时候，信托计划就已经介入，从而一般缺少相应的资产来进行担保，同时也受到“四三二”条件的限制，所以该类开发商多数使用股权方式融资。

据2011年上半年不完全统计，投向大型房地产开发商的信托产品中，万达地产发行规模居首位，共计60.76亿元；保利地产发行数量位居第一，共发行了11款产品；万科地产单位信托产品规模最大，仅发行了3款产品，规模就达到28亿元，平均每个产品募集资金近10亿元。虽然相对而言大型开发商较其他中小开发商融资渠道宽裕，对房地产信托融资的依赖度并未过高，但是该类企业若发行信托产品，则融资规模相对较大。

表1-6　2011年上半年国内大型开发商信托融资规模排序

序号	开发商	发行规模(万元)
1	万　达	607600
2	保　利	441370
3	绿　城	376710
4	万　科	280000
5	中华企业	208000
6	新湖集团	192950
7	中南建设	170250
8	恒大地产	169500
9	世茂股份	125000
10	中国泛海	108600
11	阳光100	87000
12	荣安地产	65400
13	蓝光和骏	54000
14	绿　都	50000

表 1-7 2011 年上半年国内大型开发商发行信托产品数量排序

序号	开发商	发行规模
1	保　利	11
2	中国泛海	9
3	万　达	8
4	新湖集团	7
5	中南建设	7
6	绿　城	7
7	绿　都	6
8	荣安地产	6
9	世茂股份	6
10	恒大地产	5
11	中华企业	5
12	阳光 100	4
13	万　科	3
14	蓝光和骏	3

业务题材创新尚待深化

伴随政策紧缩，传统房地产信托主要集中在商品房的格局开始变化，商业地产，特别是保障房信托业务开始有所增加。

2011 年信托资源仍主要集中于商品住宅，在发行数量和发行规模上都占据了半壁江山；其次是综合型项目，发行规模占到房地产信托业务增量的 7% 左右；商业物业的发行占比较上一年同期有一定增长，虽然仅占总量的 1/10，但是近两年信托资金在商业物业方面的投入不断加大，这说明房地产信托的投向不仅仅集中于商品住宅，而且投向更加丰富广泛的领域，这样有利于提高对于系统性风险的抵抗能力。但比较困惑的是，面对目前房地产信托如此之高的融资成本，往往只有及时销售回款的商品住宅类的项目，才能较好地负担起信托本息的支付，而包括商业物业、保障房和土地开发在内的其他项目，其盈利情况较难承担如此高的融资成本，若不能支付较高的融资成本，则较难获得相应的房地产信托资源，相应的该类项目的开发商也就较少采用信托这种融资方式。同时，商业物业类项目、公租房、廉租房等项目资金回笼期长，现有传统信托产品模式下的信托资金难以大规模进入。收益低、周期长两大障碍令该类产品的发行受到较大的限制。所以，长期而言商业物业类信托项目的发行量要大幅增加，需要 REITs 的出台，至少应该依靠基金化的信托产品才能得以支撑。

表1-8　2011年前三季度不同类别房地产投融资数量结构

类　别	发行数量	占　比
商品住宅	399	52.23%
综合型	101	13.22%
商业物业	96	12.57%
保障房	76	9.95%
地产基金	61	7.98%
其　他	31	4.06%
合　计	764	100%

表1-9　2011年前三季度不同类别房地产投融资规模结构　单位：万元

类　别	发行规模	占　比
商品住宅	11306193	49.88%
综合型	3178488	14.02%
地产基金	2537055	11.19%
商业物业	2408847	10.63%
保障房	2198177	9.70%
其　他	1036252	4.57%
合　计	22665012	100%

据不完全统计，2011年前三季度共发行了76款保障房信托，规模共计220亿元。其中棚户区改造为37款共119亿元，由于棚户区改造通常都捆绑一部分商品房开发加以补偿和平衡，具有较好的现金流保障和收益保障，所以2011年前三季度发行的规模和数量都超过保障性住房成分的房地产信托业务的一半以上。安居工程27款共69亿元，经适房、两限房和公租房一共发行了11款，规模分别为15.5亿元、14亿元和1.5亿元，数量和规模都十分有限，显然还处在摸索起步阶段。

表1－10 2011年前三季度具有保障房成分的信托产品统计

类别	发行数量	占比
棚户区改造	37	48.68%
安居工程	27	35.53%
经适房	7	9.21%
公租房	2	2.63%
两限房	2	2.63%
廉租房	1	1.32%
合计	76	100%

表1－11 2011年前三季度具有保障房成分的信托产品统计 单位：万元

类别	发行规模	占比
棚户区改造	1190070	54.02%
安居工程	693106	31.46%
经适房	155000	7.04%
两限房	140000	6.35%
公租房	15000	0.68%
廉租房	10000	0.45%
合计	2203176	100%

2011年前三季度发行的保障房信托，集中于棚户区改造，该类产品一般是一二级土地联动开发或者“回迁房＋商品房”的项目，后期有较充足的现金流来偿还信托本息，该类产品的平均收益率超过9.5%，几乎超过全部产品的平均收益率1个百分点，故获得投资者的青睐。具有强烈公益性质的保障房项目如何能支撑相对较高的信托资金成本呢？通过深入分析和统计可以看到，目前各家信托公司发行的保障房信托，多是采用“保障房＋商品房”的模式来获得较高的收益偿付信托本息。因为如果单一操作纯粹的收益较低的经适房和两限房，以及回收期长的公租房和廉租房项目，在现阶段缺乏完善的还款来源，很难大规模发行。故目前较为通行的所谓保障房信托计划，其结构往往是商品房加保障房，甚至极少数名为“保障房”的信托计划中以商品房为主，保障房成了一个幌子、噱头，个别挂羊头、卖狗肉也时有出现。因而实际资金流向，普通商品房仍占最大比重。

纵观2011年保障房发行的整体情况，仅凭项目收益很难满足信托较高的融资成本，是目前制约保障房信托发展的最大障碍，保障房信托的低报酬也很难激发信托公司的发行热情。故短期内，保障房信托的发展可以选择资金成本较低但需要项目稳定的信托资金来源，如社保基金或者是滚动发行的银信合作理财产品等。

同时监管层应推出配套的政策支持，以激发信托公司发行保障房信托的热情。2011年保障房开发信托也确有亮点，例如，江苏信托与社保基金联手进行南京保障房建设，2011年2月全国社保基金投资南京保障房30亿元信托贷款项目正式签约。这是全国社保基金参与保障房建设的"第一单"。30亿元社保资金将专项用于支持南京市花岗、西善桥等4个保障性住房项目的建设，建筑总面积将达980万平方米，可以为南京市提供8万套保障性住房。全国社保基金以信托贷款的形式向南京市保障房建设有限公司发放的30亿元贷款，期限为2年11个月，利率6.05%，由江苏国际信托有限公司发行，民生银行提供连带担保责任。

2011年3月21日，江苏信托正式向南京市保障房建设发展公司发放保障房建设项目第二期15亿元贷款。至此，江苏信托与全国社保基金联手运作南京市保障房建设项目正式完成了全部资金投放，所募集的资金已全部进入到南京市保障房建设领域。

信托公司盈利结构中房地产业务依存度不断升高

表1-12　2011年前三季度新增信托资产分布表　　单位：万元

	基础产业	房地产	股票	基金	债券	金融机构	工商企业	其他
集合类	5471634	20966551	5671799	269602	476703	3400350	12971464	16773924
合计类	40015874	32166739	8360330	487265	5896012	20468167	54835779	44251764

2011年前三季度，新增集合类信托资产中，投向房地产领域的信托资产高达2097亿元，占比32%，比第二位基础设施25%，高出7个百分点。

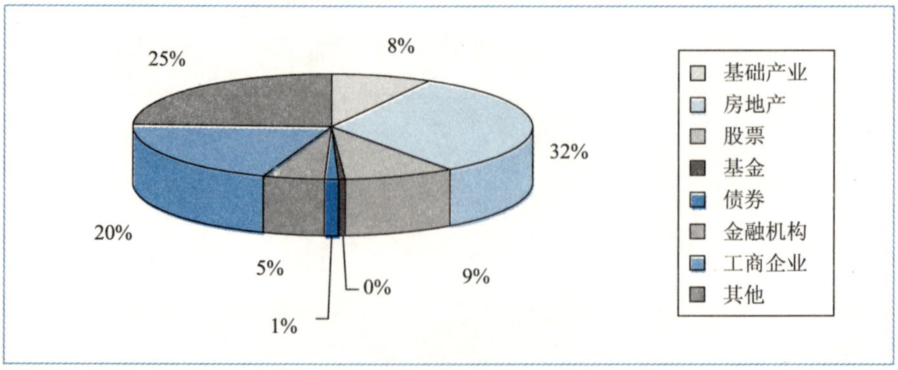

图1-36　集合类信托资产投向分布图

同期新增信托资产中，投向房地产领域的信托资产 3217 亿元，占比 19%，排名第三。

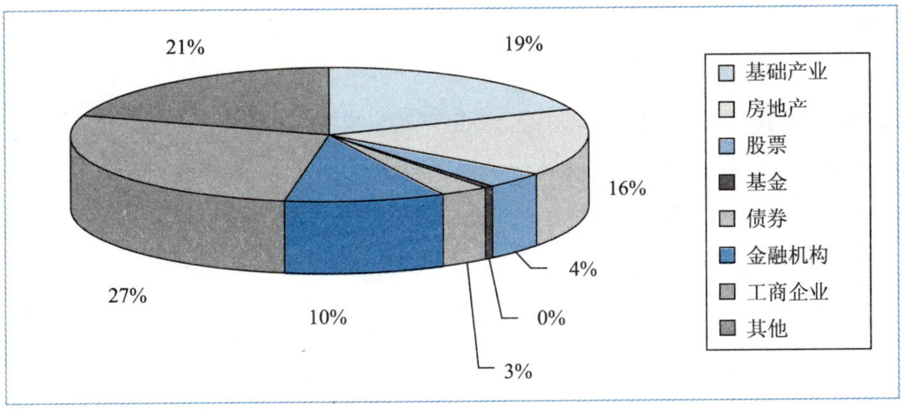

图 1－37　2011 年前三季度新增信托资产投向分布图

就单体信托公司房地产业务集中度而言，据 2011 年信托公司披露的年报统计，2010 年末，房地产信托绝对规模占行业前五位的是：中信信托、中诚信托、中融信托、平安信托、新华信托；而房地产信托相对占比居行业前五位的是：华澳信托、工商信托、爱建信托、中泰信托、新华信托。

表 1－13　2010 年度房地产信托绝对规模行业前五位

序号	公司简称	房地产（万元）
1	中信信托	5878075
2	中诚信托	4277427
3	中融信托	3861066
4	平安信托	2074947
5	新华信托	2066964

表 1－14　2010 年度房地产信托相对占比行业前五位

序号	公司简称	房地产（万元）	占比（%）
1	华澳信托	441556	81.80
2	工商信托	739884	79.96
3	爱建信托	606570	71.54
4	中泰信托	932695	55.44
5	新华信托	2066964	33.92

资料来源：信托公司 2010 年年报。

由于信托公司手续费佣金收入主要来源于集合类信托业务，所以信托公司对房地产业务的依存度仍然很高，少数公司甚至超过50%，最高达到80%以上，而中信一家占全行业房地产信托规模总量的13%以上。为避免业务结构过于单一，信托公司应加速业务转型，寻找新的利润增长点。近期能源矿业信托产品、票据类信托产品的异军突起，以及艺术品等另类投资信托产品的不断推出，都是信托公司在转型之路上的积极探索。

开发商资金链紧绷，房地产信托个案风险开始凸显

2011年9月银监会下文要求信托公司填写与绿城集团及关联企业开展房地产信托业务的调查表，同时还要根据项目运行情况注明风险判断意见。由此引发了人们对绿城集团财务状况的担忧，以至绿城中国在香港市场上一度大跌逾17%，至4.43港元，A股市场上的地产股受拖累也出现了暴跌，保利地产以6.94%的跌幅一马当先，万科、招商地产、金地集团等大盘地产股紧随其后，均达到了5%以上的跌幅。一些潜在风险较大的个案逐渐引起关注。

案例一：公司甲三季报显示，截至2011年9月末，该公司的资产总额为235.79亿元，负债总额为184.20亿元，资产负债率为78.12%，在100多家A股上市房企中居于前列，计53亿元的信托融资额位居A股上市房企前三甲。资金链已经十分紧绷。

根据公开财报，剖析2011年6月末公司甲的债务结构，其中相当大的比例为信托贷款，融资成本也非常高。初步统计，公司甲的信托债务余额为53亿元，占总债务的比例近30%，两项指标在45家已公布信托债务账目的上市房企中均排名第三。该公司通过信托密集融资是在2010年，总计8笔，募集资金34亿元，平均信托收益率达到9.3%，期限在1～2年，2012年将迎来偿付高峰。

其中，某信托公司2010年6月为该公司于发行了“中华企业古北集团股权受益权投资信托”，募资3.5亿元，期限2年；紧接着8月又发行“中华企业古北集团股权受益权投资信托（二）”，募资4.2亿元，期限1.5年。此后，又有超过6家信托公司涉足其中，涉及面甚广。

案例二：乙公司是近期信托融资激进的又一上市房企。其2011年中报共公布了6项信托融资计划，以预计募资上限计算，其总规模将达到42亿元。乙公司负债率亦达67%，多项信托融资计划实施后，其信托额/总债务比例高达44%。而2011年上半年，该公司仅实现净利润8957.55万元，比上年同期增长

1.19%。该公司对信托融资进行了测算，15%左右的信托资金成本，对公司而言虽有偿付压力，但基本可以承受得了，该公司已准备在非限购的城市加速推盘。

案例三：丙公司当年以62.9亿元人民币拍下天津市某地块，成为当年的“地王”。而当时该地块最大的竞争对手是中信地产。当年丙公司是以高于起拍价格一倍多的价格拿下这块地的，而且是现金付账。当时的土地出让合同规定：30天内缴清全部土地出让金；协议签订后3个月内开工建设，3年内住宅项目竣工80%；2年半内酒店等经营性公建和非经营性配套项目竣工，5年内整个区域所有项目要全部竣工。该项目总投资超过260亿元，资金的不足从一开始就显而易见。因此2007年、2008年丙公司携手某信托公司，发行了当时中国最大规模的地产信托基金，发行规模近70亿元。

2009年，丙公司的全年销售回款为18.8亿元，而在2010年，丙公司全年的销售回款仅为9.85亿元，相比上一年减少了近一半。除此以外，丙公司在2009年仅支付利息一项就花去了13亿元，并且当年归还的借款本金高达33亿元，因此，可以判断，丙公司仅靠经营性活动，到期偿付借款本息十分困难。

2.4 矿产信托强势崛起，前车之鉴需防一哄而上

目前我国矿产资源市场的状况及趋势

我国是一个人口众多、资源相对贫乏的发展中国家，随着我国经济的高速发展，资源消耗速度明显加快，需求迅速增长，资源供需形势日趋严峻，各类大宗矿产资源明显不足，供需缺口迅速扩大，进口依赖程度越来越高，对经济发展的瓶颈制约日益凸现。金融危机的爆发在拖累经济的同时，为产业结构调整及资源大整合等提供了机遇，也给企业投资矿产资源带来机会。

（1）我国矿产资源需求旺盛。从长期来看，以新兴市场为主的经济增长与我国工业化、城市化进程促进了矿产原材料需求的增长。近年来，我国工业化与城市化进程逐步加快，刺激了矿产资源需求的激增。同时，我国的制造业不断进行产业升级，国际制造业也正在向我国进行转移，这些情况都促进了金属原材料需求的迅速增长。另外，我国以煤炭为主的电力能源结构决定了对煤炭需求的长期稳定增长。

（2）矿产资源的稀缺性。一方面，受制于矿产资源的约束，矿产企业现有矿产资源产能难以满足需求的迅速增长。虽然近年来矿产企业寻找新资源的积极

性大幅增强，勘探支出大幅增加，但是新发现的大型矿体数量极少；另一方面，矿产资源产量短期难以上升。一是勘探、开发周期大大加长，很多矿用设备的交付期延长了一倍以上时间；二是开采难度加大，新探明矿山的地理和环境条件一般比原有矿山恶劣，增大了开采难度，提高了生产成本；三是环保要求不断提高。上述问题一定程度都制约了矿产资源的开采产量和效率。

（3）包括矿产资源在内的大宗商品价格将维持上涨态势。虽然自金融危机爆发，特别欧洲主权债务危机加重以来，商品市场泡沫破裂，价格暴跌，但总体来讲，由于资源的稀缺性和全球经济的长期向好性，矿产资源的价格会随着全球经济的复苏和产品需求的扩大，逐步走出低谷，矿产资源价格长期向上的趋势不改。

（4）矿产资源行业的政策导向与整合机遇。近年来在国务院和国家相关部门的政策导向下，矿产行业的投资与整合已成为趋势。近年来，国内矿业公司之间、矿山企业与地勘单位之间的并购、重组和合作明显增加，结构不断优化，规模效益日益显现。国内矿业企业积极到资本市场融资，上市公司数量明显增加，融资能力不断增强。中央直属的矿业企业加大了对集团资产整合的力度，并将旗下上市公司作为资本运作和资产注入的平台，这些企业主要包括中国铝业公司、五矿集团、中国黄金集团和中国冶金科工集团等。

而地方矿业企业则凭借地方优势，在地方政府的鼓励下加快了对当地资源进行整合的速度。例如煤炭大省山西省2009年就开始煤炭资源整合，重组整合煤矿企业协议签订率达到90%，主体接管到位率达到71%。山西全省矿井个数由2598处减少到1053处。全省将形成4个年生产能力亿吨级的特大型煤炭集团，3个年生产能力5000万吨级以上的大型煤炭企业集团，11个年生产能力1000万吨级以上的大型煤炭企业集团，72个300万吨级左右的地方集团。全省办矿企业由2200多个减少到近130个。全省形成了以股份制企业为主要形式，国有民营并存的办矿格局，其中国有占20%，民营占30%，混合所有制的股份制企业占50%。2010年12月国务院批准设立山西省为国家资源型经济转型综合配套改革试验区。山西省公布的数据表明，山西煤炭资源整合开展一年多来，已从2600个矿整合为1000个矿。从平均一个矿30万吨的产能，提升为90万吨的产能。在焦炭行业，把2.2亿吨的焦炭产能压缩为1.2亿吨的产能。

2011年我国矿产信托强势崛起的导因分析

据不完全统计，2011年前三季度约20家信托公司参与发行了70款矿产信托产品，总发行规模近300亿元人民币，仅第三季度增量就达223.12亿元，发行规模同比增长315.96%，增长势头十分迅猛。2011年矿业信托后来居上，脱颖而出，其深层原因主要包括以下方面。

（1）业务模式转型的有益探索。2011年几乎所有信托公司都面临净资本管理约束下的业务模式二次转型的压力。随着房地产信托业务资金风险积聚和年终去房产化的兴起，尽管没有直接叫停，但监管层种种调控举措无疑使得信托公司开展房地产信托业务的道路受到严重阻碍。在"平台型"贷款类银信业务和房地产业务两大主要盈利来源先后不同程度受阻后，加速业务模式转型，寻求新的盈利增长点便成了信托公司发展的迫切要求。同房地产行业特点相似，矿产资源企业对资金需求量大，而银行对此类企业的贷款要求也较高，除少数大型矿产企业外，大部分矿产企业尤其是中小矿企在银行的融资需求得不到满足，而证券资本市场融资的要求门槛同样也很高。2010年8月的国务院常务会议上，对煤矿等矿产资源企业的兼并重组提出了新的要求，会议要求出台财政、金融方面的配套措施，坚持政府引导与市场机制相结合，支持矿产资源企业的安全改造和技术改造，此时，与转型中的信托公司创新探索恰好形成契合点，信托公司顺应政策，抓住时机，将公司业务转而投向同样资金需求量较大、融资需求较高的矿产资源行业。信托以其灵活的制度设计和广阔的投融资渠道迅速占领了该市场领域投融资业务的相当份额，矿产资源类信托业务整体呈平稳上升趋势。

（2）高收益性。伴随房地产信托业务监管政策和措施的不断出台，房地产信托业进一步提高门槛，业务规模和收入日渐紧缩。从2011年信托公司重点业务投向来看，除了房地产之外，工商企业、基础建设、金融是最主要的产品投向，但是从收益上来看，后者的收益与房地产信托业务相差较大。换言之，高融资成本不是任何一个行业都可以承担的，房地产信托之外的其他产品很难做出类似高度的收益。2011年全国发行的一年期房地产信托产品收益平均在10%左右，甚至有的1.5～2年期的产品能达到年化11%～13%的信托收益，相形之下，投向其他行业和领域的类似信托产品，其收益最高也难达到10%。

所以在房地产信托阵线收缩之时，矿产类信托却异军突起也就不难理解了——这也是目前信托类产品中为数不多能在收益率上与前者一较高下的产品。能源矿产等资源类行业，在当前的整合背景下愈发呈现寡头垄断的特征，能够承担比较高的融资成本。从目前市场推出的矿产资源类项目看，大多能提供给客户比较高的收益回报。信托公司2010年上半年发行的矿产信托产品的加权平均收益率为9.42%,1.5~2年的矿产信托产品年收益率为9%~9.5%;其中2年以上的矿产信托产品年收益率均在10%左右,矿产信托产品年收益率最低也在8%左右。

表1-15　2011年部分矿产信托产品收益率一览表

公司简称	平均期限(年)	平均收益率(%)
中信信托	2.33	10.17
华融信托	2	9.92
新时代信托	1.5	9.50
陕西国投	1.5	9.08
吉林信托	1.63	9.06
中融信托	1.83	9.04
华鑫信托	1	8.00
中铁信托	1	7.72
平　均		9.42

房地产信托业务占比较大的中信信托和中融信托,2011年都推出了多款矿产资源类产品,继2010年发行40多亿元的煤炭信托后,中信信托2011年陆续推出煤炭产业基金。同时更为核心的一点是信托公司需要尽快提升自身专业判断能力和投资决策能力,把握最佳投资时机,使信托资金参与并推动项目方进行关键转型,以此获得超额收益。

(3)部分地方政府矿业资源政策形成资金缺口。以山西省为例。山西省政府2008年83号文件规定:被兼并的煤矿,凡是在2006年2月28日之后缴纳资源价款的,直接转让采矿权,兼并重组企业要退还剩余资源量的价款,并按照原价款标准的50%给予经济补偿;在2006年2月28日之前缴纳资源价款的,在退还企业剩余资源价款的同时,按照原价款的100%给予经济补偿。由此可知,在该省在近几年如火如荼开展的煤炭资源整合中需要投入巨额重组资金,才能确保达到整合的预期目标。此外伴随矿产资源的供需失衡矛盾日益加剧,为了扩大规模、提高产量,升级设备、改进工艺技术,矿产企业尤其是中小矿企面临着巨大的资金压力,从市场上融资便成了其摆脱资金困境,寻求生存和发展的必然选择。然而,由于矿产行业本身的特殊属性,矿产企业在融资过程中,存在着很大的局限性。首先,矿产资源行业属于高度资金密集型行业,一般融资规模都比较大。勘探开采、取得矿业权、建设矿井巷道、购置设备、引进技术以及承担各种税费，加上资源整合政策对企业提出的新的要求，矿产资源企业普遍资金缺口都较大。其次，金融机构约束条件复杂。由于矿产资源行业高风险与高收益并行，金融机构特别是商业银行对矿产资源企业的融资条件都十分苛刻，为了最大限度地控制风险，金融机构或者私募基金对矿产资源企业融资往往都要反复论证和尽职调查。再次，矿产资源企业资产结构独特，抵（质）押物匮乏。大多矿产能源企业最实质性的资产产是矿业权，而其他有形资产则相对较少，尤其是可用于抵（质）押物以及担保的固定资产更加相对不足。所以矿产资源企业融资难问题成为制约我国矿业发展的瓶颈。

表 1－16　我国矿企主要运用的融资方式比较

融资方式	性　质	信用工具	融资规模	资金来源	使用频率
矿权抵押融资	债权融资	采矿权抵押	较小	银行、信托公司	经常
股权质押融资	债权融资	股权质押担保	较小	银行、信托公司	经常
集合信托计划	债权融资、股权投资、权益转让	采矿权、股权抵押、信用担保、收益权转让	较大	特定投资者	逐步增加
短期融资券	境内公募	债券	较大	公众投资者	大型公司广泛开展
合资合作	股权投资	中方矿权	较大	战投机构	广泛运用
国外股市融资	境外公募	股票	较大	国外资本市场	尚未规模性运用
私募股权融资	股权投资	股权	较大	私募基金	逐步增加

矿产能源企业融资过程中面临上述种种瓶颈约束，融资渠道相对单一，加之当前信贷规模紧缩，矿产行业风险较高，因此现在的矿产资源企业在传统银行信贷融资渠道上困难重重。而信托融资方式逐渐与矿产能源企业的融资需求形成互补，信托资金以其运用方式灵活多样、投融资范围广阔的特质，逐步成为矿产行业整合、急需资金的矿产企业尤其是中小矿企的“新大陆”。随着矿业信托业务的不断创新发展，信托将在矿产资源企业中扮演越来越重要的融资桥梁角色。

（4）产业基金与重组基金创新的雏形。信托公司的业务转型不应仅仅局限在将原有业务领域转移到另外一个新的业务领域这样一个狭隘的理解，其最核心的精髓应该是产品要素、产品结构、交易结构、运行流程以及管理模式等深层次的转型。而“矿产资源业信托投资基金”或“矿产资源业信托重组基金”则无疑是对信托公司产品业务模式向基金化转型的一个重大尝试和突破。信托型产业投资基金是指按照共同投资、共享收益、共担风险的原则，运用信托机制，以信托基金方式将投资者彼此分散的资金集中起来以实现预期投资目的的投资组织制度。其结合了产业投资基金和信托的优势，信托型产业投资基金不仅有助于信托公司拓展专属的业务领域，而且信托灵活的投融资方式、广阔的业务范畴、丰富的融资渠道及特殊的财产性质和混业经营模式，为产业投资基金的发展提供了广阔的平台。矿产资源产业投资基金信托是由信托公司作为矿产资源产业基金的发起人，第三方投资人或信托公司作为一般受益人认购一部分基金份额，普通投资者作为优先受益人认购其他基金份额，优先受益人获得固定收益，而一般受益人则获得股权分红。在这一模式下，信托公司作为受托人，将产业投资基金的资金用于收购经受托人认可的优质未上市矿产企业股权，通过企业的分红实现受益人的收益权。由于矿产资源的稀缺性及我国经济发展对矿产资源的依赖性，矿产资源行业的回报率维持在一个相对稳定的水平。这样的一种模式主要适用于重组收购现有矿产企业。

综上可知，煤炭整合过程中的政策机遇、利润驱动和资金缺口，为面临转型压力、投资范围广阔，且投资手段多样的信托公司所关注。在2010年推出"聚信汇金煤炭信托计划"的基础上，中信信托2011—2012年将新组建发行总规模预计达200亿元的能源产业投资基金，业务范围从传统的煤炭资源拓展到煤层气等新能源，地区也从山西拓展到贵州、内蒙古、陕西等地。2011年中信信托已与资源开发企业合作发起设立了中恒聚信与聚信泰和两家产业基金管理公司。届时，这些基金将充分发挥信托公司作为基金发起人之一的优势，将股权资金、债权资金、结构性资金等嫁接到产业基金这一综合性金融平台上。此外，五矿信托也与青海省国有资产投资管理公司、西部矿业集团、青海煤业集团等青海国资企业签署协议，设立矿业信托投资基金。该基金由五矿信托募集资金和自主管理，以股权方式投资于矿业开发项目。

矿产资源信托存面临的主要问题和风险

(1)国内矿产企业自身还存在诸多问题。采矿行业结构不合理，企业数量多、规模小、小型矿技术装备水平低的问题仍然突出；小企业发展所面临的资源、环境压力越来越大；生产成本增长过快，政策性成本陆续增加，行业内不合法、不合理的基金和收费仍然存在并有增加的趋势等。

(2)专业技术风险。信托公司作为一类金融机构，与矿产资源行业隔行如隔山，不可能短期内打造一批矿业专家。因此信托公司必然直面各类技术风险，首先包括勘查风险。矿产勘查具有高风险、高投入、长周期的特点。高风险在通常意义上指矿产勘查的成功率较低。其对象是埋藏在地下的矿产资源，由于地质环境的多样性和复杂性——矿产勘查的高风险性是其主要特点。矿产资源的隐蔽性和不确定性，使矿产勘查从一开始到完成始终处于不断探索的过程之中。其次还有储量风险。从一定意义上讲，所有类型的工业项目普遍都具有不确定性，但矿产资源贮存的隐蔽性和复杂多变性，使得这一特征在矿业领域更为突出。矿业投资决策是根据与项目有关的储量、品位及其他技术参数的估计值而作出的，因而也就存在着因储量风险引起的项目风险。

（3）政策风险因素。首先是产业政策的风险。矿业为国家重点扶持的基础产业，国家制定了一整套政策法规，对资源的开采，矿山的建设，产品的定价、运输等诸多方面进行规范。随着我国经济体制改革的深化，国家对矿业行业政策的任何变化，都将对矿业公司的生产经营产生影响。其次是税收制度的风险。矿业税收制度是矿业投资环境的重要因素之一。根据原国家经贸委的调查统计，我国冶金矿山税费负担率为5%～25%，钢铁企业为6.6%、机械行业为6%。可见我国矿山企业税费负担远高于其他工业企业。

（4）项目建设风险。矿业投资项目具有周期长、投入资金大的特点。周期长的特点增加了投入的不确定性，投资总额不易控制。我国目前在产的大部分矿山，投资总额都超过了当初的预算。再加上矿业收益受经济周期影响波动大的特点，使得矿业投资项目筹资困难。在矿产品市场价格低落时，银行出于对矿山前景的担忧，贷款条件苛刻，使得矿山建设期延长，增加投资费用。这些都增加了矿业投资项目的建设风险。

（5）维简风险。一般工业企业基建完成后就可以外购原料，进行生产，如不扩大生产能力或优化生产工艺，就不存在基建的继续投入问题。而矿山则不同，在完成初期投资投产后，在开采过程中，随着备采矿量和开拓矿量的减少及资源枯竭，矿山需要不断地向外围扩展或向深部延伸，包括露天矿的扩帮剥离和井下矿的开拓延伸，以弥补消耗的储量，才能保持矿山正常生产。因此，矿业基本建设必须以一定比例贯穿于整个生产过程中，需要持续不断地投入，以维持企业的再生产。维简投入的开拓工程，虽然也形成固定资产，但用于露天矿剥离废石和井下延伸而完工的设施，一旦该矿段储量采完，几乎没有残值，这在很大程度上会减少项目的收益。

(6)生产安全风险。矿业活动的另外一个特点是容易发生各类安全事故。大部分矿山都需要爆破作业，使用大量的爆破器材，特别是煤炭开采多为地下移动作业，存在有瓦斯、煤尘、水、火、顶板冒落等灾害。因此，安全上的风险要远远高于其他行业。

(7)投资风险。资金需求大，目前国内矿产类企业融资数额基本都在1亿元人民币以上，动辄数亿元人民币；投资竞争激烈，目前国内矿产类企业大都受到各类投资机构的关注和追捧，项目获取难度大；投资成本高，目前矿业公司的估价都比较高，投资上行空间有限。

由上可知，矿业资源信托业务本身的专业化要求、复杂化程度、市场波动风险、政策调控措施以及突发性不可抗力风险丝毫都不亚于房地产类信托业务，甚至在某些方面和一定程度上还远远超过了房地产类信托产品。因此不同信托公司应该实事求是，量力而行，冷静判断。要根据自身的专业能力和团队结构以及资源整合能力和风险控制能力适时决定开展矿业资源信托业务的时机和规模，切忌盲目从众、一哄而上，不顾自身具体情况，重蹈2010年、2011年某些公司盲目跟风扩张房地产信托业务，接下“最后一棒”市场风险的覆辙，而最终导致出现重大经营损失或决策失误。

2.5 另类投资信托欲突破“小众”，专业短板难成主流

财富增长和投资渠道稀缺炒热艺术品信托

2011年5月中国嘉德2011春拍齐白石作品《松柏高立图·篆书四言联》以4.255亿元成交，这也创造了中国近现代书画的新纪录。一时间，艺术品投资成为最热的投资方式。另据《2011中国私人财富报告》统计，2010年中国高净值人士达到50万，共持有可投资资产15万亿元。与2009年相比，增加了9万人，年增长率为22%。2008—2010年，高净值人群拥有的财富占全国的比重略有上升，从2008年的23%上升到2010年的24%，预计2011年末这个比例将进一步提高到25%。而高专业门槛，吸引大额投资者转向通过信托来投资艺术品，将艺术品资产转化为金融资产正成为时下信托产业的创新方向，国内购买力的增强和强烈的通胀预期也使得艺术品信托市场在2011年异常火爆，越来越多的信托公司开始涉足艺术品投资领域。一方面，艺术品信托的高收益率，吸引着信托公司涉足；另一方面，随着信托公司净资本达标期限临近，调整业务结构，采取多元

化的发展策略也是现实需要。目前发行的艺术品信托产品牵涉到信托公司、投资人、托管银行、艺术品投资顾问，有的还设立了独立的专家团。信托公司不仅收取固定的管理费用，如果信托投资取得超额收益，信托公司还能参与分成，这也是信托公司愿意发行艺术品信托的原因之一。

所谓艺术品信托是通过信托原理，实行集合投资制度，通过向投资者发行受益凭证，将分散的资金集中起来，在具有良好艺术素养和丰富管理经验的艺术基金管理人经营下，通过艺术品投资组合，为投资者提供分享艺术品价值增长的收益。主要分为艺术品藏家提供融资服务的艺术品信托融资型产品和依靠艺术品自身升值为投资者带来收益的艺术品信托投资型产品。目前，艺术品信托处于初期阶段，融资性信托计划是主要形式。该类产品是把艺术品资产转化为金融资产的一种机制与过程，艺术品信托与别的信托产品最大的区别是除了财富，它还有审美愉悦与经验的积淀。它让不拥有艺术品的投资者也能获得艺术品升值的收益，让艺术品拥有者轻松将艺术品资产转化为现金流。在中国艺术品资本市场发展过程中，艺术品信托市场已引起艺术家、收藏家和高端投资者越来越多的关注。当然，艺术品信托也有一个发展过程，目前尚处于起步摸索阶段，随着市场的逐渐成熟，艺术品鉴定、估值以及保险等配套服务的逐步改善，藏家、画廊与拍卖行之间的进一步整合，艺术品信托的未来发展空间还可进一步拓展，最终能够实现中国艺术品市场和金融资本的有机融合，相关艺术品信托计划及其产品会逐步得以完善和发展。

在艺术品理财领域，民生银行是国内金融业中第一人，其在 2007 年发放了第一期艺术品基金，投资于极具升值潜力的“中国当代书画板块”，预期年收益率 0%～18%。而在信托行业，国投信托被认为是发行艺术品集合信托的行业第一家。自 2009 年 6 月份国投信托推出“盛世宝藏 1 号保利艺术品投资集合资金信托计划”以来，国投信托的艺术品信托已经成为了该信托公司的标志性产品。2011 年以来，也有越来越多的信托公司开始涉足艺术品投资领域，中诚信托的“天物馆 1 号中国瓷器投资集合资金信托计划”、中融信托的“融美 1 号艺术品集合资金信托计划”、北京信托的“懋源富雅 1 号艺术品投资集合资金信托计划”和“宝腾一号艺术品投资集合资金信托计划”、上海信托的“香花石系列中国新绘画艺术品投资信托计划”纷纷问世。其中国投信托正在筹备发行两期规模较大的艺术品信托，募集总额可能达到 10 亿元。

目前我国艺术品信托主要特征

据不完全统计，2011年前三季度信托公司共发行艺术品信托产品30款，比上一年全年增加20款，增长幅度达300%。2011年前三季度发行规模约为42亿元人民币，比上一年全年的艺术品信托发行规模增长了近6倍之多，凸显2011年艺术品信托业务有了长足发展。虽然目前我国艺术品信托正处于刚刚起步的发展阶段，但艺术品信托正逐渐成为艺术品投资领域新崛起的金融力量。概括起来，我国艺术品信托目前主要具有下述主要特点：

首先，主流艺术品信托产品的资金运用方式仍然以债权融资方式为主。信托公司通过发行艺术品集合资金信托计划为艺术品藏家或机构提供融资服务。该类信托一般在发行时，即约定了明确的预期收益率，信托公司通过结构化设计、艺术品质押担保以及第三方机构担保来防范风险。这类产品风险较小，收益稳定，大多数信托公司对这种操作模式驾轻就熟。因为该类艺术品信托的核心要素是融资而不是艺术，淡化了艺术专业成分和要求，强化了金融操作与原理，所以在初级阶段被众多信托公司所广泛运用。

其次，专业短板约束导致潜在投资风险。信托公司的核心竞争力应该是投资能力，而非贷款融资能力。但如果信托公司作为受托人运用信托资金直接买入艺术品，然后再依靠艺术品自身升值，为投资者带来收益，则直接考验信托公司的专业化程度和团队的专业水准。当前艺术品市场鱼龙混杂，次品、赝品横行，市场中充斥着“潜规则”，同时又缺乏必要的约束以及惩罚机制，公信力的缺失将严重危及到收藏品市场的根基。对于艺术品的估价五花八门，并没有统一、透明的价格机制。虽然一些信托公司自知艺术品市场仅靠信托公司“半瓶醋”的专业判断能力难以把握，而引入所谓艺术品“投资顾问”，即在信托计划成立的整个过程中，信托公司和投资顾问一起组成的投资决策委员会发出指令，去购买艺术品。投资顾问主要是对于艺术品的价值作出鉴定，提出投资建议。虽然信托公司和投资顾问都尽可能地降低估值风险，但是由于现在并没有一个公认的比较权威的机构进行艺术品鉴定和估值，相关信托法律法规也没有对投资顾问作出明确的职责约定或关联规避，这方面蕴含的风险也是不容忽视的。少数信托公司发行的艺术品信托投资顾问形同虚设，甚至投资顾问就是资金使用方的关联公司，这种关联关系的存在让投资顾问这一角色很可能成为利益输送者。

再次，艺术品信托产品周期的短期化导致该类产品的运作难度加大。一般意义而言，艺术品需要通过相对较长时期的收藏才会溢价升值，然而，目前国内艺术品信托的平均期限仅为2年左右，"快进快出，立竿见影"成了当前艺术品信托常态化的操作模式和运作思路，短线操作也加大了该类业务的操作难度和投资风险。尤其是对少数投通过直接签约艺术家，然后进行推广炒作，提升艺术家的升值空间，最终获利退出的信托模式，由于该种信托产品要求信托公司依靠管理能力去提升财产的价值，因此这种短期化约束就更加明显和突出。极可能导致信托公司为了保证投资收益，采取过于急功近利甚至擦边球的营销方式为其推广、包装以拼命提升其名气，借此抬高其作品的市场价格，最终导致短期行为严重，难以可持续发展。

艺术品信托面临的挑战和问题不容小觑

首先，艺术品信托业务面临的艺术品市场环境和法制环境还不健全，相对滞后，艺术品市场存在流动性过剩、规则不健全、投机过度等现象。由于缺乏对艺术品本身身份、艺术品交易人等信息进行统一登记的信息平台，也缺乏对艺术品市场统一管理的监管机构，中国艺术品信托市场的发展在一定程度上受到制约。目前，在我国深圳、上海、郑州、北京、成都等地都已经成立或正在筹建文化产权交易所，大有雨后春笋之势。实际上，在我国以"交易所"为名设置机构，特别是以带有证券性质的金融衍生品为主要交易对象的交易所是要经过特许经营和专门监管的。而2011年初某市文交所率先正式推出的艺术品份额交易，某种意义上已经起到了一个证券交易所的功能。2011年初在该文交所上市的一幅现代画作，仅2个月就从6.38万涨到9250万元，短短数月这幅现代画作狂涨1449.8倍，令人瞠目。而2个月涨千倍的"神话"，都与其通过文交所平台实现"证券化"相关联。交易价格如过山车、规则频繁更改，该文交所被称为"艺术品股票"的艺术品份额交易模式备受争议，被称为乱象。2011年6月国务院办公厅向国资委、证监会、商务部等部委下发关于进一步整顿产权交易所的征求意见稿，旨在针对取消交易所内份额交易、交易所内股权交易超200名股东上限等违法违规行为。证监会也就该文交所艺术品证券化准备材料上报了国务院办公厅。

目前虽然我国先后制定出台了《中华人民共和国拍卖法》《中华人民共和国文物保护法》及《实施条例》《文物拍卖试点管理办法》《文物拍卖管理暂行办法》等法律法规和部门规章，但仍然不够完善和规范，执法的有效性也有待加强，特别是与艺术品鉴定、估值、流通、交易等投融资行为相关的法律法规就更加滞后，而与艺术品信托相关的法律规章则几乎为空白。因此为了使艺术品信托业务和艺术品市场交易与运作方式不断规范和完善，监管部门与有关行业协会应进一步健全职业道德和信誉机制，规范协调一级与二级市场发展的行业规则，建立现代艺术品经纪人制度并建立科学的鉴定评估制度，构建与国际接轨的市场环境。

其次，艺术品价值评估体系缺失，鉴定标准混乱。从“金缕玉衣”到“汉代玉凳”，一个个天价神话被戳破，一个个天大的笑话被流传。艺术品价值评估的风险主要来自于国内市场尚无艺术品价值评估的统一标准体系，目前艺术品价格评估只能依靠所谓的专家和大机构，人为主观性较大，导致艺术品市场乱象丛生。资产评估不进入国家法定序列，艺术品与资本的结合就难以实现，类似抵押、贷款等就无法进行，艺术品估值体系的欠缺增加了金融机构对艺术品资产定价的难度，直接导致我国艺术品信托市场规模化发展受到限制。同时，艺术品的真假鉴别失真，现行法规下制假的惩罚力度低，市场也不规范，这使当前的艺术品市场鱼目混珠、真假难辨。此外，很多机构提供的艺术品鉴别权威性常受到质疑，使得诸多艺术品在国际市场销售不畅，价格不高，这就必然影响艺术品信托投资、艺术品抵押等金融业务的发展。综上可知，当前艺术品价值评估缺乏科学权威的鉴定机构，没有完整的鉴定机制和鉴定体系，也没有完整的不同类型文物的鉴定标准。

为促进艺术品信托业务健康持续发展，今后应加快完善以资产评估及资产化为核心的中国艺术品资本市场，建设以征信体系为核心的中国艺术品市场诚信体系。应尽早规范艺术品估值体系，促进艺术品与资本的有机结合，从而使艺术品信托业务在实际操作中，能够更加科学、量化和公正。

再次，艺术品变现渠道不顺畅。艺术品信托最终要兑现价值需要将所投资的艺术品变现。艺术品变现是个系统问题，涉及时间、鉴定、渠道、市场大环境等各方面因素，哪一个环节出问题，都会影响藏品变现。这样来看，融资性艺术品信托由于将艺术品打折质押或有第三方担保，风险要小于投资性艺术品理财产品。但融资性艺术品信托同样面临艺术品流通渠道和顺利变现的潜在风险，同时该类业务也不能体现信托公司的主动管理能力。

此外，艺术品信托过程中的税收制度安排不明等使得交易主体很难排除拍卖不保真、交易不透明、信息不对称等风险。目前，国家对艺术品投资的税收安排只对个人通过拍卖市场拍卖财产获得的收入进行了规定，而对于像以理财为目的的金融机构投资者在艺术品买卖过程中的税收安排没有明文规定。

对此，2012年应大力规范和发展中国艺术品信托市场体系建设。要在环境的优化、标准的建立、评估体系的完善、交易渠道与平台的建设及信息共享等方面加大投入，取得成效，为艺术品信托市场打下基础。应尽快配套制定信托投资者在艺术品买卖过程中的税收安排，以保障投资者权益。

综上，目前我国的艺术品信托市场尚处在"看起来很美"的初创探索阶段，2012年艺术品信托对现阶段的信托业而言，市场环境的局限性和政策法规的滞后性以及艺术品市场与金融资本对接尚处于探索期，使其虽然"看起来很美"，但难以成为行业主流业务。大多数信托公司人力资源专业结构不匹配性，整体专业能力不强，除了少数打造专业化发展特色和专业化业务定位的、举公司之力专注于艺术品信托业务的信托公司能够逐渐形成较为稳定的盈利模式之外，对信托全行业而言短期内还很难成为比较显著的利润增长点，不可能成为信托公司的主流利润来源和主导业务模式。

2.6 公司重组波澜不惊，行业架构趋于稳定

在经历了2007年"新办法"修订出台以来声势浩大的连续3年行业战略重组、公司购并、强强联合的热潮之后，2011年我国信托业的公司战略重组进入到一个相对平稳、理性和常态的发展时期。2011年我国信托业继续得到迅猛发展，大大促进了我国整体经济转型，带动了直接融资，繁荣了资本市场，尤其在助力实体经济发展方面发挥了重要的金融中介作用。面对2011年风云变幻的投融资市场，信托公司的经营定位体现了监管部门、融资企业和投资者的需求，成为市场供需变化中资源整合的主体。在新型融资模式不断涌现的背景下，面对信用风险、法律风险和操作风险等，信托公司如何基于不同的商业模式做好风险防范与控制，成为2011年信托业改革与发展的重要议题之一。特别是经济结构转型背景下的产业结构调整正处于深化期，面对信贷紧缩和通胀压力，信托公司的灵活金融功能日益受到各方重视，信托公司也牢牢抓住此次产业结构调整的难得机会，在并购整合、产业升级、资源优化等方面彰显创新潜力。

2011年信托公司的战略重组虽然没有大风大浪，但个案化公司重组和购并仍不失精彩。其中尤以中金公司入主原"金信信托"令人瞩目。该重组案创我国2001年信托公司重新登记10年以来券商参股信托第一家。金信信托的前身为成立于1991年2月的金华市信托投资公司，1993年5月改制为金华市信托投资股份有限公司，2002年5月更名为"金信信托投资股份有限公司"。当时金信信

托实行业务总部制，组织结构由公司本级和资金信托业务、理财业务、财产信托业务、自营业务等4个业务总部构成。2002—2005年，金信信托因在资本市场上“高举高打”的操作风格而被誉为“江南第一猛庄”，后因公司在资本市场发生重大经营损失而被监管部门勒令停业整顿。公开资料显示，截至2011年一季度末，金信信托还是*ST星美、浙江广厦、升华拜克等3家上市公司的前十大流通股股东，市值达1.88亿元。2011年历时5年半的金信信托投资股份有限公司（下称“金信信托”）停业整顿与股权重整终于完成，一家全新的信托公司在其基础上开展业务。原金信信托重组后，名称将改换成“浙商信托”。2011年6月已经获得监管部门的批文，工商变更及金融牌照换发等工作都已完成，并于年内正式开业。浙商信托的股权结构包括，浙江省国际贸易集团有限公司（下称“浙江国贸”）与中国国际金融有限公司（下称“中金公司”）分别持股56%和35%，而在剩下的9%股权，由浙江传化股份有限公司等股东持有。与5年前相比，浙商信托在股东结构、注册地、业务布局以及管理团队等方面，几乎完全脱胎换骨。

值得关注的是，中金公司此次以管理输出的模式入股浙商信托，使中金公司扩展到新的金融业务领域。在海通证券投资百瑞信托股权受挫之后，中金公司俨然成为券商参股信托公司的“先头兵”。金信信托的重组方案在2011年获得中国银监会等监管层的认可，其中中金公司在有关部委之间的积极斡旋，是重组得以实现的重要原因。金信信托在停业整顿前出现的违规曾让政府感到问题严重，因此许多业内人士对其重组一直有所担忧，由于中金公司的介入，金信信托这张牌照最终得以保留。而在此前我国尚无证券公司参股信托公司的先例，更重要的是要涉及证监会、银监会等多部委的协调审批，程序复杂，手续繁琐。而中金的强大背景以及积极努力，使这件本无先例的重大重组成为现实，最终浴火重生。按照相关政策规定，中金公司作为信托公司出资人，入股应以自有资金，并承诺3年内不转让所持有的信托公司股权，还须符合“一参一控”。

刚刚“嫁入豪门”的原福建联华信托，2011年从新东家兴业银行收获了20亿元的资本注入。2011年1月30日，经中国银监会批准，兴业银行股份有限公司分别受让新希望集团有限公司、四川南方希望实业有限公司、福建华投投资有限公司持有的原福建联华信托有限公司15.69%、25.49%、10%的股权，成为原福建联华国际信托有限公司的控股股东，并正式更名为“兴业信托”。曾经经历了房地产、证券投资转型的兴业信托未来的发展模式还需探索。目前，兴业国际信托有限公司成为继交银国际信托有限公司、建信信托有限责任公司之后的全国第三家由商业银行控股的信托公司。兴业国际信托有限公司表示，商业银行与信托公司在制度、资源、品牌等方面都具有很强的互补性，由商业银行控股信托公司，有利于整合优化金融资源配置，为客户提供更加高效、全面的金融服务。目前，兴业信托还参股紫金矿业集团财务有限公司、广发华福证券有限责任公司，并计划与台湾统一证券、厦门国贸集团共同出资设立统一兴业基金管理公司，目前正处于筹建申报阶段。如获批准成立，该基金管理公司将成为福建省首家基金管理公司，同时也是全国首家有台资入股的基金管理公司。

虽然兴业信托有兴业银行这一强大的“靠山”，但目前整体来看银行系控股的信托公司目前的发展状况多少有些不尽如人意。此次兴业信托获兴业银行20亿元增资，在实施信托公司净资本管理的第一年占据了一个有利的先发优势，可谓“生逢其时”，如果能够及时抓住市场机遇和有利发展时机，充分整合商业银行和信托公司各自的优势，优势互补，兴业信托整体经营管理实力将会上一个新的台阶。与国有四大银行相比，股份制商业银行控股信托公司整体的发展布局可能会更明晰。但是兴业银行入主兴业信托时间尚短，曾经经历了房地产、证券投资转型的兴业信托未来的发展模式还需探索。目前银行控股信托公司的优势和定位以及核心竞争力还有待进一步摸索和实践，要实现信托公司与商业银行真正的战略融合还需要较长时间的磨合与探索。

2011年3月，东方资产管理公司参与重组的原广州科技信托投资公司获得银监会重新登记批复，更名为“大业信托有限责任公司”。至此，东方资产超过3年的信托重组历程获得成果，信托牌照落地。东方资产自2007年便启动与广州科技信托投资公司的重组进程。在2009年年度资产推介会上，东方资产曾表示，公司将退出非金融业务的投资项目，加快公司商业化转型步伐，目标是打造金融控股集团。同年10月，东方资产取得广州市政府批复同意，与广州国际控股集团有限公司和广州京信电力集团共同重组广科信。大业信托注册资本为3亿元人民币。其中，东方资产出资1.25亿元人民币，出资比例41.67%；广州国际控股集团有限公司和广东京信电力集团有限公司分别出资1.15亿元和0.6亿元人民币，出资比例分别为38.33%和20%。东方资产表示，大业信托获批开业将是东方资产商业化转型过程中的又一重要成就。至此，东方资产旗下已经拥有证券、信托、融资租赁、信用评级等多个金融服务平台。获得了信托牌照后，东方资产的金融控股体系将更加完善，金融服务水平得到进一步提升。为支持大业信托的发展，东方资产将在人力、物力、资金和业务发展上给予大力支持。

目前，大业信托已设立北京管理总部，并将择机建立上海管理总部，以实现信托业务的全国化布局。大业信托提出在未来3年业务起步和巩固发展的关键时期内，要坚持业务发展和基础建设并重，信托业务和固有业务并重，传统业务和产品创新并重，并计划在2013末初步建成比较优势明显、核心业务较为突出、盈利能力较强、内部管理先进的专业资产管理机构。

此外，四川省国际信托投资公司2011年3月发布重组暨改制公告称，根据中国人民银行和四川省人民政府有关信托整顿精神，以及国家相关法规及中国银监会最新政策规定，经四川省人民政府决定，四川省国际信托投资公司以资产负债全剥离方式重组为一家新的信托公司，并由新的股东依法定程序进行重新登记。这意味着该公司的重组工作也已解冻，进入实质性启动操作阶段。

表1－17　2011年全部信托公司名录表

序号	公司名称	成立时间	资本金（亿元）	主要股东
1	中信信托有限责任公司	1988年3月	12	中信集团、中信华东(集团)
2	英大国际信托有限责任公司	1987年5月	15	英大国际控股集团、中国电力财务有限公司
3	北京国际信托有限公司	1984年10月	14	北京市国有资产经营有限责任公司、威益投资有限公司、中国石油化工股份有限公司
4	大连华信信托股份有限公司	1981年	20.57	
5	华润深国投信托有限公司	1982年8月	26.3	华润股份有限公司、深圳市国有资产监督管理局
6	上海国际信托有限公司	1981年	25	上海国际集团有限公司
7	中诚信托有限责任公司	1995年11月	24.57	
8	中海信托股份有限公司	1988年7月	25	中国海洋石油总公司、中国中信集团公司
9	安徽国元信托有限责任公司	2001年12月	12	安徽国元控股(集团)有限责任公司、深圳中海投资管理有限公司
10	重庆国际信托有限公司	1984年10月	24.387	重庆国信投资控股有限公司
11	国投信托有限公司	1986年6月	12.048	国投资本控股有限公司、国投高科技投资有限公司
12	华宝信托有限责任公司	1998年10月	20	宝钢集团有限公司、浙江省舟山市财政局

续表

序号	公司名称	成立时间	资本金（亿元）	主要股东
13	华融国际信托有限责任公司	1987 年 1 月	15.1777	中国华融资产管理公司、新疆恒合投资、新疆凯迪投资
14	江苏省国际信托有限责任公司	1981 年 10 月	24.8	江苏省国信资产管理集团有限公司
15	交银国际信托有限公司	1981 年 6 月	20	交通银行股份有限公司、湖北省财政厅
16	昆仑信托有限责任公司	1986 年 11 月	30	中油资产管理有限公司、天津经济技术开发区国有资产经营公司
17	平安信托有限责任公司	1996 年 4 月	69.88	
18	山东省国际信托有限公司	1988 年 2 月	12.8	山东省鲁信投资控股集团、山东省高新技术投资有限公司
19	苏州信托有限公司	1991 年 4 月	5.9	苏州国际发展集团有限公司、苏格兰皇家银行公众有限公司、联想控股有限公司
20	天津信托有限责任公司	1980 年 11 月	15	天津海泰控股集团有限公司、天津泰达国际控股(集团)有限公司
21	中国对外经济贸易信托有限公司	1987 年 9 月	22	中化集团
22	中投信托有限责任公司	1979 年 8 月	15	中国建银投资有限责任公司
23	百瑞信托有限责任公司	1986 年 4 月	12	中电投财务有限公司
24	北方国际信托股份有限公司	1987 年 10 月	10.01	天津泰达投资控股有限公司、津联集团有限公司
25	五矿国际信托有限公司	2010 年 10 月	12	五矿投资发展有限责任公司、西宁城市投资管理有限公司、青海华鼎实业
26	中铁信托有限责任公司	1986 年 1 月	12	中国中铁股份有限公司、中铁二局集团有限公司
27	安信信托投资股份有限公司	1987 年 2 月		上海国之杰投资发展有限公司
28	渤海国际信托有限公司	1982 年 10 月	20	海航资本控股有限公司、海口美兰国际机场有限责任公司、海航酒店控股集团

续表

序号	公司名称	成立时间	资本金（亿元）	主要股东
29	长安国际信托股份有限公司	1986 年	12.5888	西安投资控股有限公司、上海证大投资管理有限公司
30	大业信托有限责任公司	2011 年 3 月	3	
31	东莞信托有限公司	1987 年 3 月	5	东莞市财信发展有限公司、东莞市财政局
32	方正东亚信托有限责任公司	2010 年 9 月	6	北大方正集团有限公司、东亚银行有限公司、武汉经济发展投资（集团）
33	甘肃省信托有限责任公司	1980 年 2 月	10.18	甘肃省国有资产投资集团有限公司、天水市财政局
34	广东粤财信托有限公司	1984 年 12 月	15	广东粤财投资控股有限公司、广东省科技创业投资公司
35	国联信托股份有限公司	1987 年 1 月	12.3	无锡市国联发展（集团）有限公司
36	国民信托有限公司	1987 年 1 月	10	
37	杭州工商信托股份有限公司	1986 年 11 月	5	杭州市投资控股有限公司、摩根士丹利国际控股公司
38	湖南省信托有限公司	1985 年 5 月	5	湖南财信投资控股有限责任公司、湖南省国有投资经营有限公司
39	华澳国际信托有限公司	1992 年 11 月	3	北京三吉利能源股份有限公司、澳大利亚麦格理资本集团
40	华宸信托有限责任公司	1988 年 4 月	5.72	湖南华菱钢铁集团、内蒙古人民政府国有资产监督管理委员会、呼和浩特市财政局
41	华能贵诚信托有限公司	2002 年 9 月	20	华能资本服务有限公司、贵州省开发投资有限责任公司
42	华鑫国际信托有限公司	1984 年 6 月	12	中国华电集团公司、中国华电集团财务有限公司
43	建信信托有限责任公司	1986 年 11 月	15.272	中国建设银行股份有限公司、合肥兴泰控股集团、合肥市国有资产控股有限公司

续表

序号	公司名称	成立时间	资本金（亿元）	主要股东
44	吉林省信托有限责任公司	1985年3月	15.97	吉林省财政厅、吉林粮食集团有限公司
45	江西国际信托股份有限公司	1981年6月	10.36	江西省财政厅、江西江信国际大厦有限公司
46	浙商金汇信托股份有限公司	2011年7月	5	浙江省国际贸易集团有限公司、中国国际金融有限公司、传化集团有限公司
47	陆家嘴国际信托有限公司（拟）	2011年1月	25	上海陆家嘴金融发展有限公司
48	山西信托有限责任公司	1985年4月	10	陕西省国信投资（集团）公司、太原市海信资产管理有限公司、山西国际电力集团
49	陕西省国际信托股份有限公司	1985年1月	3.58	陕西国资委、山西高速集团
50	上海爱建信托投资有限责任公司	1986年7月	20	上海爱建股份有限公司、上海爱建纺织品公司、上海爱建进出口有限公司
51	四川信托有限公司		13	
52	西部信托有限公司	1981年	6.2	陕西省电力建设投资开发公司、陕西省产业投资有限公司
53	西藏信托有限公司	1991年10月	3	西藏自治区财政厅
54	厦门国际信托有限公司	1985年1月	10	厦门建发集团有限公司、厦门港务控股集团有限公司
55	新华信托股份有限公司	1979年10月	6.2112	新产业投资股份有限公司、巴克莱银行有限公司
56	新时代信托股份有限公司	1987年2月	3	新时代远景（北京）投资有限公司、上海人广实业发展有限公司、潍坊科微投资有限公司
57	兴业国际信托有限公司	2003年3月	12	兴业银行股份有限公司
58	云南国际信托有限公司	1991年3月	4	云南省财政厅、涌金实业（集团）有限公司

续表

序号	公司名称	成立时间	资本金(亿元)	主要股东
59	中国金谷国际信托有限责任公司	1993年4月	12	中国信达资产管理股份有限公司、中国妇女活动中心、中国海外工程有限责任公司
60	中航信托股份有限公司	2009年12月	15	中国航空工业集团公司、中国航空技术深圳有限公司
61	中粮信托有限责任公司	2009年7月	12	中粮集团有限公司、中粮财务有限责任公司、中粮粮油有限公司
62	中融国际信托有限公司	1987年6月	14	经纬纺织机械股份有限公司、中植企业集团有限公司
63	中泰信托有限责任公司	1988年	5.166	中国华闻投资控股有限公司、上海新黄浦置业股份有限公司
64	中原信托有限公司	1985年8月	12.02	河南投资集团有限公司、河南中原高速公路有限公司
65	紫金信托有限责任公司	1992年9月	5	南京紫金投资有限责任公司、住友信托银行股份有限公司
66	新疆长城新盛信托有限责任公司(拟)			长城资产管理公司

2.7 营销瓶颈有望突破,规范管理需及时配套

“渠道为王”是近年来在信托公司中得到认可和共识的一个观点。其中客户渠道、营销渠道又成为重中之重,王中之王。多年来信托公司一方面受到不得在异地设置分支机构的限制,另一方面则要遵循委托人必须是合格投资者的高起点限制,产品营销一直是行业发展中的重大瓶颈问题。尤其是信托公司自行直销就更加步履艰难,渠道销售逐步趋于饱和,信托公司直销面临巨大挑战。信托产品投资起点高,每笔投资金额都较大,信托公司一般都规定给销售人员返还佣金。在高利益的驱使下,行业内出现了很多不负责任甚至不择手段销售产品的情况。更有公司内部员工向同行业人员销售客户资料获得不正当收入。另外,信托公司所谓的销售渠道有很多是通过各银行的客户经理违规“介绍”客户。即便如此,信托销售人员通过与渠道分享佣金来达到销售目的情况也逐渐出现了

瓶颈，同一家银行甚至会有同一信托公司的多人相互竞争。可见，基于监管压力和市场竞争，信托公司传统运用的银行营销渠道已经趋于饱和，而建立有效率的直销方式和营销队伍则还有一段较长的路要走。这也是信托公司目前在拥有较强市场竞争力强产品的前提下亟须解决的销售转型问题。

“放开”与“规范”需配套并行

近两年来的信托产品发行规模高速增长，而营销渠道备受制约，因而催生了第三方理财行业的发展，而且势头非常迅猛。由于处在监管真空地带，第三方理财行业销售信托产品的管理基本处于无序和空白状态。2011 年下半年银监会下发《关于规范信托产品营销有关问题的通知》（征求意见稿），在进一步放开信托公司异地营销信托产品的同时，对信托公司通过其他渠道代理销售也进行了规范，使信托公司与第三方理财机构合作营销信托产品的模式受到巨大影响和冲击，该类营销模式面临调整和颠覆。《征求意见稿》在对信托公司异地直销进一步放开的过程中，密切关注信托产品营销过程中存在的一些突出问题和潜在风险。

（1）第三方理财机构管理尚不完善，难担信托产品中立销售重任。进入 2011 年，在“诺亚”财富故事的示范下，第三方机构如雨后春笋，泥沙俱下。相当数量的第三方机构业界甚至完全没听到过名字，一个公司只有几个人。这些人原先可能是银行的客户经理，或者是大型第三方理财的销售员，掌握了客户资源之后自己单干。有的规模虽然略大，但也都是刚刚成立的新公司，人员非常有限，真正有相关从业经验或专业知识的也不多。《征求意见稿》明确要求：“信托公司营销信托产品，应当遵循风险匹配原则，在有效评估投资者风险承受能力和需求的基础上，销售与其风险承受能力相符的信托产品。”但由于该类销售机构往往以盈利为导向，为了增加销售他们很可能将产品卖给并不适合的投资者，导致风险错配。

（2）第三方理财机构哄抬价格，扭曲销售成本。近年来随着 **CPI** 居高不下，银行理财市场的收益率已很难与信托理财产品竞争，股市指数连创历史新低，持续低迷不振，房地产市场的调控日渐紧缩，“买楼投资”成为过去。而信托产品凭借 10% 左右的年化收益率在理财市场独占鳌头，成为亮丽风景。各家信托公司则为了争夺规模一定的合格投资者，使出浑身解数，加强产品营销。销售“返佣”则迅速成为行业内多数公司通用的“潜规则”，甚至发展到后期已经成为“显规则”。特别是第三方理财机构的销售人员多半都许诺高比例的佣金返还。直接给客户返佣，在第三方理财机构的信托产品销售中基本是一种“常态”。通常资金量越大，返佣比例也越高。甚至少数机构的销售返佣比例可以高达 1.2%，如此高的返佣比例，正规销售很难与其竞争。

同时，第三方机构与信托公司合作的销售费用也相差极大。一些中小型的第三方理财机构，或者组建不久的第三方理财机构一般销售费用相对较低，而大型机构或者较有名气和信誉的第三方理财机构则费用非常高，有的甚至达到 2%～3%。这也是为一些信托公司要联手拒绝与某些第三方理财机构合作的原因之一。因为 2011 年第三方理财机构竞争异常激烈，所以信托公司有了更多的选择空间，在可以选择成本更低的销售渠道时，自然就会“封杀”一些高成本的中介机构。

（3）越权经营，凸显潜在法律风险。一种情况是，强势第三方越俎代庖，导致一旦出现风险之后权责不明。按照我国法律规定只有信托公司才有资质发行信托产品，一些资源丰富的第三方理财机构如果想要发行产品，则必须通过找一家信托公司作为平台，第三方理财机构给信托公司一定的平台费用，但实际上寻找项目和产品设计都是第三方理财机构主导。表面看起来是信托公司发行的信托产品，实际上却是由第三方机构控制。其巨大的潜在风险是这类产品一旦产生兑付风险，则可能产生信托公司和第三方都认为与己无关的局面，但按照法律关系信托公司是受托方，必须要承担法律责任。另一种情况则是发布虚假信息，盲目承诺收益。监管部门明确要求信托公司宣传营销信托产品必须公开、真实，要充分揭示风险，使委托人对信托产品有全面的了解和掌握。但目前第三方理财机构的信息披露和信托公司推出产品的信托计划内容有很大出入，往往信托计划披露的风险揭示和风控措施等在第三方理财机构销售人员处面目全非，只片面强调收益率，甚至误导信托产品都是固定收益没有风险的产品。目前，第三方机构大量开业，从业人员迅速膨胀，销售队伍鱼龙混杂，人员素质很难保证，有的甚至明显达不到销售人员应有的从业要求。加之人员流动性大，由此产生的风险也很难控制和管理。

利好营销管理政策引发多方博弈

2011 年 10 月中国银监会下发《关于规范信托产品营销有关问题的通知（征求意见稿）》，这对信托公司几乎可以说是当年最具实质性的利好监管政策。

《通知》的核心精神是鼓励信托公司发展直销，实质性的支持措施是允许信托公司设立异地营销中心，并大大简化了产品报备程序，“通过自身营销团队的建设和营销能力的提升，构建以客户为核心、以专业化资产配置和财富管理为主要服务内容的信托营销模式。”

根据《通知》规定，异地营销中心获批设立后，可从事信托产品推介、发行和客户签约工作，为配合产品营销而开展的品牌宣传、市场推广等活动，以及履行对客户的售后服务等。

在鼓励直销的同时，《通知》对代销进行了规范，要求银行必须将全面、真实的客户信息提交给信托公司，且信托公司必须与客户当面签订合同。《通知》重申，信托公司“不得委托非金融机构推介信托产品。非金融机构可以向信托公司推荐合格投资者，但不得以提供咨询、顾问、居间等方式直接或间接推介信托产品”。这意味着第三方理财机构将无缘代销信托产品，仅能向信托公司推荐合格投资者。这使不少对于信托业务依赖较大的第三方理财公司受到巨大影响。《通知》争议最大的是客户信息的共享问题。要求银行和第三方理财机构将客户完整信息交给信托公司，这无异于彻底打击了他们与信托公司展开代销合作的积极性。过去银行、第三方理财公司和信托公司合作的“潜规则”是信托公司和客户不见面，其留给信托公司的客户联系方式等信息，要么是编造的，要么是其理财经理的。如果银行、第三方理财机构无缘代销信托产品，仅能向信托公司推荐合格投资者，那么银行、第三方理财机构和信托公司之间很有可能迅速从理财产品营销市场上的合作伙伴转化为竞争对手。

由此可知，《通知》的下发实际上是一把双刃剑，除了种种利好因素外，不仅可能首先制约甚至排除了第三方财富管理机构代销信托产品的渠道，而且一方面未来信托公司与银行合作的成本将会进一步提高，甚至信托公司可能会失去银行这一强势的合作伙伴。目前股份制银行与信托的合作较多，而四大银行由于过于强势而与信托公司合作不多，但如果信托公司自建渠道后，银行对代销的利润分割很可能要大幅上涨。目前银行对信托代销费用为2%～5%，强势渠道则几乎吃掉利润的90%以上。《通知》规定，商业银行等金融机构销售信托产品，进一步明晰其“应向信托公司提供全面、真实的客户信息，确保提供的客户信息能够满足信托公司甄别合格投资者的需求，并能够在产品存续期间及时有效地履行风险揭示、信息披露、后续服务等职责”。客户信息包括“姓名、身份证、职业、居住地、联系方式等”。而现阶段大部分商业银行不可能愿意与信托公司分享客户资源，缺乏好产品的城商行与个别小银行将会成为与信托合作的新主力；另一方面，竞争和博弈的加剧还来自于信托公司内部。一些信托公司闻风而动，迅速大规模建立直销队伍，然而大部分信托公司的产品线都不够丰富，产品发行量极不稳定。信托公司营销格局的改变也会触动内部各部门之间的利益划分，推进速度会受到重重阻碍。产品和渠道是相辅相成的，未来信托公司之间的竞争将是综合实力的较量

事实上，不少大的信托公司早就在暗中布局，在异地开设了办事处。2011 年初，各家实力较强的信托公司都开始竭力自建直销渠道。西安信托新设长安财富管理中心，销售人员首先进入全国 12 个主要城市；一贯专注于产品开发的华润信托开始从基础搭建销售团队；中信信托着手成立客户关系部，担负起公司产品销售的重任；平安信托目前拥有 500 人以上的销售团队，其中 100 余人配置到平安寿险的各个营销中心，共享几十万营销人员销售平台。据初步估计，目前有 50％的信托公司已不同程度布局异地直销网络。政策的放松，对于其他信托公司布局异地有一个促进作用。当然，各家信托公司考虑自身定位和成本问题，所采取的形式和扩张的规模以及发展的速度会存在较大差异。

2.8 蓝海战略达成共识，市场创新多方探索

伴随信托公司净资本管理办法深入推进，信托公司业务模式二次转型已成为行业共识，并且十分紧迫。在 2011 年信托公司普遍开展的房地产信托等主流业务受到宏观调控，业务量急剧萎缩的严峻形势下，虽然信托公司在矿产能源信托和艺术品信托等诸多领域都进行了富有成效的探索和创新，但目前业务领域单一、业务手段滞后、业务模式科技含量低、产品结构雷同等仍然是制约信托公司实现可持续快速发展的严重瓶颈。对此，只有坚定不移地实施蓝海战略，拓展市场范围，探索创新业务领域，把“蛋糕”做大，才能使全行业的资产规模和经营质量再上一个新的台阶。2011 年各家信托公司都多方探索，进行了很多有益的尝试。

政策导向前瞻，监管部门积极推进信托公司从事多项创新业务

“新两规”实施以来，信托公司步入了良性稳步发展的轨道，在 2011 年正式实施《信托公司净资本管理办法》后，我国信托业正式进入“一法三规”的历史发展时期。监管部门本着审慎监管的原则，创新发展和风险控制两手抓，两手都

硬，不断探索和构建规范中发展、发展中规范的监管新思路，及时进行规范和指导，引导信托公司以“受人之托、代人理财”为本发展自主管理类信托业务，实现内涵式增长。继续强调信托公司在开展业务中应坚持自主管理原则，严格履行尽职调查和资产管理职能，使用监管评级和净资本管理办法引导信托公司提高核心竞争力，促使中国信托业进入一个良性循环的发展周期，彻底摆脱一统就死、一放就乱的怪圈。

2011 年 6 月，《信托公司参与股指期货交易业务指引》在中国银监会主席办公会上获得通过，并正式对外公布。一些信托公司已经在人才储备、制度建设及 IT 系统等方面做好了开展股指期货业务的相关准备工作。

同时，银监会拟对业务开展情况良好、风控体系健全的公司允许其开展 QDII 集合信托业务。而鉴于多家公司申请设立 PE 投资专业管理公司，银监会非银部正在拟定《信托公司设立 PE 子公司操作指引》。监管把握的原则是：成立 PE 子公司必须是经营状况良好的公司，监管评价 3C 以上；信托公司必须对 PE 子公司拥有控制权，PE 子公司必须是有限责任制或股份有限公司制；PE 子公司只限于从事 PE 投资相关业务，不得开展与 PE 及其配套服务无关的业务；信托公司与 PE 子公司之间必须建立有效的防火墙，避免单体机构风险互相传递；信托公司必须对 PE 子公司实施有效管理。

中国银监会明确提出继续规范发展银信合作业务，对信托公司主动管理、投资类的银信合作仍然可以正常进行，实现分业监管体制下的战略双赢。由于银信合作在快速发展的过程中出现了一些不规范行为，银监会在 2010 年 8 月出台了“72 号文”。从目前的情况来看，银信合作业务监管取得明显成效。随着一系列监管政策的实施，银信合作业务规模从 2010 年 7 月峰值的 2. 08 万亿元开始回落，2011 年中期降至 1. 56 万亿元。2011 年银行和信托公司认真思考，切实转变银信合作方式，商业银行可借助信托公司全功能、全领域的优势，满足理财资金多元化投资运作的需要，并通过持续推出稳定收益理财产品，满足银行维持自身客户群的需要。

对信托公司而言，在“十二五”转变经济增长方式的大背景下，向自主设计、自主管理方向转型势在必行。信托公司应着眼行业长远发展，在国家战略新兴产业、民生和医疗、传统文化等领域大力开拓自主管理类业务，提供差异化、特色化服务，探索和完善信托公司可持续发展的新模式，努力实现内涵式增长。在竞争日趋激烈的资产管理市场中，面对各类竞争对手，提高自主管理能力是信托公司的唯一生存之道。

■"红会事件"引发信任危机,传统慈善模式亟待突破

一则"炫富女"微博号称3天毁掉红十字会100年的声誉,并直接导致商业系统红十字会被取消。这一切都说明传统的、单一的、完全由官方主导的、行政指令式的我国慈善事业运作模式亟待探索,民间的、专业化、市场化、可持续发展的公益事业运作模式将进一步发展。这也为信托公司适时开展公益信托业务创造了千载难逢的大好时机。

2011年5月,在四川省镇巴县举行了"西安信托'5·12'抗震救灾公益信托计划竣工典礼仪式",西安信托同时组织"公益信托行",给学生们送去爱心书包和书籍,"'5·12'抗震救灾公益信托计划"圆满结束。2008年5月12日,四川汶川等地区发生了严重的地震灾害,造成了巨大人员伤亡和财产损失。西安信托按照《信托法》《公益事业捐赠法》等相关法律和文件精神,推出全国首例较为规范严格意义上的仅以公共利益为信托目的的公益信托计划——"西安信托'5·12'抗震救灾公益信托计划",通过金融创新向参与公益事业的捐赠者提供了一种新的途径和公益活动模式。信托计划于2008年6月6日成立,共募集信托资金1000万元,信托期限为3年,委托人为上海证大投资管理有限公司、深圳市淳大投资有限公司、西安国际信托有限公司及深圳市思科泰技术有限公司等4家单位,参与信托计划的委托资金分别为370万元、320万元、200万元及110万元。

这项信托计划资助的公益项目,由陕西省民政厅负责协调、安排,并由西安信托作为受托人对资助项目进行确认。受托人与民政部门或其他公益机构签订定向捐赠协议,就捐赠资金的使用、资助项目的管理等进行约定,确保本信托资金用于本信托计划规定的抗震救灾公益项目。这项信托计划由上海东方爱心基金会担任公益信托执行顾问,为信托的管理和运作提供专业指导;上海锦天城律师事务所担任公益信托法律顾问,为信托计划提供法律审查意见及为信托计划的管理和运作提供专业指导;西安希格玛有限责任会计师事务所担任信托计划的信托监察人,对信托计划项下资金运用进行监督。

这一成功的公益信托案例充分说明信托公司开展公益信托不仅具有高度的合法性地位,在我国《信托法》中单列一章"公益信托"加以明确规定,而且信托公司具有独占性,只有依法成立的信托公司才能依据信托法的相关规定和中国

银监会的相关部门规章开展公益信托，从而达到捐赠人公益、慈善、捐赠的各类目的，使得委托人的捐赠财产可以按照委托人的意愿，在信托合同明晰条款的保障下得以履行和实施。同时，信托公司开展公益信托业务并非绝对的赔本生意，如果信托公司积极创新公益信托模式和运作流程，在信托公司践行企业社会责任的同时，还会大幅度提升信托公司的社会影响、市场形象、公众信誉以及企业的公信力，而且运用捐赠资产的保值增值部分适当补偿信托计划运营成本和费用，以利于公益事业的可持续发展，最终会使得信托公司与捐赠人、被捐赠人、政府部门实现多赢，最终使信托公司本身实现“名利双收”。

房地产信托业务需另辟蹊径，保障性住房大有可为

按照2011年国务院办公会议提出的要求，2011年全国需要刚性完成保障性住房开工建设面积1000万套，而且在2011年年底召开的中央经济工作会议上，再次提出2012年要再完成保障性住房开工建设面积700万套。保障性信房市场规模巨大，资金需求巨大，资金缺口巨大。目前我国现在的保障房建设资金主要来自4个方面：财政资金、公积金的增值收益、土地出让金收益比例以及社会资金。目前，国家鼓励社保基金进入保障房建设领域。

2011年2月，全国社会保障基金首个保障房信托项目在江苏省南京市“落地”。全国社保基金投资南京保障房30亿元信托贷款项目签约仪式，在江苏省南京市举行。该笔资金将专项用于支持南京市花岗、西善桥等4个保障性住房项目的建设，建筑总面积将达到980万平方米，可为南京市提供8万套保障性住房。此次，全国社保基金是以信托贷款的形式向南京市保障房公司发放30亿元贷款，期限为2年11个月，利率为6.05%（社保利率5.45%按季度浮动，信托费用率0.18%，担保费率0.42%），由江苏省国际信托有限公司发行，民生银行提供连带责任担保。南京保障房信托项目贷款是全国社保基金以信托产品形式投资保障性住房在国内启动的第一单，也是全国社保基金理事会落实国家战略、支持保障性住房建设的一项创新之举。

据全国社保基金理事长戴相龙称，到2011年6月底，全国社保基金总量已经达到9000亿元人民币，目前全国社保基金有45%的资金用于固定资产投资及购买国库券等，34%的资金投资于国内外股票市场，20%的资金投资于上市公司及私募。最近10年来全国社保基金的投资收益年均增长9%。该基金2011年拿出其中5%，通过信托贷款的方式，用于城市基础设施投资及保障房建设。

2011年该基金投放给公租房领域的资金总量为150亿元。此后2011年6月，全国社保基金理事会以信托产品的形式，为天津市提供了30亿元信托贷款，专项用于该市的公共租赁住房项目建设。

2011年7月，全国社保基金再次以信托贷款的方式，向重庆一个公租房项目发放了45亿元贷款，这是该基金向国内公租房发放的第三笔贷款。本次获得45亿元信托贷款的重庆市城投公租房建设有限公司（注册资本金10亿元）的单一母公司重庆市城市建设投资集团有限公司，向国家开发银行发放的银团贷款提供担保。至此，全国社保基金2011年计划投放在公租房领域的150亿元资金额度，已用去105亿元，重庆获得了该基金本年度在公租房领域的单笔最高金额贷款。重庆市强调该市的公租房项目是“零风险”，这是重庆市首次公开抛出“零风险”概念。其理由有二：一是该市的公租房因没有土地成本，没有任何建设税费成本，且承建开发商和建筑商零利润操作，因此重庆公租房的成本是“净成本”；二是金融机构投资于重庆的公租房，不是对低价标的物高位买入，没有下跌的风险，即使中国的房价暴跌50%，重庆的公租房价格仍具有抗跌性。全国社保基金追加了对重庆公租房项目信托贷款的第二还款源要求，国家开发银行为本次社保基金信托贷款提供担保，社保基金信托贷款到期时，国家开发银行通过发放银团贷款归还。

信托公司期指交易开闸，信托公司理性参与

中国银监会2011年6月27日正式出台并施行《信托公司参与股指期货交易业务指引》。发布对象是各银监局、各国有商业银行、股份制商业银行、邮政储蓄银行和银监会直接监管的信托公司。

（1）股指期货交易类型。“信托公司固有业务不得参与股指期货交易。信托公司集合信托业务可以套期保值和套利为目的参与股指期货交易。信托公司单一信托业务可以套期保值、套利和投机为目的开展股指期货交易。信托公司申请以投机为目的开展股指期货交易，要满足开展套期保值或套利业务一年以上的要求”。从交易类型看，《指引》明确提出信托公司的信托业务可以参与套期保值、套利和投机，尤其是明确提出套利和投机，而之前针对券商和基金的规定是以套期保值为目的、针对QFII的规定是只能从事套期保值交易。这表明信托公司信托业务可以采用广泛的股指期货交易策略。阳光私募绝大多数都是以集合资金信托的形式成立的，也就是说可以用股指期货来进行套期保值和套利，

参与比例方面，和券商资产管理业务、公募基金的参与比例较一致，相比QFII较低。《指引》规定只有单一信托才能做投机，那么绝大多数阳光私募仍然是不能参与投机交易的。银信合作业务视同为集合信托计划管理。此外，结构化集合信托计划不得参与股指期货交易。

（2）股指期货持仓头寸。对于卖出头寸，“任何交易日日终持有的卖出股指期货合约价值总额不得超过集合信托计划持有的权益类证券总市值的20%”。这表明卖出套期保值只能做到20%，不能100%套保。这个比例与券商、基金参与的比例接近，但对于阳光私募而言是较低的，这与信托业务初期，谨慎参与期指有关。与国际对冲基金相比，对冲策略无法完全开展，比如传统的基于贝塔的市场中性策略，要求最后系统性风险为零，就无法实施了。对于买入头寸，“在任何交易日日终持有的买入股指期货合约价值总额不得超过信托资产净值的10%”。该项比例较低主要是为了降低单边买入的风险，私募采用股指期货主要目的是对冲风险，那么买入比例较低对实际运用影响不大，对套利影响也有限。

“单一信托参与股指期货交易，在任何交易日日终持有股指期货的风险敞口不得超过信托资产净值的80%，并符合交易所相关规则”。单一信托是唯一可以参与股指期货投机交易的信托形式，其股指期货的风险敞口不得超过信托资产净值的80%。单一信托的资金来源唯一，委托人通常是机构，相比于多个投资者参与的集合信托，风险更为可控，因此参与比例放得较宽。

（3）信托公司资格要求。根据《指引》规定，对于信托公司申请股指期货交易业务资格，最近年度监管评级必须达到3C级（含）以上。申请以投机为目的开展股指期货交易，还必须满足最近年度监管评级应当达到2C级（含）以上，且已开展套期保值或套利业务一年以上。这些规定将限制短期内股指期货业务在信托公司大面积推开，此前市场预期将获得股指期货业务许可的信托公司有10多家，而目前全国开展阳光私募业务活跃的信托公司总计有40多家。此外，信托公司向银监会申请股指期货交易业务资格的相关流程也尚未公布。

（4）投资顾问资格要求。根据《指引》规定，信托公司开展股指期货信托业务，可以聘请第三方为信托业务提供投资顾问服务，要求该投资顾问实收资本金不低于人民币1000万元，有合格的股指期货投资管理和研究团队，团队主要成员通过证券、期货从业资格考试，在业内具有良好的声誉，无不良从业记录，并有可追溯的证券或期货投资管理业绩证明。对于投资顾问实收资本1000万元的要求，和此前公布的《信托公司证券投资信托业务操作指引》要求一致，对于团队增加了“通过期货从业资格考试”和“或期货投资管理业绩证明”两项。

《信托公司参与股指期货交易业务指引》是继《证券投资基金参与股指期货交易指引》和《证券公司参与股指期货交易指引》《合格境外机构投资者参与股指期货交易指引》之后，管理层再度发布的关于机构投资者参与股指期货相关规定。管理层对于机构投资者参与股指期货交易制度遵循了“逐步开放、有限参与、风险可控”的原则，为机构投资者全面参与股指期货交易进一步铺平道路。机构投资者的全面参与将是渐进过程。

一方面，股指期货属于信托公司的创新业务，不仅能丰富资产配置手段，更对信托公司提升自主管理能力有着重要意义；另一方面，信托公司应该认识到股指期货是把双刃剑，对信托公司和投资顾问的投资能力、风控能力和管理能力都提出了新的要求。要在内部流程、制度、系统、人员等方面满足《指引》的要求，信托公司要做好基础准备工作，保证将来推出此类产品的顺畅性。此前信托公司并没有参与股指期货的经验，可以说是一切从零开始，投入较大，挑战也较大。因此《指引》推出后，多数信托公司反应相当理性，没有匆忙推出相关产品，表现出当前信托公司经营良好的稳健性和成熟度。从长远来看，对部分具备较好专业基础和条件的信托公司而言，此类业务创新仍然是一个市场机遇。

首先，《指引》的推出使得阳光私募得以参与股指期货。简单地类比，国内公募基金和阳光私募可以看做未来的共同基金和对冲基金。股票型共同基金或公募基金更多追求的是相对指数的回报，而阳光私募或者对冲基金追求的是绝对回报，而《指引》的出台为阳光私募实现绝对回报提供了对冲工具。除提供了一个新的避险工具，有助于实现绝对回报目标外，《指引》的另一个意义是有利于阳光私募策略的多元化，促进阳光私募整体运作风格的多样化和差异化，既有利于阳光私募的长期发展，也有利于国内资本市场的长期发展，逐步改变阳光私募业绩同质化、普涨普跌的局面。

其次，丰富了信托公司产品线，是信托公司的创新业务之一。从交易类型看，《指引》明确提出信托公司的信托业务可以参与套期保值、套利和投机，尤其是明确提出套利和投机，而之前针对公募、QFII、券商的指引更宽泛。信托公司信托业务可以采用广泛的股指期货交易策略。阳光私募绝大多数都是以集合资金信托的形式成立的，也就是说，可以用股指期货来进行套期保值和套利。

再次，对单一资金信托产品来说，有一定的产品创新空间。《指引》第十五条规定信托公司单一信托参与股指期货交易，在任何交易日日终持有股指期货的风险敞口不得超过信托资产净值的 80%。这样就为单一资金信托产品的套利、对冲留下较大的空间。信托公司可以深入研究探讨如何为私人银行的高端客户提供定制产品。比如针对创业板的高管，由于其持有的原始股锁定期较长，可以考虑为他们专门设立单一信托，卖出所对应的股指期货，对冲掉其持有股票在锁定期可能的下跌风险。

据初步统计，目前国内 41.67% 的阳光私募公司已经建立了股指期货团队，25% 的私募公司正在筹建股指期货团队。从海外市场看，对冲基金在应用衍生品、融资融券等对冲策略方面有较积极的应用。从长期看，国内私募基金将是股指期货的重要参与者，交易策略也将更为灵活多样。

2.9　2012 年趋势展望

房地产信托业务低位盘整，衍生商机须倍加关注

（1）房地产信托总量将进一步回落。2011 年末监管部门对信托公司按照考核标准进行刚性“验收”，要求对仍未达到净资本管理办法规定的相关标准的信托公司立即暂停其信托业务，并追究该公司董事长和高级管理人员责任。这样严厉的监管要求必然导致信托公司在 2012 年延续 2011 年底进行的“去房产化”动作，甚至为迅速达标，解除处分，该产品结构调整的行为会进一步加剧。这样必然会使 2012 年全行业房地产信托业务的规模总量和环比增量都出现明显下降和回落，同时使部分转型缓慢、调整不力的信托公司更加“鹤立鸡群”，趋于明显，而有可能成为监管部门重点监控的主要对象，导致公司其他业务受到无谓的拖累。

与此同时，2012 年监管部门仍然不会轻易公开叫停房地产信托业务，短期内窗口指导尚难以在 2012 年上半年退出。在窗口指导作为单项业务主要监管手段之一的环境下，2012 年估计实质上将只有部分信托公司可以适度开展房地产信托业务，尤其是对普通商品房信托业务来说，有可能只有少数资金实力雄厚、专业能力超强、风险控制措施得力，交易对手属于一线开发商的信托公司的房地产信托项目得以过关，多数中小信托公司的一般项目可能将会面临长期搁置的尴尬局面。

（2）接盘项目展现房地产信托衍生商机。从 2012 年趋势看，多数房地产信托兑付时点迫近，房地产信托产品多数是 2009 年时成立，绝大多数项目已经进

入了回款阶段，信托资产兑付压力日渐增加。虽然一般而言，绝大多数信托公司发行的房地产信托计划还都在平稳运行，但也不排除一些信托公司的个案发生兑付风险。因此，已经有一些颇有战略眼光的第三方打算择优接棒，收购信托兑付出问题但是资产包良好的房地产信托计划。接盘者中包括房地产私募基金、大型房地产商甚至其他信托公司等机构。据不完全统计，截至 2011 年第三季度，共有 22 只私募房地产基金募集到位 32.25 亿美元。而由于部分房地产信托正面临着时点兑付的考验，私募房地产基金的目光移向了信托公司接盘项目。除了私募房地产基金，银行以及资产管理公司更可能是房地产信托接盘的潜在竞争者。四大金融资产管理公司（AMC）——中国信达资产管理公司、中国华融资产管理公司、中国东方资产管理公司、中国长城资产管理公司，2011 年也或多或少地参与"回收"房地产信托的计划，一般判断 2011 年被四大 AMC 消化的房地产信托项目比前几年只多不少。

而对于未来或将出现的部分房地产信托出现兑付风险的可能，亦有业内人士看中了其中的商机，即由信托公司成立房地产接盘基金，利用自有资金或者集合资金去接手房地产信托中因为资金暂时短缺出现困难的好的房地产项目。只是这一类产品能否成功募集或许还需要市场来说话。2011 年四川信托发行的"青岛凯悦特定资产收益权投资集合资金信托计划"项目便是一个典型的由"圈内"对倒房地产项目的典型。只是这样一款产品，并没有得到市场的接受，最后川信被迫取消了该产品的发行。而且，该类产品就算成立也只能是房地产调控这一特殊时点下的产物，只能作为信托公司的短线产品。

（3）房地产资金将明显向保障房、棚户区改造等政策导向领域倾斜。全国社会保障基金保障房信托项目的模式将会在 2012 年被进一步被复制，投资领域和投资项目都会进一步扩大和增加。在全国社会保障基金保障房信托项目模式的示范下，不排除 2012 年其他大型机构的资金陆续跟进，如企业年金、住房公积金、商业保险资金等，信托公司应密切关注市场动态，及时把握市场机遇，充分运用全国社会保障基金保障房信托项目模式的先发优势，积极探索保障房信托产品的交易结构创新、收益性保障和风险控制措施安排。要努力探索构建房地产信托投资基金（REITs）模式的信托产品，在相关部门试点办法尚未出台，严格意义 REITs 尚难操作的前提下，创新设计具有 REITs 要素、运作流程、管理模式和退出渠道的 REITs 型房地产集合资金信托产品，重点以商业地产、持有型物业、出租型物业作为资产包的主要构成，克服传统房地产信托产品短期化的严重弊端，引进各类中介机构，与北京金融资产交易所等机构形成战略合作关系，使相关 REITs 型房地产集合资金信托产品具有比较好的流动性安排，进而克服规模限制，引进大型的机构投资者和一些大额短期间隙资金，为信托公司开展房地产信托业务探索一种与国家宏观调控政策并行不悖、可持续发展的业务模式。

可以预计，2012 年监管部门的相关监管政策将会更有的放矢，对保障性住房以及非普通商品房的房地产信托业务进一步加以引导和规范，使信托行业房地产信托业务得以健康发展，避免出现紧急叫停等大起大伏的波动。

（4）创新模式将进一步实现突破，基金化和持有型物业或成房地产信托新的增长点。首先，以股权运用为主，真正体现信托特色。公司应该不断提高股权投资占比，彰显自身的专业能力和理财特色，并与监管部门的政策导向密切配合，使该类业务进入一个稳定、持续、高效的发展阶段。

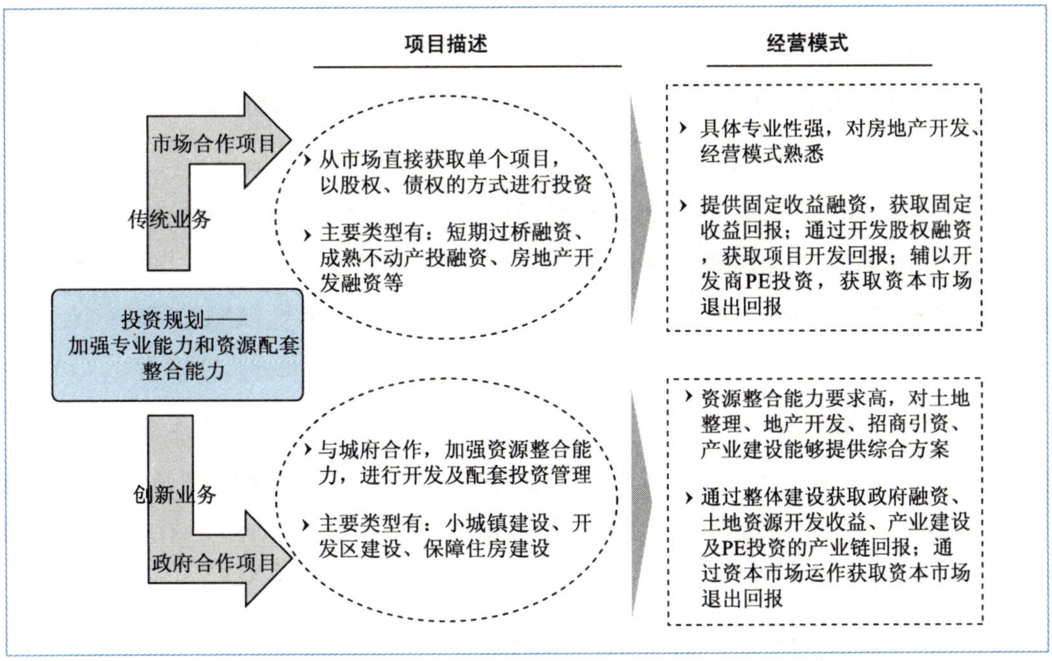

图 1－38　房地产信托业务创新思路

此外，为了应对房地产市场不确定性的加大，更好地控制投资风险，促进房地产信托风险收益的平衡，公司选择股权投资这种模式，通过派驻董事和财务总监，参与公司重大投资、融资决策和日常经营管理，制定财务政策，监督销售回款和资金流出，一方面，能够更好地了解企业的财务、经营和现金流状况，以便在发生偿付危机前采取必要行动；另一方面，能够利用自身金融专业知识提高企业的资本预算和财务管理水平，促进企业实现更好的经营。

其次，拓展思路，构建广义不动产信托模式。昆仑信托在上述模式和趋势的基础上，开阔视野，更新观念，避免狭隘地集中在住宅房地产信托领域上，进一步探索包括传统房地产在内的广义的不动产信托业务，把存量房地产、商业地产、工业地产、保障性住房统筹安排，结合我国房地产投资信托基金试点工作和多形态资产证券化试点的不断进展，大力拓展不动产信托业务的新领域，使得公司该类业务不断创新，成为行业的先行者。

矿产、艺术品信托稳中有升，专业化板块逐步形成

预计2012年矿产、艺术品信托的发行仍将延续2011年的良好态势，数量和规模都会有所增长。2012年将有更多创新投资方式的矿产、艺术品信托产品出现，组合运用也将被更为广泛地运用。在资金运用方式和交易结构的设计上，融资贷款类的产品将有所下降，投资类产品的比重会明显上升，结构化和浮动收益型产品将成为主流，而固定收益型产品的预期收益率或将随着通胀率浮动而加以波动。

矿产、艺术品信托在国内还处于起步阶段，必然会面临发展中的诸多瓶颈和约束。随着市场的逐渐成熟和制度的不断完善，最终矿产能源市场、艺术市场和金融资本能够实现完美对接。矿产、艺术品信托也会逐步从融资类产品为主转向投资类管理类产品为主，因为只有充分体现主动管理能力的投资型信托产品才是信托公司的核心竞争力。部分矿产项目和艺术品项目经过大量资金的炒作之后，2012年价格普遍处于较高点，市场存在一定泡沫，市场风险有所聚集，将成为依托其存在的信托产品2012年发展中最大阻碍因素。进入2012年，投资者避险、抗通胀的投资需求仍是各家金融机构发行矿产、艺术品信托投资产品的直接动力。矿产、艺术品市场的不断升温吸引着越来越多的投资者入场。金融市场的发展也为更多有实力且不熟悉矿产、艺术品市场的投资者提供了更多投融资渠道。但投资者经验有限，且国内矿产、艺术品市场以及矿产、艺术品金融市场的发展又非常迅猛，因此投资者首先应正确认识矿产、艺术品信托及存在的风险，然后选择适合自己的投资方式，尽最大可能规避风险、获得收益。

包括艺术品投资在内的另类投资通常期限较长，流动性较低，而且缺乏价格透明的交易机制，所以投资者一定要充分意识到其中的风险。矿产、艺术品投资的专业化较高，而信托公司毕竟不是专业机构，风险控制主要依靠外部投资顾问

和专家。虽然资金管理、决策、保管之类都会受到信托公司的监管，但第一步选择优秀的投资顾问，是降低矿产、艺术品信托投资风险的关键。即便是一流的投资投顾，也难免出现失误。所以2012年准备在矿产、艺术品市场进一步拓展规模，加大投入，甚至准备将之打造成公司的核心业务模式和主要利润来源的信托公司，首先必须练好内功，构建一支高水准、专业化、复合型的专业团队，并对矿产、艺术品信托业务的产品设计、项目开发、交易结构、行业规律、运作流程、市场趋势、风险控制等全面加以掌握和把控。只有在此前提下，信托公司才有扎实的基础和足够的能力在2012年参与、开展、扩张矿产和艺术品信托。可以预计，在2012年乃至更长的一段时期后，在信托全行业中将逐渐形成3～5家专业化程度极高、高水平专业团队健全、投资决策能力超强、风险控制能力稳健的，以矿产资源、艺术品信托业务为主导的信托公司，而其他绝大部分信托公司在该类业务中都将昙花一现，逐步淡出矿产、艺术品信托业务的主流机构。

基金化模式渐成主流，流动性安排提上日程

2011年以来，证券市场上不确定性增加，楼市调控，通胀高企，在这场轰轰烈烈的资产保值增值的战斗中集合信托以其超高的收益率以及相对的稳健得到了投资者的青睐。然而，信托有别于证券、基金，没有广泛的自身的二级交易市场。

由于投资市场的不确定性增加，再加上货币政策变动频繁，2011年以来银行理财产品呈现短期化趋势，市场上惊现一天期银行理财产品。同时，通胀高企，银行利率实际为负利率状态，单凭银行存款和银行理财产品不能有效抵御通胀，市场上唯一能够抵抗通胀的投资品种就是信托产品。但是信托产品也存在“硬伤”，那就是信托产品缺乏流动性。为了满足投资者对资金流动性的需求，同时又不违反监管规定，不少立足于高端理财的信托公司推出“基金化”产品，信托公司正在通过创新突破长期以来困扰信托产品的流动性瓶颈。面对不同客户对资金流动性不同的需求，也开始对信托产品进行开放式设计，在产品的提前赎回与转让上做文章。2012年信托产品在基金化定位的基础上，在流动性设计上有可能在下述方面实现突破。

（1）产品期限趋于弹性，转让赎回渐受重视。根据《信托公司集合资金信托计划管理办法》规定，信托公司设立的集合类信托期限不得少于1年，同样，以往的信托计划在信托存续期间一般是不允许投资人赎回的。预计2012年产品的设计比以往要更加灵活，部分信托产品在设计时允许赎回，信托计划会设定专门

的开放日，投资者可以在开放日向信托公司申请赎回。也会出现一些无固定期限的开放式集合信托，但是往往收益会稍微低一些。例如2011年平安信托推出的资金池系列产品，“平安财富·日聚金跨市场货币基金1号集合资金信托计划”便以低风险和高流动性为标榜，产品投资于银行存款、货币市场基金、债券基金、银行间债券等多种产品。产品的期限及认购和赎回要求：预约分为活期型和预约型，预约的期限分为1、3、6、9、12个月，认购的资金在预约期满后分配本金和信托收益，信托产品的认购也突破了以往的以发行期为限的认购方式，在每个工作日均可认购。当然，该产品预期5.85%的收益率在集合信托市场处于低位。

（2）“基金化”设计呈普及之势。信托产品按照基金要素和产品结构加以设计早已成为业界的理想模式。但之前基本处于曲高和寡、鹤立鸡群之势。但2011年中很多信托公司推出的产品也都进行了有益的尝试和探索。其中华宝信托推出新产品“时节·好雨”2号集合资金信托计划，与以往推出的信托产品不同，该款产品是一款开放式、类固定收益型信托理财产品。该产品无固定期限，仅当信托文件约定的终止情形时终止。客户持有的信托单位在半年封闭期后即可在赎回开放日赎回，具有良好的流动性。从产品特点上来看，华宝信托这款产品借鉴了成熟的结构化证券投资信托产品的风险控制技术，并规定预警线、止损线，较好地规避证券市场风险。除华宝信托之外，多家信托公司目前也在关注投资者对信托产品的流动性的需求。上海信托此前推出的“现金丰利系列集合资金信托计划”就是一款基金化的产品。该信托产品作为国内首个完全开放式的信托计划，既可以复制货币市场基金的投资组合，也可以对货币市场基金进行优选和套利，同时还能配置信托市场所独有的投资品种，如短期流动资金贷款、持有商业银行回购承诺的资产包和短期信托产品等。这一基金型信托产品普及化的态势预计在2012年将出现爆发式增长，逐渐成为2012年全行业信托产品的主流模式。

（3）TOT产品模式进一步创新。在解决信托产品的流动性问题上，目前监管部门允许信托公司发行TOT产品，但通常情况下TOT只能在信托公司内部流动，并不能吸引外部资金进入，所以对于解决信托产品的流动性效果并不突出。预计2012年为进一步有效解决信托产品的流动性问题，监管部门在相关机构建设、有关规章制度的制定等诸多方面逐步探索有益的创新和突破，而信托公司也会在合理的，不损害其他人利益的前提下，积极探索TOT模式下的制度创新、业务创新和产品创新，使得2012年更多信托公司发行的信托产品都具备一定的基金化要素。

（4）全国性的信托产品发行与交易平台有望启动。银监会主席助理阎庆民表示全国信托登记中心有望很快得到国务院的批复在上海设立，目前正在征求有关部委的意见。事实上，关于构建全国性的信托产品发行与交易平台的呼声由来已久。2010年12月，由中诚信托、北京国际信托、上海国际信托、华润深国投信托、大连华信信托、中国工商银行、中央国债登记结算公司、中伦文德律师事务所和北京金融资产交易所9家机构联合组成课题组，研究完成了《信托凭证发行与交易研究报告》并上交监管部门，其中草拟了“在特定市场进行信托凭证发行与交易的相关管理办法和业务规则”。《报告》建议信托发行交易平台选择现有符合条件的地方金融资产交易所作为信托凭证发行与交易的特定市场，同时监管部门则相应出台信托凭证发行与交易的管理办法。建立全国性的信托发行和交易平台，将有效解决我国信托业长期以来存在的渠道困境，既有助于信托业的规范化发展，同时也能健全规范信托业信息披露和监管。

目前，北京、天津等地的产权交易所均已推出了不同形式的信托转让业务。2011年末，北京金融产权交易所创建了我国第一个全国性信托业务信息服务系统。该系统是我国信托业发展历史上的首个为信托公司、投资人、融资企业及专业中介服务机构等各类信托市场参与主体提供符合监管、便捷高效、安全诚信的电子化专业信息服务平台，可以为市场参与各方提供信息发布、信息查询、交流互动等服务。除了北京金融资产交易所，天津金融资产交易所等也推出了信托转让项目，但目前扮演的还基本是“简单中介”角色。产权交易所拥有强大的信息平台功能，通过产权交易所，信托公司可以便捷、低成本地了解政策、掌握信息、捕捉项目、营销和转让产品、处分抵（质）押资产，这对其拓展业务将起到积极的推动作用。信托产品流通的本质是信托受益权转让，2012年要实现信托产品大规模在交易所发行和交易，还需要信托产品更加规范，尽快实现主导信托产品的“标准化”，以利于对信托产品进行准确估值，而个性化的产品比例过大显然不利于信托产品的流动性安排。鉴于我国信托市场已经采取了合格投资人、特许经营受托人和信托产品报备的规定，并建立了严格的信息披露制度，2012年关于在特定市场合格自然人投资者与合格机构投资者之间允许信托凭证自由流通、拆分、转让等的呼声和探讨将会出现进一步强化的趋势。

私人银行+个人信托：构建高资产净值客户的完美理财平台

从我国目前私人银行发展现状分析，与外资银行开展的私人银行业务相比而言，中资银行的私人银行业务不但在境外资产配置方面的能力较弱，对超高净值客户进行定制化服务的能力也有限。甚至个别中资银行还仅仅停留在强调硬件投入和资费优惠的肤浅层面。即便是一些对私人银行客户有所作为的商业银行，由于自身资产管理能力和投资理财能力以及财富管理和资产配置能力都具有较大差距，加之种种分业监管造成的政策约束瓶颈，其实质上更多的是充当一个理财产品采购商的角色。然而，对一些重大的高端客户或者机构投资者，有些理财方案或者资产配置必须个性化设计，量身打造，而决不能量产或者批量化采购。许多投资性产品时效性很强，有些服务是综合类服务，不能简单捆绑。它是一个涉及风险控制措施设定、中后台管理流程、产品交易结构设计、投资利益均衡分配、信托信息对外披露等方面的系统工程。因此，就上述要求而言，私人银行业务已不再仅仅是银行的专属领域。

信托公司作为金融产品生产商，以其混业平台优势，有望能够充分解决上述问题。信托的优势就在于能够以生产商的标准去采购金融产品，为投资人提供最完整的服务。信托凭借混业平台功能，能够随着经济周期的变化，在不同条件下提供当时最高的回报；而其他机构在不属于自身周期时往往是无能为力的。

2011 年，部分信托公司已经公开打出“私人银行”“财富中心”的招牌，如正式开始布局私人银行的有平安信托、中融信托、中信信托、外贸信托、北京国信、华润信托等国内信托资产居前的公司。而更多的信托公司虽然没有公开对外提出信托私人银行的名目，但一套围绕高净值客户的资产配置需求而形成的产品供给体系已经悄然构建，私人银行基本的业务架构雏形已在信托行业内初步实现。预计 2012 年信托公司虽然可能还没法完全做到像西方发达国家严格意义上私人银行的专业化程度，但可以建立起一个基本雏形，信托公司完全可以通过“私人银行 + 个人信托”的创新业务模式，构建全新的私人银行客户财富管理模式和信托产品结构，对高资产净值客户的财产保护与安全、财产分割与传承以及通过高端投资实现财产保值增值等个性化需求，提供强有力的财产管理平台和组合化理财投资工具，使 2012 年信托系私人银行业务路子越走越宽。信托系私人银行的转型崛起在探索全新框架下银信合作模式的同时，无疑也将分流传统商业银行的一部分高净值客户。

第二章

信托机构

1. 2011 信托公司重组风景亮丽

2007年以来,随着两个"新办法"的修改出台,信托公司重组突然进入爆发期,商业银行、大型国企、外资战投纷纷将目光对准信托公司,一时间信托牌照炙手可热。当年,有明确股权变动重组消息的信托公司已达20家以上。这其中除了信托公司借壳上市未得到证监会认可,以及受金融危机影响,一些外资战投参股信托公司暂时搁置外,大部分都已经重组成功。

近几年来,成功重组的案例主要分为两类:一是信托公司引进商业银行、大型国企等实力型股东增强公司整体实力;二是被停业或遗留问题信托公司债务债权清理完毕,引入新股东重新获得登记许可,开张营业。

表2-1 2011年重组信托公司情况一览表

公司简称	公司原名	主导重组方	进展情况
安信信托	安信信托投资股份有限公司	中信信托	进行中
联华信托	兴业国际信托有限公司	兴业银行	已完成
广州科技	大业信托有限责任公司	东方资产	已完成
金信信托	浙商金汇信托股份有限公司	浙江国贸	已完成
海协信托	陆家嘴国际信托有限公司	陆金发	进行中
四川国投	四川省国际信托投资公司	渤海基金	进行中
爱建信托	上海爱建信托投资有限责任公司	上海国际	进行中

1.1 中信借壳安信被否,信托公司上市之梦难圆

2012年1月16日晚,安信信托公告:"经中国证券监督管理委员会并购重组委员会审核,公司重大资产出售及发行股份购买资产事宜的申请未获通过。"国内最大的信托公司中信信托借壳安信信托上市一案再度未果,信托公司上市的梦想也愈加遥遥无期。

自2007年中信信托借壳安信信托上市方案一出，此案就已成为信托人心中共同的期待。中信重组安信开信托公司重组信托公司之先河，实力不凡的中信信托能否获批也成为证监会批准信托公司上市的重要风向标。截至2010年末，中信信托管理信托资产规模已经超过3000亿元，实现利润14余亿元，是业内毫无争议的标杆公司，中信集团在国内的整体实力更是毋庸置疑，在国内A股上市条件应该完备。2007年至今，重组方案几经修改，安信信托的重大重组事件公告也反复推迟截止日期，借壳安信上市一事已反复运作多年，事情已该有所定论。

进入2011年下半年，重组事宜似乎已经有了转机，证监会再次要求安信信托报送修订的重组方案并随后得到证监会受理。2011年12月27日晚，安信信托公告称，中信集团经国务院特别批准的中国中信股份有限公司已挂牌成立，公司重组事宜正在进一步推进。停牌前一个交易日，安信信托收于14.90元，上涨2.90%。出乎大家意料的是，就在安信信托公布重组计划的5年纪念日之际，等到的却是被否决的结果，一桩本来越来越清晰的重组计划在临门一脚之际被证监会否决，信托公司上市之路依然任重而道远。

1.2 兴业银行成功入主联华信托

2011年1月，经国务院同意，根据中国银行业监督管理委员会《关于联华国际信托有限公司变更股权及调整股权结构的批复》(银监复〔2011〕35号)，兴业银行股份有限公司获准受让新希望集团有限公司持有联华国际信托有限公司的15.69%股权、四川南方希望实业有限公司持有的25.49%股权、福建华投投资有限公司(原“福建华侨投资(控股)公司”)持有的10%股权。股权变更后，兴业银行将以约8.52亿元的对价收购联华国际信托51.18%股权。至此，联华信托成为继湖北国投、兴泰信托之后第三家被商业银行控股的信托公司。联华信托也于2011年6月8日正式更名为“兴业国际信托有限公司”。

表2-2 兴业银行入主后联华信托股权结构表

股东名称	出资金额(万元)	出资比例(%)
兴业银行股份有限公司	85200	51.18
福建华投投资有限公司	11200	21.96
澳大利亚国民银行	10200	20
永安资产管理有限公司	2500	4.9
南平市投资担保中心	1000	1.96

此后，兴业银行又于3月29日发布公告称，该行拟收购永安资产管理有限公司所持的联华国际信托4.9%的股权，交易完成后，兴业银行对联华国际信托的持股比例将达到56.08%。2012年1月11日，兴业信托再次发布关于增加注册资本金及调整股权结构的公告，公司注册资本金由人民币5.1亿元增加至人民币12亿元，并相应调整股权结构。此次为溢价增资，股东增资出资总金额为人民币22.494亿元，增资后本公司股东名称、出资金额及持股比例情况如下：（1）兴业银行股份有限公司，出资金额人民币8.76亿元，持股比例73.0000%；（2）澳大利亚国民银行，出资金额人民币2.02亿元，持股比例16.8334%；（3）福建华投投资有限公司，出资金额人民币1.12亿元，持股比例9.3333%；（4）南平市投资担保中心，出资金额人民币0.1亿元，持股比例0.8333%。兴业银行通过对兴业信托的增资，再度提高了其在兴业信托的股权比例，实际控制力进一步加强，73%的持股比例真正实现了“绝对控股”。

表2-3 兴业信托最新股权结构表

股东名称	出资金额（亿元）	出资比例（%）
兴业银行股份有限公司	8.76	73.0000
澳大利亚国民银行	2.02	16.8334
福建华投投资有限公司	1.12	9.3333
南平市投资担保中心	0.1	0.8333

1.3 大业信托完成重组开张营业

2011年3月28日，在东方资产管理公司的主导下，由广州科技信托投资公司重组而成的大业信托有限责任公司正式开业。此时距广州科技信托2002年向中国人民银行申请重新登记，至今已经跨越了9个年头，大业信托成为重组时间最漫长的信托重组案例。

2002年中国人民银行批准保留广州科技信托的时候，其实广州科技信托当时的历史坏账仅约2亿元，与广州国投上百亿的不良资产相比微不足道，清理规范的成本较低。然而，因各方利益博弈难断，信托公司向战略投资者提出的谈判条件又比较繁多，最终导致其重组之路颇为不顺。2007年初，东方资产管理公司开始跟进广州科技信托投资公司重组进展，随后于2009年10月取得广州市政府批复同意，确定了与广州国际控股集团有限公司和广州京信电力集团共同重组广科信的最终方案，就是今天我们看到的大业信托重组方案的雏形。重组方案确立后，在东方资产和其他股东的支持和配合下，广州科技信托彻底清理了人员、资产和债务等方面的遗留问题，通过彻底重组，公司轻装上阵，广泛借鉴行业内领先信托公司多年摸索出的发展经验，引入和建设最先进的信息技术平台，聘请高素质的专业团队，建立了规范、系统、科学的管理运作体系，一个崭新的大业信托有限责任公司终于在 2011 年诞生了。

重组后的大业信托注册资本为 3 亿人民币。其中，中国东方资产管理公司出资 1. 25 亿元人民币，占比 41. 67%，为大业信托的最大股东。广州国际控股集团有限公司和广东京信电力集团有限公司分别出资 1. 15 亿元和 0. 6 亿元人民币，出资比例分别为 38. 33% 和 20%。沈柏年任公司董事长，王毅任总经理，吉金任监事长。大业信托注册地为广州，已筹建北京管理总部，未来将择机建立上海管理总部，以实现信托业务的全国化布局。

表 2－4　大业信托股权结构表

股东名称	出资金额（亿元）	出资比例（%）
中国东方资产管理公司	1. 25	41. 67
广州国际控股集团有限公司	1. 15	38. 33
广东京信电力集团有限公司	0. 6	20

1.4　金信变身浙金信托，开创券商持股信托先河

2011 年下半年，又一个新面孔出现在信托市场上，2011 年 7 月 29 日，浙商金汇信托股份有限公司在杭州正式开业，成为国内信托公司重组复牌的经典成功案例。曾有“江南第一猛庄”之称的金信信托在经过 5 年半的停业整顿之后重新开业，其名称也随之变更，金信时代一去不返。

金信信托曾是全国最大的信托公司之一，有“江南第一猛庄”之称。其曾在资本市场上呼风唤雨，在二级市场上频频做庄。2005 年底，因“违规经营和经营不善，造成较大损失”，浙江省银监局、金华市政府责令金信信托停业整顿。随后，银监会委托建银投资进驻金信，负责停业整顿。根据中介机构出具的审计结果，截至 2005 年底停业整顿时，金信信托累计亏损 56. 32 亿元。但是，在金信信

托停业整顿工作组成功处置了金信信托持有的博时基金股权之后，金信信托全部清偿了所有债权人的债务，这是我国金融机构风险处置中绝无仅有的唯一案例。

在债务处理接近尾声，老股东清退之后，浙江方面开始接触中金公司，希望这家国内领先的投行能成为重组后新公司的战略投资者。而中金公司也希望能借此得到一张信托牌照。此前，2009 年 4 月，海通证券公告称通过了投资百瑞信托股权的议案。但 2010 年年报中，其称因未获得相关政府部门的批准，该投资事项因此终止。金信信托的重组方案获国务院原则同意后，在 2011 年 6 月中旬即获得中国银监会等监管层的认可，并领取了《金融许可证》。金信信托被免于摘牌，中金公司的介入功不可没。虽然大型金融机构都想将银行、券商、期货、信托纳入旗下，但在我国法律法规不允许混业经营。券商参股信托公司尚没有先例，这涉及证监会、银监会等多部委的协调审批，程序复杂，而中金凭借强大背景以及与多部门沟通，最终进驻浙商金汇，成为我国第一家持有信托公司股权的券商，也是继我国商业银行、信托公司参股信托公司后，金融综合化发展的又一重大举措。

虽然中金公司只是第二大股东，但获得了新公司 3 年的管理权。在公司董事会和高管层中，浙江国贸将仅派员担任董事长和财务总监职务，其余高管则由中金公司安排，中金的一名副总担任公司总经理。中金公司虽然只在浙金信托参股 35%，但因其在金融领域的专长向公司提名了 4 名高管中的 3 位，包括总经理程强。程强此前在中金公司投行部工作，是从事债券业务的一位董事总经理。浙金信托是中金成立 15 年以来首次对另一家金融机构进行长期股权投资，也是其扩张买方业务的关键性一步。浙金信托是首家由券商参股的信托公司，中金事实上负责浙金信托的管理和业务发展，这与外资投行参股国内券商获取业务牌照的模式多少有些相似。未来浙金信托的业务发展战略与中金公司的投资银行、销售交易、资产管理、财富管理和直投等部门都有潜在的合作关系，但现在最重要的工作仍然是客户开发，发挥信托配置客户资产的功能。

浙商金汇信托在 6 月 14 日获得中国银监会的开业批准，并领取了《金融许可证》，其注册地也转移至浙江杭州，而股东方也出现重大调整。重组后的浙金信托注册资本 5 亿元，浙江国际贸易集团有限公司、中金公司和传化集团分别持有该公司 56%、35% 和 9% 的股权。

表 2-5　浙商金汇信托股权结构表

股东名称	出资比例（%）
浙江国际贸易集团有限公司	56
中国国际金融有限公司	35
传化集团有限公司	9

1.5　上海陆家嘴金融发展有限公司入主海协信托

上海市国资委网站披露，上海陆家嘴金融发展有限公司（简称陆金发）重组海协信托一事已经获得中国银监会批复，陆金发将受让新疆威仕达实业（集团）股份有限公司等 4 家股东总计 71.6% 的海协信托股权。并购完成后，海协信托将更名为“陆家嘴国际信托有限公司”。

陆金发的入主，将使海协信托告别混乱的历史。海协信托前身为喀什信托投资有限公司，于 2003 年 10 月经中国银监会批准成立，后来经重组整顿之后迁至青岛。这是继山东省国际信托投资有限公司之外，落户山东的第二家信托公司，从而备受青岛市政府及外界关注。海协信托来青岛之后，为各方所看好。在 2005 年前后，海协信托在青岛也做了很多事，但不久就归于沉寂。海协信托之所以走向沉寂，股东间的出资和控股权矛盾是一大原因。经过多年停顿之后，海协信托财务状况日渐堪忧。2009 年年报披露，海协信托注册资本 3.15 亿元，但至 2009 年年末，公司总资产已仅为 1.24 亿元，负债 1032 万元，所有者权益 1.13 亿元。不仅如此，在 1.24 亿元的总资产中，不良资产 1.16 亿元，不良资产率 93.63%，海协信托基本成为一个空壳。由于信托牌照的稀缺性，海协信托曾经引起兴业银行、上海银行、中国石化、中国石油等多家大鳄的重组兴趣，但均未果。

随着陆金发的入主，海协信托必将脱胎换骨，目前 4 家股东已经全部退出，沉寂已久的海协信托还推出了 5 年来的首个产品。海协信托与贵州黔台酒业签署了“茅台镇黔台牌系列年份酒收藏与投资信托”合作协议，计划募资总额为 5000 万元，已有多家机构和个人投资者对其表示了兴趣。

预计重组之后，青岛本部可能得到保留，但公司资本金将增至 20 亿元以上，业务总部将迁至上海，上海业务总部将承担公司市场拓展中心 、产品中心、利润中心和管理中心的使命。海协信托开始在各大重点高校招兵买马，其工作地点是位于上海浦东新区的陆家嘴商务广场。

1.6 川国投重组受阻，出资人资质遭质疑

2008年银监会出台《13家历史遗留问题信托公司重新登记内部操作指引》，敦促上述信托公司尽快完成重组，时至今日绝大部分信托公司已经成功清理债务、债券，引入外部股东和战略投资者，实现了重新登记。四川省国际信托投资公司的重组之路却一直不顺利，至今仍然复牌无望。

早在2002年，川国投与四川省信托投资公司、四川省建设信托投资公司就曾刊登公告称，3家公司将合并为一家新的信托公司，但因多种原因未能实施。后来，四川省政府和联华控股有限公司、渤海基金达成协议，并于2010年12月22日第73次常务会议完成关于川国投重组的决策，渤海基金和联华控股被确定为主要重组参与方，并将成为未来重组成功后新成立信托公司的第一、二大股东。为进一步推进重组工作，重组中的川国投在2011年3月3日发布公告称，将以资产负债全剥离方式重组为一家新的信托公司，并由新的股东依法定程序进行重新登记。

然而，由于出资人资质的问题，川国投的多方出资人仍然未能在2011年内达成共识，也无法共同向监管部门上报材料获得批复，川国投能否如其他信托公司一样重新开张营业仍是未知数。

1.7 爱建信托最新重组方案出台，增发26亿原则获批

自2004年“刘顺新事件”爆发至今7年，爱建信托为了尽快重组，已经陆续出台5个重组方案，包括香港名力集团、李嘉诚旗下长江集团与首钢控股、泰国正大集团、上海国际等主导的重组方案。重组方案出台之多之频繁，已成为业界之最，爱建信托甚至被戏称为“重组王”。多次重组均未能如愿以偿，究其原因还是爱建股份背后巨额的资金黑洞让参与者望而却步。爱建信托在哈尔滨项目上的投资多是由信托计划委托投资，对应的是客户资产而非爱建自身投资，这导致多年来在资产确权上无法与重组方达成协议。

爱建信托的历史问题纠结近10年，根据爱建股份董事会2011年7月份最新的讨论规划，爱建股份将放弃之前“房地产＋实业投资”的主营业务模式，转而发展以爱建信托为平台的“资产管理＋金融服务”的新构架。由于历史问题接近

收尾,2011 年上半年,爱建信托启动了一些银信合作业务和单一类信托,并发行了几个集合信托计划,这些都助推了业绩逐渐好转。

2011 年上半年,上海市第一中级人民法院正式对相关责任人涉嫌经济犯罪案作出宣判,爱建信托追回 19 亿元的债务,为公司再度重组清除障碍。2011 年 5 月 27 日,爱建股份公告了最新的 26 亿元定向增发方案,上海国际、海航大新华投资公司等参与,其中 20 亿元将用于爱建信托的增资,这一方案已经获得银监会的原则性通过。

2. 信托公司更名彰显深层次导因

近年来信托公司名称变更也愈加频繁起来,归纳一下,大致分为以下两类:

一是信托公司商号品牌化。随着市场竞争的加剧,信托公司的竞争也进入了品牌化时代,特别是一些实力强大的股东入主信托公司后,往往将信托公司更名为大股东的品牌化商号,借助其大股东影响力,信托公司就可以更好地开展业务、开拓市场、获取大客户资源、吸引投资人目光。

二是信托公司名称去地域化。以往的信托公司名称多以注册地地名命名,虽然便于辨识,但毕竟过于保守,尤其是信托业务全国化开展以来,2011 年银监会又发布了《关于对中国银监会关于规范信托产品营销有关问题征求意见的通知》,信托公司突破地域限制的愿望愈发明显,XX 省信托公司、XX 市信托公司的名称自然不能满足公司发展的需要,因此信托公司去地域化的更名日益增多。

综上可知,信托公司近年来频频更名,并非沽名钓誉,表面文章,而是彰显信托公司深层次向市场化迈进,与国际化接轨,实现业务模式创新和转型的重要标志。

2.1 兴业国际信托有限公司正式亮相

2001 年 6 月 8 日,"联华国际信托有限公司"正式更名为"兴业国际信托有限公司",同时获得兴业银行 20 亿元资本金的注入。兴业信托的更名是比较典型的股权变更型更名,类似的信托公司更名还有合肥兴泰信托更名为"建信信托"、湖北国投更名为"交银国际信托"、宁波金港信托更名为"昆仑信托"、江南信托更名为"中航信托",以及衡平信托更名为"中铁信托"等。近年来,信托公司股权更迭不断,商业银行、大型央企持股信托公司不在少数,超强实力股东入主后，为使其旗下金融机构品牌化，为其更名非常普遍。

联华信托正式更名“兴业信托”标志着兴业银行在收购联华信托完成后正式以商业银行兴业银行的背景开展信托业务。作为第三家商业银行控股的信托公司，兴业信托不仅有助于兴业银行加快实施综合经营发展战略，提高综合金融服务能力，并借此提升公司的核心竞争力，还有助于联华信托依靠兴业银行的雄厚实力实现跨越式发展。两者的联合是商业银行走向混业经营的又一举措，这有助于推动中国商业银行走向混业经营。这也预示着商业布局混业经营的步伐正在加快。

2.2 长安国际信托股份有限公司正式揭牌

2011 年 12 月 22 日，长安信托揭牌仪式在西安举行。至此，“西安国际信托有限公司”正式更名为“长安国际信托股份有限公司”。这一看似只有一字之差的更名行为，对长安信托却意义深远。长安信托认为，此举将使长安信托摆脱地域限制，更好地在全国开展业务，将自身做大做强。

长安信托的更名不是个体性事件，2011 年年末，长安信托相继完成了组织形式、名称、公司章程变更，长安信托还将注册资本金增至 12.5888 亿元。并于 2011 年 12 月 22 日，在中国传统二十四节气中的冬至这一天，举办了名为“承前启后，继往开来”的隆重揭幕仪式。

3. 信托公司资本规模不断扩张

3.1 净资本管理办法刺激信托公司增资

临近年末，为满足监管有关净资本的要求，多家信托公司抢在达标最后期限前进行增资，全年共有 9 家信托公司累计增加注册资本金 70 余亿元。这些增资的信托公司中有股东按原持股比例同比例增资的，也有借增资机会谋取更多持股比例的，还有引进新股东的。

表 2-6 2011 年信托公司增资情况统计表

序号	信托公司	原资本金（亿元）	现资本金（亿元）	变更时间
1	中海信托	12	25	2011.12.15
2	华宝信托	10	20	2011.1
3	交银信托	12	20	2011.12.31
4	兴业信托	5.1	12	2012.1.11
5	湖南信托	5	7	2011.12.21
6	长安信托	7.5888	12.5888	2011.12.24
7	中航信托	3	15	2011.12.31
8	百瑞信托	6.05	12	2011.3.9
9	爱建信托	10	20	2011 年
合计		70.74	143.59	

兴业信托股权持续集中

兴业银行公告称，兴业国际信托注册资本已由 5.1 亿元增加至 12 亿元，其中该行的出资比例占比由 56.08% 增至 73%。相关验资、工商登记变更手续均已完成。此次为溢价增资，兴业银行认缴资本金金额为 5.90 亿元，对应增资金额为 19.234 亿元，澳大利亚国民银行认缴资本金金额为 1 亿元，增资金额 3.26 亿元，其他两家股东福建华投投资有限公司和南平市投资担保中心放弃认缴。兴业银行收购兴业信托后，在其身上投入颇多，此次已是收购兴业信托以来第二次增资。2011 年 2 月，兴业银行以 8.52 亿元的对价收购兴业信托前身联华国际信托有限公司 51.18% 股权，成为继交行、建行之后第三家控股信托公司的商业银行。10 月，兴业银行又从永安资产管理有限公司手中，收购了其持有的兴业信托 4.90% 股权，将持股比例增加至 56.08%。通过一系列的举措，兴业银行已经将对兴业信托的持股比例由最初的 51.06% 增加至 73%，超过建行持股建信信托 67% 的比例，大大增加了对兴业信托的实际控制力。而兴业信托的股权结构进一步集中化，股东数量也由原来的 5 家减少到 4 家。

在近年来掀起的参股信托公司的大潮中最为积极的当属各家银行。目前，国内银行因缺乏信托牌照，所以很多业务受到限制。而信托公司业务上可以投资多个领域，这在一定程度上弥补了银行投资的短板，最为关键的是，对于那些将打造金融控股集团作为最终目标的银行来说，拥有一张稀缺的信托牌照是必须的，尽管正面临资本监管趋严的大环境，然而在资本压力日益加大的情况下，兴业银行还是决定继续“加码”兴业信托，也正是看重其信托子公司的发展前景。

表2-7 兴业银行对兴业信托持股比例变动表

时间	出资情况	持股比例（%）
2011年1月	受让新希望集团、四川南方希望实业有限公司、福建华投投资有限公司15.69%、25.49%、10%股权	51.18
2011年3月29日	收购永安资产管理有限公司4.9%股权	56.08
2012年1月11日	以每股3.26元的价格溢价增资	73

交银信托增资至20亿元

2011年最后一天，交银国信在其网站上公布了公司增资及修改公司章程的公告，公告称：根据交银国际信托有限公司2011年股东会第五次会议决议，经湖北银监局鄂银监复〔2011〕552号文批准，交银国信注册资本由12亿元人民币增加至20亿元人民币，股东出资比例不变，上述变更事项已于2011年12月30日在湖北省工商行政管理局完成所有变更及备案手续。

相比兴业银行增资兴业信托，交银信托的增资相对简单，可能是因为交通银行已经持有交银信托85%的股权，在3家银行系信托公司中排名首位，所以此次并未对持股比例作出调整。

表2-8 银行系信托公司股权结构表

信托公司	注册资本（亿元）	银行持股比例（%）
交银信托	20	85
建信信托	15.27	67
兴业信托	12	73

湖南信托小幅增资

2011年12月21日，湖南信托对外发布公告称，经公司2011年度股东会第二次临时会议审议通过，并报经中国银行业监督管理委员会湖南监管局批准（批准文件：湘银监复〔2011〕460号），湖南信托采取原股东同比例增资的形式，将公司的注册资本由5亿元调整至7亿元，相关工商变更登记手续已经完成。增加注册资本后，股东湖南财信投资控股有限责任公司总计出资人民币 6.72 亿元，占新增注册资本的 96%；股东湖南省国有投资经营有限公司总计出资人民币 0.28 亿元，占新增注册资本的 4%。

表 2-9　湖南信托股权结构表

股东名称	出资金额(亿元)	出资比例(%)
湖南财信投资控股有限责任公司	6.72	96
湖南省国有投资经营有限公司	0.28	4
合计	7	100

中海信托增资至 25 亿元

2011 年 12 月 16 日，中海信托低调在其网站公告：经中海信托股份有限公司股东会会议审议通过，以及上海银监局沪银监复〔2011〕840 号文的批准，公司的注册资本金由原 12 亿元增加到 25 亿元，公司股东的出资比例不变。上述变更事项于 2011 年 12 月 15 日在上海市工商管理局完成所有变更手续。

但其增资手笔丝毫不低调，12 亿元增至 25 亿元，增资幅度超过 100%，且 25 亿元的资本金规模，在信托公司中已位列第四。中海信托一直将规模化资产管理业务作为其主要业务模式，此次大规模增资就是对其未来信托资产规模规模化发展战略的最大支持。

华宝信托

同样低调的华宝信托于 2011 年 1 月悄然将注册资本金由原来的 10 亿元增加至 20 亿元。

长安信托

2011 年 12 月 26 日，长安信托发布公告称，经中国银行业监督管理委员会陕西监管局《关于长安国际信托股份有限公司变更注册资本、修改公司章程的批复》(陕银监复〔2011〕44 号)批准，长安国际信托股份有限公司注册资本由75888 万元变更为 125888 万元，并对公司章程作相应修改。本次增资由公司股东同比例增资，公司股东的出资比例不变。公司已按相关规定完成上述事项的相关工商变更登记手续。

陕国投

我国两家上市公司之一陕国投也在 2011 年加入到增资大军中。2011 年 7 月 28 日，陕国投股东大会通过非公开发行股票议案，2011 年 10 月 17 日，银监会《中国银监会关于陕西省国际信托股份有限公司增加资本金等有关事项的批复》（银监复〔2011〕426 号），批复同意陕国投股本由 358413026 股变更为 578413026 股；同意陕西煤业化工集团有限责任公司认购公司股份 200000000 股，持股比例 34.58%；西安投资控股有限公司认购公司股份 20000000 股，持股比例 3.46%。

中融信托再次增资

经纬纺织机械股份有限公司于 2011 年 8 月 15 日召开的第六届董事会第十次会议同意将中融国际信托有限公司的注册资本由 140000 万元增加至 147500 万元，该事项已取得于 2011 年 10 月 11 日召开的公司 2011 年度第一次临时股东大会的批准。

表 2－10 经纬纺机对中融信托出资统计表

时 间	原 因	金 额（亿元）
2010 年年初	受让中植集团持有的中融信托 36% 的股权	12
2010 年 10 月 31 日	转增注册资本	1.87
2010 年 10 月 30 日	增加注册资本	3
2011 年 8 月 15 日	增加注册资本	0.75
合 计		17.62

中航信托连续增资，注册资本已达 15 亿元

经中国银监会批准，中航信托成功将注册资本增加到 15 亿元。本次增资是中航信托在 2011 年内完成的第二次增资。

中航信托完成重新登记开业两年来，经营业绩大幅提升，在市场上的良好表现获得各股东单位的充分肯定与大力支持。2011 年前后由原有股东同比例追加投资，先将注册资本由 3 亿元增加到 5 亿元，再增加到 15 亿元，一举解决公司发展的资本“瓶颈”。

爱建信托获股东增资

爱建股份在6月29日公告称，中国银监会同意该公司向其全资子公司爱建信托增资20亿元的方案。同时，银监会表示，爱建信托应在爱建股份非公开发行股票获证监会批准并发行成功后，按照银监会行政许可的有关要求正式上报增资申请。

百瑞信托引入新股东并增资

根据《中国银监会关于百瑞信托有限责任公司变更注册资本并调整股权结构的批复》(银监复〔2010〕632号)规定，百瑞信托已于2011年3月9日完成增资扩股的验资及工商登记变更等法定变更手续。本次增资完成后，中电投财务有限公司成为公司第一大股东，出资比例24.912%，百瑞信托注册资本由6.05亿元增至12亿元。

3.2 股权结构显著变化

信托公司的股权结构近年来发生了重大的变化，先是2007年交通银行重组湖北国投成功，开启了商业银行入股信托公司的新时代，为中国的金融综合化发展探索了道路。2010年，经银监会批准，中海信托通过输出团队和管理参股四川信托，持有四川信托30%的股权，开创信托公司入股信托公司的先河，也是对信托行业发展的再一次有益探索。2011年7月29日，浙商金汇信托股份有限公司在杭州正式开业，成为国内信托公司重组复牌的经典成功案例。而中国国际金融有限公司的参股，更是券商参股信托公司的第一例。至此，信托公司已经成为金融业态中唯一拥有商业银行、保险公司和券商股东的金融机构，其股权结构的多元化程度在金融机构中遥遥领先，这也必将为信托公司的发展带来全新的局面。

根据2011年信托公司公布的年报信息显示，仍有多家信托公司股权发生变更，具体变更情况见表2-11。

表 2－11 信托公司股东变更统计表

公司简称	股东变化
中诚信托	因增资扩股，增加一名股东深圳市天正投资有限公司，出资 88616800 元，出资比例 3.6072%。
甘肃信托	2009 年 11 月 9 日，由甘肃省国有资产投资集团有限公司向公司增资 7 亿人民币，原股东甘肃省财政厅所持公司 2.426521 亿元无偿划转给甘肃国有资产投资集团有限公司。2010 年 6 月 7 日完成变更，其中甘肃省国有资产投资有限公司 9.426521 亿元，占 92.58%，天水市财政局 0.407284 亿元，占 4%，白银市财政局 0.3481 亿元，占 3.42%。
中融信托	2011 年 3 月 3 日增加注册资本金至 14 亿元申请获黑龙江银监局批复，各股东现金增资 3 亿元；2011 年 3 月 18 日完成增资及修改公司章程工商变更登记，完成本次增资，注册资本达 14 亿元。哈尔滨经济投资集团有限责任公司所持 24.61% 股权转让给哈尔滨投资集团有限责任公司；中植企业集团有限公司将持有 36% 股权转让给经纬纺织机械股份有限公司。
外贸信托	根据银监会批复，中化集团财务有限责任公司获准受让远东国际租赁有限公司所持有的外贸信托 6.93% 的股份；持股结构变更为：中国中化股份有限公司持股 93.07%、中化集团财务有限公司持股 6.93%。
江苏国信	2010 年 12 月，公司控股股东江苏省国信资产管理集团有限公司分别与江苏省丝绸集团、江苏省高科技投资集团有限公司和江苏省农垦集团有限公司签署了股权转让协议，拟向后述三家公司转让江苏信托部分股权，相关报批手续正在履行之中。
华融国信	报告期内，新疆银监局以新银监复〔2010〕33 号批准公司股东新疆维吾尔自治区国有资产监督管理委员会将其持有的本公司 1050.96 万股，占比 0.69% 的股权全部转让给新疆恒合投资股份有限公司。
天津信托	2010 年 2 月，公司原并列第一大股东天津市财政局将所持有的公司 23.16% 的股权，原第六股东天津市津能投资公司将所持有的公司 8.42% 的股权，原第四股东天津经济技术开发区财政局将所持有的公司 10.53% 的股权转让给天津市泰达国际控股。转让后天津市泰达国际控股持有公司 42.11% 的股权，成为公司第二大股东。公司股东由 7 家变更为 5 家。
百瑞信托	增资至 12 亿元，前五名股东调整为：中电投财务有限公司，郑州市财政局，深圳市易建科技有限公司，北京安瑞汇富投资有限公司，北京德得创业科技有限公司。
兴业信托	兴业银行分别受让新希望集团有限公司、四川南方希望实业有限公司、福建华投投资有限公司（原名福建华侨投资（控股）公司）持有的本公司 15.69% 股权、25.49% 股权、10% 股权。此次股权转让完成后，兴业银行股份有限公司持有公司 51.18% 股权，成为公司控股股东。

续表

公司简称	股东变化
英大国信	2009 年 11 月，中国石化财务有限责任公司将 0.5% 股权转让给国网资产管理公司；2009 年 12 月，山东鑫源控股有限公司（14.94%），山东鲁能集团有限公司（4.12%）、山东鲁能发展集团有限公司（2.84%）及山东鲁能信谊有限公司（2.43%）四家公司将股权无偿划转给国网资产管理有限公司。国网资产管理公司成为控股股东，占股 75.83%。2010 年 7 月，公司完成注册地迁址北京工作。2010 年 12 月 20 日，控股股东国网资产管理公司更名为“英大国际控股集团有限公司”。2011 年 1 月 10 日，召开 2011 年第一次临时股东会通过了《关于公司控股股东名称变更修改公司章程的议案》。1 月 31 日银监会正式批准此申请。
江西国信	经银监会核准，引进领锐资产管理股份有限公司、北京供销社投资管理中心 2 家战略投资者，分别持有 25%、20% 的股份。
国投信托	原股东国家开发投资公司将所持 11.5 亿股权划转给国投资本控股有限公司，出资比例 95.45%。
西部信托	第二大股东陕西省产业投资公司受让原股东国营西北第一棉纺织厂 0.18% 的股权，持股比例由 8.48% 变为 8.66%。
重庆国信	由重庆国信投资控股 100% 持股变更为重庆国信投资控股有限公司（66.99%）、重庆水务集团股份有限公司（23.86%）、上海淮矿资产管理有限公司（4.10%）、重庆市水务资产经营有限公司（2.18%）建银国际（中国）有限公司（2.05%）、安徽省皖投信用担保有限责任公司（0.82%）共同持股。

4. 政策导向明显，信托公司业务创新踊跃

4.1 股指期货开闸，华宝信托夺拔得头筹

2011 年 7 月，银监会发布《信托公司参与股指期货交易业务指引》，对信托公司参与股指期货业务进行详细规定。为了确保顺利开展股指期货业务，华宝信托根据股指期货交易的相关要求，在人员、制度和系统等方面进行了认真的准备，并成功获得中国银监会批准，成为信托行业内第一家获得股指期货交易业务资格的信托公司。

2001 年 12 月 9 日，华宝信托旗下信托产品——“励石一号”通过海通期货成功在中国金融期货交易所开户，取得信托产品参与股指期货的第一个交易编码。信托产品获准交易股指期货，是股票类信托产品从传统的高风险、方向性投

资，转为以市场中性策略为主的低风险、稳定收益的业务模式的重要转折。

华宝信托在股指期货领域的独领风骚并非偶然，早在2008年华宝信托就前瞻性地成立了专门的新产品创新团队，并对全员进行了股指期货培训。华宝信托完成了股指期货业务流全流程的梳理，建立了完整的股指期货业务管理制度，业务操作将严格按照公司《业务授权管理办法》，对股指期货交易业务过程中的授权层级、授权金额、操作权限等具体细节和内容开展工作。根据业务需求，华宝信托还建立了可靠、稳定、高效的股指期货交易管理系统及股指期货估值系统，以满足股指期货交易及估值的需要，并建立了具备风险控制系统和风险控制模块，能实现对股指期货交易的实时监控。这一系列扎实的中后台建设，奠定了华宝信托领跑股指期货业务的坚实基础。

受到华宝信托获得参与股指期货交易业务资格，并成功将旗下信托产品进行股指期货交易的巨大鼓舞，华润信托、外贸信托、中信信托和平安信托等4家公司也向监管部门递交了申请股指期货交易业务资格的申请材料。根据《信托公司参与股指期货交易业务指引》中规定，上述4家申请该项业务的信托公司已基本满足其相关要求，4家公司处于存续期的阳光私募产品共计近600只，这些产品的投资顾问已基本覆盖了主流私募机构。不久的将来，也许信托股指期货交易业务就不再只是一枝独秀的景象。

4.2 QDII业务并未沉寂，平安信托再获额度

平安信托获得国家外管局批准的3亿美元QDII额度，成为目前获得额度最大的信托公司，也是继中诚、上海、中海等3家信托公司后又一家获此资格的信托公司。截至2010年末，国内各家机构的QDII的获批额度为683.61亿美元，信托系3家公司总共获批额度仅为6亿美元，占比不足1%。

作为业内注册资本金最大的信托公司，平安信托此次获得较大额度的“出海”资格，也显示了其在资本实力、利润指标、信托规模、产品创新和风险管控等方面的领先优势。平安信托本次获得3亿美金的QDII额度，对于公司已实现的横跨多个领域，多元化投资的业务结构而言，更是锦上添花，未来公司将可以更好地为客户捕捉全球投资机会。同时，海外的投资标的覆盖面较广，包含股票、指数、大宗商品、货币等，这将在很大程度上丰富平安信托的投资能力，也为公司在不同的经济周期环境下，更好地抓住全球市场投资机会提供了新的捷径。平安信托已在积极筹备首款QDII产品，并与海外一流投资银行与基金公司建立了

合作平台，全力以赴准备新产品的研发工作。

4.3 华宝信托再签信托型储蓄计划项目

2011年，华宝信托推出"乐享人生"产品中标丰田(中国)投资有限责任公司的员工储蓄计划项目，运用信托模式为丰田提供激励性和福利性资金的递延支付及投资管理，既解决了企业的职工养老问题，又为企业人力资源战略的实施和发展提供强力支持。"乐享人生"不仅采取科学的信托方式管理，保证了员工福利资金的独立性和安全性，更独创性地引入第三方担保机构，为产品的投资提供收益保障，填补了具有收益保障功能的员工福利信托产品市场空白。此外，产品采用业内领先的光大养老金账户管理系统和资金托管系统，为企业提供全方位的账户记录、缴费、支付、查询等服务。"乐享人生"产品的受托人和投资管理人是华宝信托，账户管理人和托管人是光大银行。

薪酬福利信托业务是华宝信托的特色业务之一，在该领域，华宝信托开发和推出了"写意人生"、"乐逸人生"和"乐享人生"三个产品。

5. 信托公司股权投资有重大收获

信托公司固有资金可投资于金融机构股权，是信托制度赋予信托公司独特的优势。2011年，信托公司在该领域斩获颇多。

5.1 交银国信入主上海证券

据悉，交银国际信托有限公司将作为控股股东入主上海证券，成为又一家控股证券公司的信托公司。

上海证券的大股东上海国际集团目前控股和参股的券商共有6家，分别是国泰君安、上海证券、海际大和、申银万国、中银国际和爱建证券。根据证监会"一参一控"的政策要求，上海国际集团需进行整合。上海国际集团"一参一控"的方案敲定为：控股国泰君安，参股上海证券，其余券商悉数出手。于是，上海证券开始了寻找战略投资者的历程。

上海证券接触过的收购意向方有国泰君安、东方证券、平安证券等，"绯闻"不少，但一直没有开花结果。交银国际信托收购上海证券，可谓多赢之举。一方面，上海证券的股权结构将符合监管的要求，对上海证券未来上市铺平道路。另一方面，交银信托增加了一块优质股权投资，对其资产结构优化贡献很大，而从交通银行布局金融综合化经营的角度，也缺证券这一块牌照，收购上海证券也符合其财富管理的战略。

5.2　中航信托参股吉安农商行

2011 年 12 月 16 日，中航信托出资 3600 万元参股的吉安农村商业银行获得银监部门批准正式开业。此前，中航信托已成功入股景德镇市商业银行，成为其第二大股东。此次入股的吉安农村商业银行注册资本 50050 万元，由吉安市吉州区和青原区农村信用合作联社合并组建，股权分散，股东主要以民营企业为主，中航信托参股比例 4.5%，与其他三个股东并列为第一大股东。

中航信托连续在城市商业银行领域出手，优化了其自有资金运用结构，优质的金融机构股权将为其带来稳定的分红收益。

5.3　西藏信托入股济南钢铁集团

2011 年年末，济钢集团、山钢集团与西藏信托有限公司签署了《济钢集团有限公司股权投资协议》。根据投资协议，西藏信托拟出资 30 亿元人民币，以 35∶1 的比例折合 8570 万股入股济钢集团，占增资扩股后济钢集团注册资本的 30%。本次增资扩股完成后，济钢集团的注册资本由人民币 200000 万元增至 285700 万元。股权变更后，山钢集团持有济钢集团 70% 的股份，济钢集团持有济南钢铁股份有限公司 68.69% 的股份。

5.4　海西政策优势凸显，厦门国信成立合资基金公司

厦门国际信托有限公司宣布，计划与台湾地区“永丰金控”子公司永丰证券投资信托股份有限公司，合资设立基金管理公司，双方将联手进军资产管理市场。台湾媒体报道称，该基金公司名称暂定为“厦信永丰基金管理公司”，注册资本额拟定为人民币 2 亿元，设立地点在厦门，持股比例分别为厦门信托 51%，永丰投信 49%。待主管机关核准设立后，双方将投入基金募集、基金销售及资产管理等业务。

5.5 华宝信托进军煤炭能源领域

2011年10月21日，华宝信托有限责任公司与新湖中宝签署《战略合作协议》，华宝信托将通过财务顾问、产品创新、信托融资等方式为公司提供全方位金融服务，实现华宝信托金融资源与新湖中宝产业资本的紧密结合。拟成立上海新湖能源发展有限公司，对煤炭等能源项目进行投资。该公司注册资本1亿元，新湖中宝占比51%，华宝信托占比49%。

6. 信托公司经营分析

截至2011年三季度末，信托公司管理信托资产规模达40977.73亿元，其中融资类信托资产余额2.15万亿元，占比52.58%，投资类信托资产余额1.38万亿元，占比33.74%，事务管理类信托资产余额0.56万亿元，占比13.67%。信托资产规模近几年来持续快速增长，从2007年末超过万亿大关以来，又于2009年、2010年末分别突破2万亿元和3万亿元大关。

上述数据同时昭示我们，在2010年正式实施《信托公司净资本管理办法》以后，片面依靠追求资产规模膨胀，而忽略信托产品的科技含量和附加值外延式的、粗放式的发展模式已经难以为继了，特别是2010年少数信托公司打"擦边球"，抢"末班车"靠与银行开展"通道型"业务，以低收益、零收益乃至负收益突击上规模，尤不足取。信托公司应该积极探索创新净资本管理政策框架下如何尽快实现业务模式和盈利模式的转型，从粗放型外延式发展转型为高附加值内涵式发展。

6.1 主要财务指标平稳增长

资本利润率

根据2011年信托公司信息披露统计，信托行业平均资本利润率为14.61%，比上年上升了1.1个百分点，在经历了2009年度的小幅下跌之后，该指标基本回复到2008年的水平(14.78%)。

虽然个别信托公司2010年度的资本利润率达到了60%以上，但是基本属于特例，不具有可持续性和可比性。从信托行业整体来看，2010年度各公司资本利润率更趋于平均化了，因为从数据分布的离散程度来看，标准差为9.52%，变异系数为0.65，这两个指标均比2009年度都有了大幅度下降，甚至变异系数达到了2004年以来的最低值。

表2-12　信托公司资本利润率统计分析表

项目＼年份	2004	2005	2006	2007	2008	2009	2010
平均值（%）	3.81	3.37	8.02	24.30	14.78	13.51	14.61
平均值增长幅度（%）	–	-0.44	4.65	16.28	-9.52	-1.27	1.10
公司数目（个）	31	44	43	46	47	49	53
最大值（%）	9.77	11.94	27.22	77.56	39.87	63.22	67.48
最小值（%）	-2.90	-9.76	1.29	0.63	0.58	-63.03	3.10
标准差（%）	3.22	4.45	5.66	16.95	10.44	14.57	9.52
变异系数	0.85	1.32	0.71	0.70	0.71	1.08	0.65

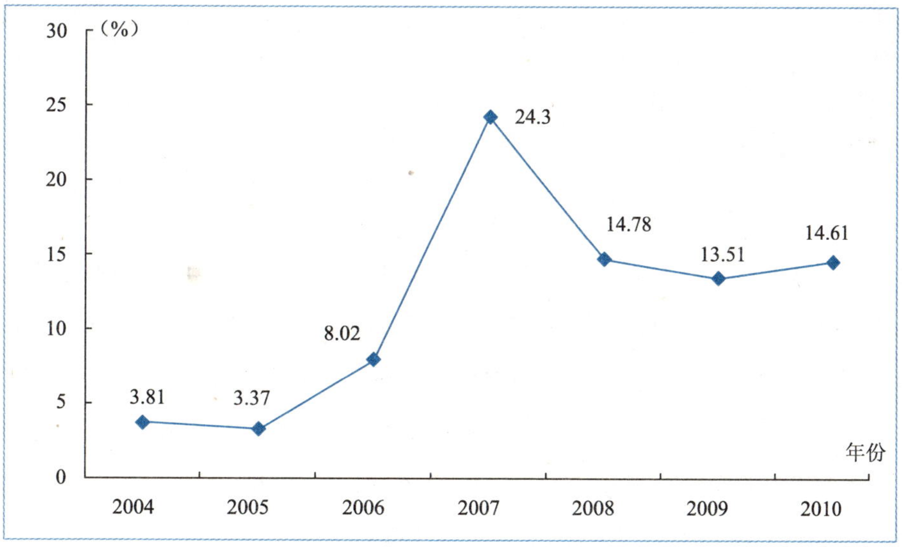

图2-1　信托公司资本利润率变动图

中融信托以67.48%的资本利润率高居榜首，且中融信托已经连续两年蝉联该指标的第一位，60%以上的超高资本利润率体现了中融信托超常规的发展状态。新华信托、长安信托分别以32.76%和25.24%的资本利润率指标位居行业第二、三位,黑马般地出现在排名榜前三甲的位置,显示出了很强的爆发力。除此之外,中信信托、中海信托、华宝信托、华润信托等资深优秀信托公司则以20%左右的资本利润率水平,稳定在行业前十位。

表2-13 资本利润率前十位信托公司

序号	公司简称	资本利润率(%)
1	中融信托	67.48
2	新华信托	32.76
3	西安国信	25.24
4	中信信托	23.99
5	工商信托	22.90
6	中海信托	22.73
7	华宝信托	21.95
8	粤财信托	20.23
9	西部信托	18.58
10	华润信托	18.43

信托报酬率

根据2011年信托公司信息披露分析,信托行业平均信托报酬率为0.69%,比上年下降了0.17个百分点。可以发现,在经历了2006年和2007年的超速增长之后,信托行业平均信托报酬率逐年下降,基本每年都会下降2个多百分点。到了2010年,该值又创新低,降为2004年以来的最低点。

从信托报酬率分布的离散程度来看,2010年信托报酬率分布的标准差(0.49%)比2009年(0.88%)下降了0.39个百分点,变异系数则从1.02大幅度下降为0.71,这说明,信托行业的信托报酬率水平不仅下降了,而且分布更集中了,两极分化的程度逐步大幅度缩减。样本公司中,大部分公司(33家)的信托报酬率水平低于1%,其中,有19家公司(占全体公司数量的45%)的信托报酬率低于0.5%。

表 2－14　信托公司信托报酬率的统计分析表

项目＼年份	2004	2005	2006	2007	2008	2009	2010
平均值（%）	1.04	0.92	1.12	1.29	1.08	0.86	0.69
平均值增长幅度（%）	－	－0.12	0.2	0.17	－0.21	－0.22	－0.17
公司数目（个）	31	44	43	47	47	37	42
最大值（%）	3.60	3.16	4.20	6.89	7.40	5.46	2.03
最小值（%）	0.10	－4.74	0	0.21	0.11	0.11	0.07
标准差（%）	0.80	1.13	0.74	1.11	1.12	0.88	0.49
变异系数	0.77	1.23	0.66	0.86	1.04	1.02	0.71

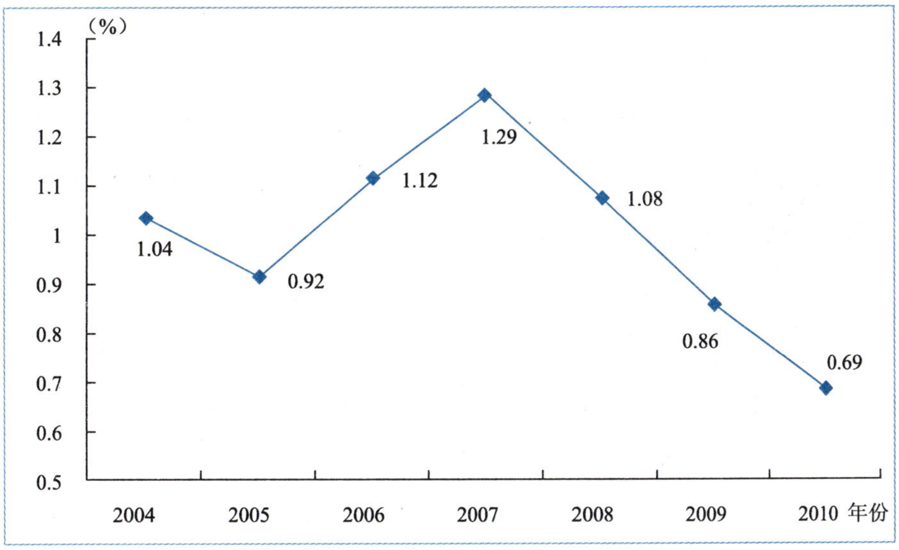

图 2－2　信托公司信托报酬率变动图

说到信托报酬率指标，不得不提到云南国投，该公司分别以 2.03％、1.59％和 7.40％的信托报酬率，已经连续三年蝉联该指标行业第一名的位置。另外，苏州信托、工商信托、百瑞信托、重庆信托和西部信托 5 家公司是连续 3 年保持在 1％以上信托报酬率水平的信托公司。近年来，随着信托资产规模的迅速扩容，以及理财市场竞争的加剧，信托公司信托报酬率不断下调，平均不足 1％的报酬率已成为常态。

表 2-15 信托报酬率前十位信托公司

序号	公司简称	信托报酬率(%)
1	云南国信	2.03
2	苏州信托	1.84
3	工商信托	1.76
4	百瑞信托	1.57
5	昆仑信托	1.53
6	安信信托	1.38
7	重庆国信	1.28
8	西部信托	1.14
9	江苏国信	1.02
10	中融信托	0.85

人均净利润

根据2011年信托公司信息披露统计，信托行业平均人均净利润为278.68万元，比上年略有上升，上升幅度为23.30万元，上升率为8.36%。在经历了2006年（增长率150.25%）和2007（增长率230.86%）年的超速增长之后，信托行业平均人均净利润已经逐步回归，并保持在一个相对稳定的水平。

从人均净利润的统计分析来看，只有华润信托和江苏国信2家公司的人均净利润超过1000万元，华润信托甚至实现了高达1226.51万元的人均净利润，达到了第三名重庆国信(831.66)的1.47倍。从数据分布的离散程度来看，2010年人均净利润分布的变异系数（0.90）比2009年（变异系数为1.14）下降了21.05%，说明2010年度信托公司人均净利润的分布更趋于平均。

表 2-16 信托公司人均净利润的统计分析表

项目 \ 年份	2004	2005	2006	2007	2008	2009	2010
平均值(万元)	56.80	48.72	121.92	403.39	250.22	255.38	278.68
平均值增长幅度(万元)	-	-8.08	73.20	281.47	-153.17	5.16	23.30
平均值增长率(%)	-	-14.23	150.25	230.86	-37.97	2.06	8.36

续表

项目＼年份	2004	2005	2006	2007	2008	2009	2010
公司数目(个)	33	44	43	46	47	49	53
最大值(万元)	143.85	245.00	866.00	3414.85	1013.00	1472.81	1226.51
最小值(万元)	-28.40	-89.45	0.22	4.94	8.46	-543.34	28.79
标准差(万元)	48.51	63.70	164.12	567.99	245.39	291.67	251.10
变异系数	0.85	1.31	1.35	1.41	0.98	1.14	0.90

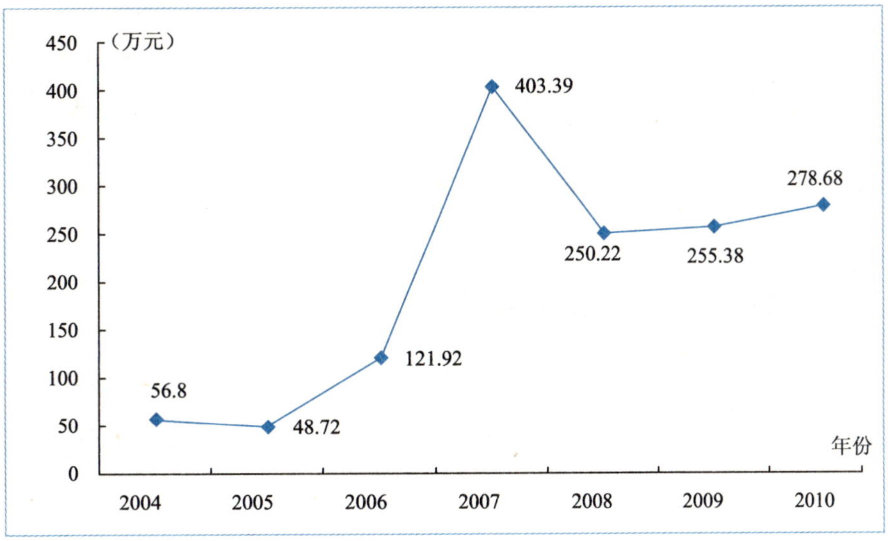

图 2-3 信托公司人均净利润变动图

创造人均净利润奇迹的信托公司是华润信托，其在 2007 年创造的 3414.85 万元的人均净利润纪录至今无人能破，2011 年华润信托披露其公司人均净利润为 1226.51，仍然为行业第一。除华润信托外，江苏国信、重庆国信、中诚信托、中海信托和中信信托 5 家信托公司，也均保持了 3 年人均净利润超过 500 万元的好成绩。

表 2－17　2011 年人均净利润前十位信托公司

序号	公司简称	人均净利润（万元）
1	华润信托	1226.51
2	江苏国信	1070.58
3	重庆国信	831.66
4	中诚信托	701.25
5	中海信托	656.16
6	国联信托	633.00
7	中信信托	506.29
8	上海国信	500.87
9	外贸信托	480.43
10	粤财信托	474.85

6.2　信托资产规模再创天量

截至 2011 年第三季度，信托公司管理信托资产规模已达 40977.73 亿元，超过公募基金管理资产规模，接近保险业资产规模。根据 2011 年信托公司信息披露统计，信托行业平均信托资产规模为 5411278 万元，比上年大幅上升，上升幅度为 1814077 万元，上升率为 48.64%。自 2004 年以来，信托公司的信托资产规模每年都有大幅度的提升，平均每年提升 45% 以上。

在 2010 年度，只有 7 家公司缩减了信托资产规模，与 2009 年的 6 家基本持平。另外，2010 年诞生了自 2004 年以来单个公司年度信托资产规模的最高记录——中信信托的 33279077 万元。从信托资产规模分布的平均程度来看，虽然，2010 年信托资产规模分布的标准差（5740733 万元）比 2009 年（4322218 万元）略有上升，但是，变异系数却从 2009 年的 1.12 下降到 2010 年的 1.06，这说明 2010 年全行业的信托资产规模不仅水平有较大幅度的提高，而且分布更加趋于平均化。

表 2-18 信托公司信托资产规模统计分析表

项目 \ 年份	2004	2005	2006	2007	2008	2009	2010
平均值（万元）	341279	439861	732398	1937049	2446206	3862231	5411278
平均值增长幅度（万元）	–	98582	292537	1204651	509157	1416025	1814077
平均值增长率（%）	–	28.89	66.51	164.48	26.29	57.89	47.70
公司数目（个）	44	44	47	49	50	51	55
信托资产缩减的公司数		10	4	11	13	6	7
最大值（万元）	1330770	1408339	3878171	19619327	16077930	20678079	33279077
最小值（万元）	856	7403	7479	7415	7510	1013	326089
标准差（万元）	287951	315213	864813	3174492	3127551	4322218	5411278
变异系数	0.84	0.72	1.18	1.64	1.28	1.12	1.06

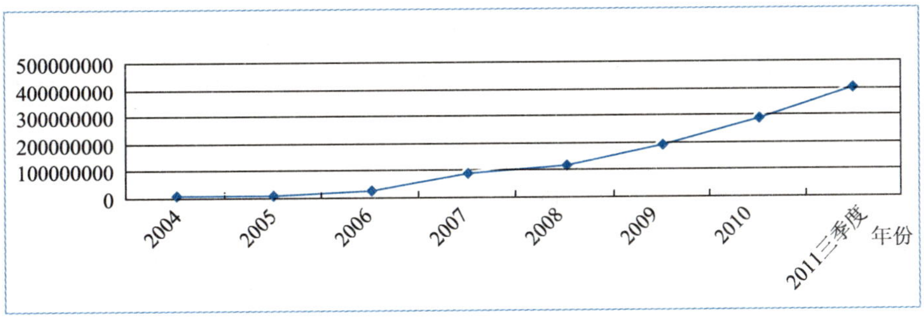

图 2-4 信托公司管理信托资产规模变动图

在争夺信托市场份额的竞争中，信托公司可谓各显神通，目前管理信托资产规模最大的信托公司当属中信信托，根据该公司 2011 年披露信息，中信信托 2011 年末信托资产规模接近 3329 亿元，占整个信托行业信托资产规模总量的 11.18%，且其已经连续多年保持在行业第一的位置，是当之无愧的霸主。信托资产规模的分布在信托公司间极为不均衡，表现出明显的两极分化趋势，信托资产规模排名前十位的信托公司管理信托资产规模合计 1.35 亿元，占行业比例接近 50%。且这个趋势尚有进一步加剧的态势，信托资产规模达到 1000 亿元以上的公司在 2010 年与 2009 年一样，都是 7 家。但是，信托资产规模达到 500 亿元以上的公司，2009 年有 12 家，而 2010 年则增长到 21 家。

表 2－19　2011 年信托资产规模前十位信托公司

序号	公司简称	信托资产规模（万元）
1	中信信托	33279077
2	中融信托	17993689
3	中海信托	16454920
4	中诚信托	14882909
5	英大信托	14582704
6	平安信托	13959420
7	粤财信托	10083569
8	山东国信	9661297
9	华宝信托	8693462
10	外贸信托	8646300

尽管 2010 年实施《信托公司净资本管办法》之后，单纯的信托资产规模指标将不再是判别一家信托公司强弱、优劣的最核心指标，但是在相当时期内，信托资产规模仍然代表一家信托公司信托主业的发展状况和业务结构以及公司信托业务整体的拓展开发能力。特别是在信托公司普遍实现业务模式转型以后，信托业务的报酬率和产品附加值普遍得以提升，在此条件下，一家信托公司的综合实力以及行业地位往往还是要通过该公司的信托资产规模体现出来。而 2010 年年报披露的情况，也基本验证了这一判断。2010 年行业前五位信托公司信托资产规模均在 1400 亿元之上，位居首位的中信信托高达 3300 亿元以上，前五位信托公司信托资产规模合计达到 9719 亿元，占全行业信托资产规模总量的 32.66%；而前十位信托公司信托资产规模均在 800 亿元之上，前十位信托公司信托资产规模合计达到 14823 亿元，占全行业信托资产规模总量的 49.81%，即行业前十位信托公司占去了信托资产规模的半壁江山。由此可知，行业内各公司之间的差距逐年加大，分化趋势十分明显，特别是在净资本管理政策环境下，再加上评级分类基础上的区别对待，分级监管，这一分化趋势还有明显加速的态势，由此引发的行业洗牌和企业重组在所难免。特别是行业内部同业购并的可能性开始加大，假以时日，信托行业目前显现的“群雄逐鹿”的局面有可能从根本上遭到颠覆，而“诸霸割据”的格局开始浮现。

6.3 盈利能力实现跨越式增长

截至2011年第三季度，信托公司共实现营业收入265.85亿元。根据2011年信托公司信息披露分析，信托行业共实现营业收入2799392万元，平均营业收入为50898万元，比上年上升幅度12377万元，上升了32.13%。自2004年以来，信托公司的营业收入在2007年的上升幅度最大，上升了21377万元，上升比率为156.44%；在2008年下跌幅度最大，下跌了2390万元，下跌比例为6.82%

在2007年，单个信托公司的营业收入出现历史最高点259269万元，之后，年度高点在2008年降为200481万元，在2009年则小幅回升为207486万元，2010年继续上升为238640万元。

表2-20 信托公司营业收入统计分析表

项目 \ 年份	2004	2005	2006	2007	2008	2009	2010
平均值（万元）	6248	7362	13664	35041	32651	38521	50898
均值增长幅度（万元）	–	1114	6303	21377	−2390	5870	12377
平均值增长率（%）	–	17.82	85.61	156.44	−6.82	17.98	32.13
公司数目（个）	47	47	48	49	51	51	55
最大值（万元）	29169	26141	69700	259269	200481	207486	238640
最小值（万元）	−3	527	602	639	395	33	6082
标准差（万元）	6063	5760	13328	49667	39216	40566	51785
变异系数	0.97	0.78	0.98	1.42	1.20	1.05	1.02

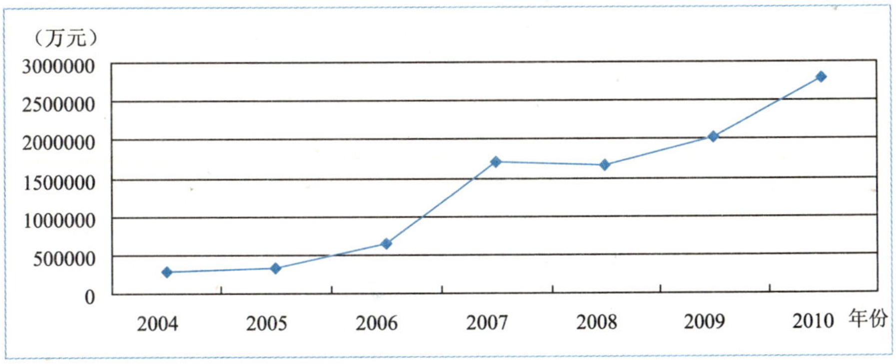

图2-5 信托公司营业收入变动表

2011年前三季度，信托公司共实现利润总额184.77亿元，根据2011年信托公司信息披露统计，信托行业共实现利润总额1987809万元，平均利润总额为

36142 万元，比上年上升了 27.32%。自 2004 年以来，信托公司的利润总额在 2007 年的上升幅度最大，上升了 26298 万元，上升比率为 268.95%；在 2008 年下跌幅度最大，下跌了 11459 万元，下跌比例为 31.76%。

在 2007 年，单个信托公司的利润总额出现历史最高点 241271 万元，之后，年度高点在 2008 年大幅降为 140906 万元，在 2009 年则小幅回升为 147981 万元，2010 年继续回升为 151189 万元。

表 2－21　信托公司利润总额统计分析表

项目 \ 年份	2004	2005	2006	2007	2008	2009	2010
平均值（万元）	3178	4070	9778	36077	24618	28387	36142
均值增长幅度（万元）	–	892	5708	26298	－11459	3769	7755
平均值增长率（%）	–	28.06	140.27	268.95	－31.76	15.31	27.32
公司数目（个）	47	47	48	49	51	51	55
利润总额为负的公司数	6	5	2	0	1	1	0
最大值（万元）	15907	18414	58373	241271	140906	147981	151180
最小值（万元）	－6930	－6243	－4245	518	－4758	－14444	1313
标准差（万元）	4743	4636	11290	46495	31445	30354	36006
变异系数	1.49	1.14	1.15	1.29	1.28	1.07	1.00

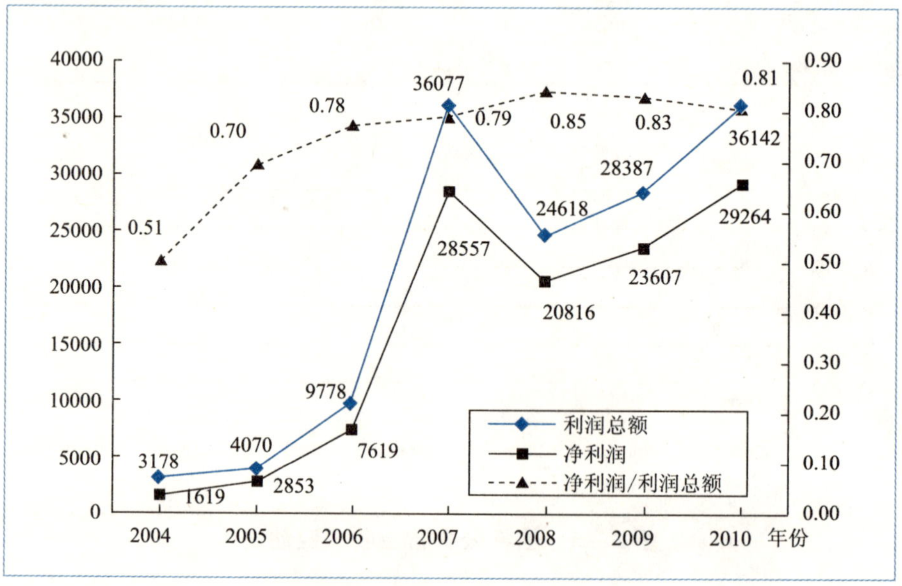

图 2－6　信托公司利润总额平均值与净利润平均值比较

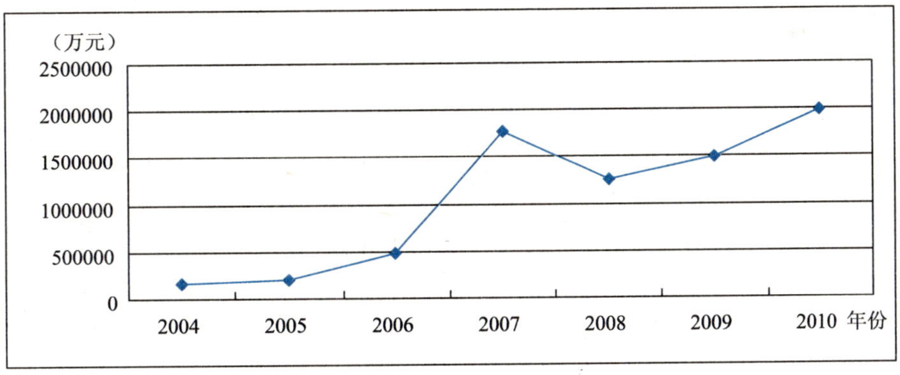

图 2-7 信托公司利润总额变动表

信托公司盈利指标中中信信托、华润信托、平安信托 3 家公司牢牢掌握了前三席的座次，中海信托、中诚信托、华宝信托和重庆国信 3 年内也是没有任何意外地出现在前十位之中，可见盈利能力第一梯队的信托公司还是相对稳定的。2010 年中信信托和平安信托均实现了 23 亿元以上的营业收入，华润信托、中信信托、平安信托和中诚信托均实现了 10 亿元以上的利润，这样的盈利水平充分证明了信托公司的实力。

表 2-22 利润总额前十位的信托公司

序号	公司简称	利润总额(万元)
1	华润信托	151180
2	中信信托	144323
3	平安信托	136096
4	中诚信托	124242
5	中融信托	92050
6	上海国信	85280
7	重庆国信	71207
8	江苏国信	69665
9	中海信托	67422
10	昆仑信托	60981

6.4 主动管理型业务快速增长

为了提升信托公司核心竞争能力，促进信托业务尽快转型，近年来监管部门多次强调信托公司应增加主动管理型业务比例，并通过调整现有监管法规和监管评级办法中的监管指标等具体措施体现上述监管意图。根据2011年信托公司信息披露统计，信托公司主动管理型信托资产余额共计16054亿元，占当期信托资产余额的54.51%。信托资产中主动管理型业务的比例3年来持续增长，已经实现了从30%左右提升到一半以上，转型力度可谓不小。

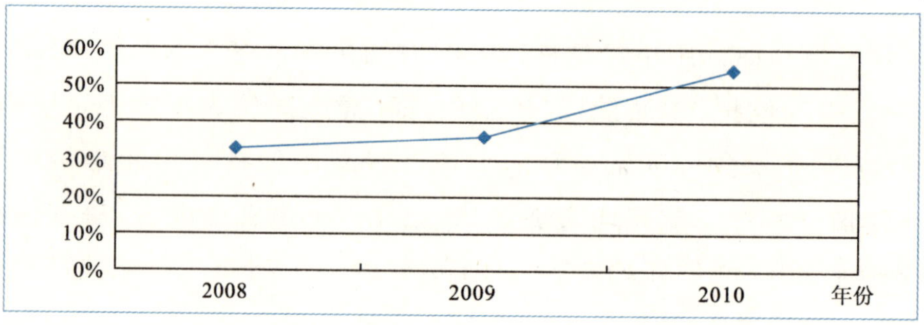

图2-8　信托公司主动管理型业务占比增长示意图

根据统计2011年共有37家信托公司主动管理型信托业务超过半数以上，占比接近70%，且有15家信托公司主动管理型业务超过80%。

表2-23　2011年信托公司主动管理型业务占比前十位

序号	公司简称	主动管理型合计（万元）	占比（%）
1	苏州信托	1631051	100.00
2	江苏国信	2625289	96.17
3	金谷信托	1120072	95.38
4	东莞信托	1391184	94.14
5	西部信托	604335	92.57
6	渤海信托	7247004	90.65
7	华澳信托	482820	89.44
8	昆仑信托	4661802	87.11
9	安信信托	1064533	86.76
10	云南国信	393578	86.70

6.5　风控能力加强，资产质量持续向好

在“一法三规”的信托业监管政策下，信托公司逐步建立和完善内部风险预警和控制机制，通过对净资本等风险控制指标实施动态监控、定期敏感性分析和压力测试，逐步实现信托风险的计量和监控，并促进信托公司创新发展，做优做强。近年来信托公司的不良资产率与不良资产规模均呈逐年下降趋势，资产质量优良。

表 2－24　信托公司资产质量变动表

项目＼年份	2005	2006	2007	2008 年	2009	2010
不良资产规模（万元）	9190	9195	5877	5272	3183	2987
不良资产率（%）	8.38	6.14	4.50	4.04	2.44	1.89

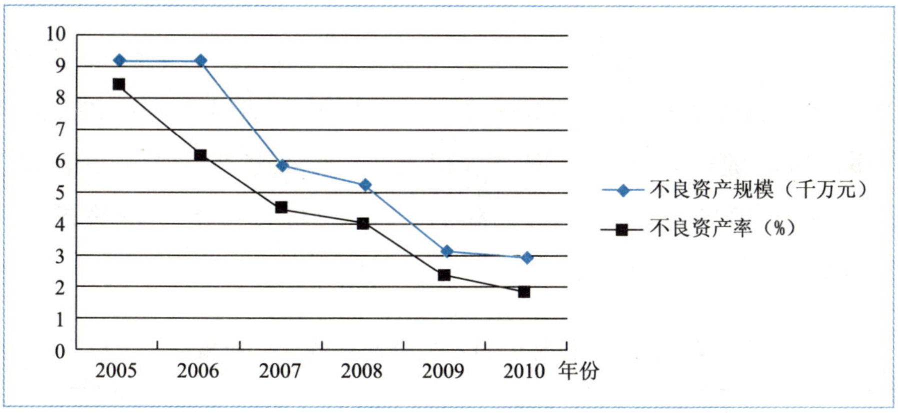

图 2－9　信托公司不良资产规模与不良资产率逐年降低

信托业 2010 年不良资产总规模仅为 16.13 亿元，远远低于其他金融业态不良资产规模，且不良资产规模仍处于逐年递减通道中，2010 年度信托业减少不良资产 6500 余万元，目前 16 亿元的不良资产规模比 2005 年的 42 亿元减少了 62%。信托行业平均不良资产规模为 2987 万元，较 2009 年有明显降低，降低幅度为 196 万元，降低了 6.15%，在 54 家披露数据的公司中，不良资产缩减的公司共 21 家。自 2007 年以来，信托行业不良资产每年都有大幅降低，缩减公司数保持在 20 家以上。其中，2007 年和 2009 年不良资产规模降幅最大，达到 36.08%

和39.62%，缩减公司数最多。2010年的降幅相对较小，不良资产缩减公司数最低，主要原因是不良资产规模绝对值已下降到相对较低水平，表明2010年的风险控制成效凸显。

表2-25 信托公司不良资产规模统计分析表

项目＼年份	2005	2006	2007	2008	2009	2010
平均值（万元）	9190	9195	5877	5272	3183	2987
平均值增长幅度（万元）	–	5	–3318	–605	–2089	–196
平均值增长率（%）	–	0.05	–36.08	–10.29	–39.62	–6.15
公司数目（个）	43	45	46	49	49	52
不良资产缩减的公司数	–	26	30	23	28	20
最大值（万元）	42504	35682	34018	32600	32600	37300
最小值（万元）	0	0	0	0	0	0
标准差（万元）	9715	9232	7972	7809	5909	7074
变异系数	1.06	1.00	1.36	1.48	1.86	2.37

根据2011年信托公司信息披露情况统计，信托业平均不良资产率为1.89%，较上年下降0.54%，创2005—2010年6年中不良资产率新低，信托公司整体资产质量显著提升。与不良资产规模类似，不良资产率的公司间差异较大，变异系数6.29是2005年以来的第二高值，中泰信托公司的不良资产率79.51%也是2005年以来的第二高值。

表2-26 信托公司不良资产率统计分析表

项目＼年份	2005	2006	2007	2008	2009	2010
平均值（%）	8.38	6.14	4.50	4.04	2.44	1.89
平均值增长率（%）	–	–2.24	–1.64	–0.46	–1.60	–0.54
公司数目（个）	42	45	46	49	49	54
不良资产率缩减的公司数	–	29	32	25	24	20
最大值（%）	40.67	55.86	33.69	67.42	93.63	79.51
最小值（%）	0.00	0.00	0.00	0.00	0.00	0.00
标准差（%）	10.52	12.80	8.43	10.55	16.63	11.91
变异系数	1.26	2.08	1.87	2.61	6.82	6.29

第三章

信托业务与集合资金信托产品

1. 2011 年集合资金信托产品发行概况

1.1 2011 年集合资金信托产品发行概况

2011 年是集合资金信托产品市场飞速发展得一年。据不完全统计，2011 年全年，全国累计共有 62 家信托公司发行集合资金信托产品 4138 只，募集信托资金共计 7354.49 亿元，平均每只产品的规模为 17773 万元，平均期限 1.90 年，平均年化预期收益率为 9.10%。无论在产品发行数量还是募集资金规模方面，2011 年的集合资金信托产品较前几年都有着显著的提高，在集合产品的推动下，信托行业的整体规模也突破 4 万亿元，真正发挥了金融领域的支柱性作用。

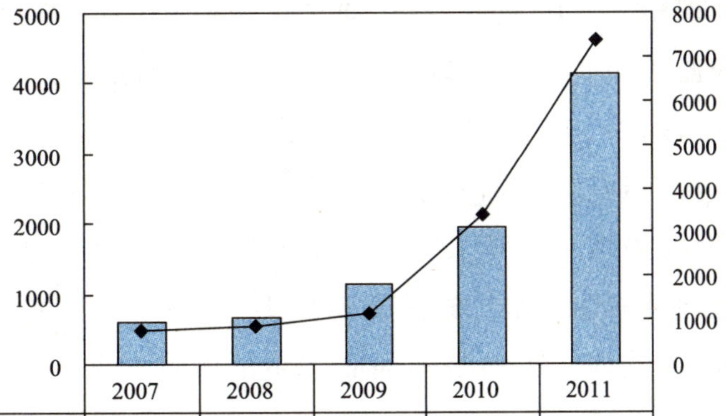

	2007	2008	2009	2010	2011
产品数量（只）	596	644	1152	1948	4138
募集规模（亿元）	780.9	849.38	1171.01	3377.68	7354.49

图 3-1 2007—2011 年国内集合资金信托产品发行数量及募集规模对比图

与 2010 年相比，2011 年集合资金信托产品的发行数量增长了 112.42%，同时募集资金规模也增长了 117.74%；而单支信托产品的平均规模 17773 万元，与 2010 年的 17339 万元相比，增长了 2.50%，增幅较小；产品的平均期限 1.90 年与 2010 年的 1.96 年相比略有减少；产品的平均年化预期收益水平 9.10% 与 2010

年的 8.15% 相比，增长了 95 个基点，较 2009 年的 7.18% 更是增长了 192 个基点。

集合资金信托产品市场 2011 年的高速发展，主要由于三方面因素的推动所致。首先，2011 年我国的信贷调控明显收紧，在紧缩性货币政策的大环境下，企业难以从银行获得贷款，进而转向信托这一替代渠道；其次，2011 年我国的通货膨胀水平始终处于较高的水平，而信托产品相对较高的收益率使得其对投资者有较强的吸引力，因此受到了投资者的青睐；第三，随着《信托公司净资本管理办法》的正式实施，前一阶段信托公司发展的重点产品——银信合作产品被要求计提较高的风险资本，出于监管达标的考虑，信托公司普遍选择增加集合类产品的发行。也就是说，集合资金信托产品市场的快速扩张，是市场供求博弈和企业最优决策均衡的结果。

与此同时，由于各信托公司普遍增加了集合产品的发行数量，市场的竞争程度显著提高，这就导致产品的预期收益水平出现了整体性的提升。此外，银行、券商等理财产品以及民间资本市场的收益率高企也在一定程度上推动了集合资金信托产品收益率的提升。

从月度的情况来看，2011 年集合资金信托产品在发行数量和募集资金规模方面，都表现出一定的波动趋势：年初发行量小，春节后发行量急剧攀升；到了三季度，随着监管部门针对房地产信托、收益权信托等业务实施了诸如窗口指导等一系列措施，以防范相关集合信托产品风险，整个市场的发行情况又呈现出一定的下降趋势；而到了年末，各信托公司再次发力，产品发行又一次提速。

在预期收益水平方面，虽然与发行量一样存在一定的波动，但整体上 2011 年的集合资金信托产品市场呈现出较为明显的上升趋势，在三季度和年末则出现了阶段性的波峰。这与我国通胀水平的波动趋势及该市场竞争程度的变动情况有较强的一致性。

总体上看，2011 年我国集合资金信托产品市场取得了非常巨大的发展，呈现出高度的繁荣，为整个信托行业规模的迅速扩张作出了巨大的贡献。与此同时，集合资金信托产品规模在信托总规模中的占比也有明显提升，说明信托行业在监管部门的引导下，在回归“受人之托，代人理财”的本源道路上也迈出了坚实的步伐。

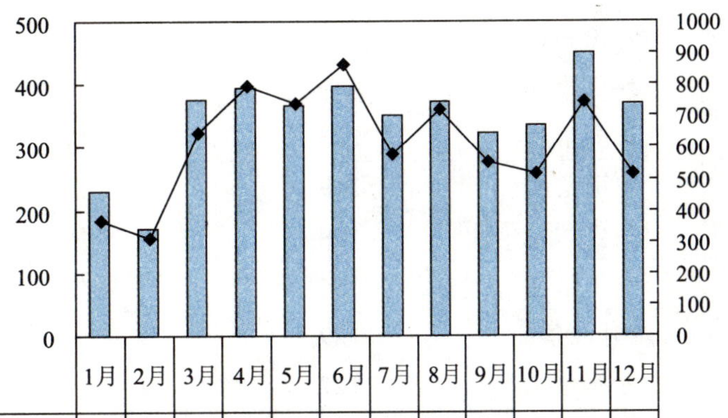

	1月	2月	3月	4月	5月	6月	7月	8月	9月	10月	11月	12月
产品数量（只）	231	171	375	393	366	399	350	374	323	335	451	370
募集规模（亿元）	364	312	646	797	737	866	580	724	554	517	743	515

图 3－2　2011 年国内集合资金信托产品发行数量及募集规模月度情况

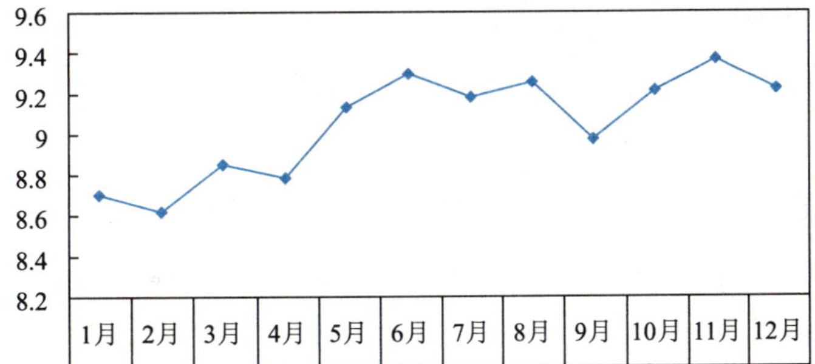

	1月	2月	3月	4月	5月	6月	7月	8月	9月	10月	11月	12月
产品平均预期收益率（%）	8.71	8.63	8.86	8.79	9.14	9.3	9.19	9.26	8.98	9.22	9.38	9.23

图 3－3　2011 年国内集合资金信托产品平均预期收益率月度情况

1.2　发行机构情况介绍

2011 年，全行业信托公司的数量有了一定的提升，因此整个集合资金信托产品市场的参与主体较 2010 年也有所增加，达到了 62 家信托公司。从总体上看，整个市场依然呈现出较高的市场集中度，排名领先的信托公司无论是在产品发行数量还是募集资金规模方面，都达到了排名靠后的信托公司的 100 倍以上。其中排名前十名的信托公司，产品发行数量占到了市场整体的 41.69%，募集资金规模占到了市场整体的 41.05%。这些公司的平均单只产品规模为 2.41 亿元，也明显高于行业的平均水平 1.78 亿元。

表3-1 2011年集合资金信托产品发行排名前十位的信托公司

排名	公司简称	产品发行数量（只）	公司简称	募集资金规模（亿元）
1	外贸信托	339	中融信托	446.38
2	长安信托	223	中信信托	383.33
3	中融信托	219	外贸信托	350.11
4	平安信托	198	中诚信托	338.52
5	中铁信托	136	平安信托	320.51
6	新时代信托	129	长安信托	313.95
7	吉林信托	127	新华信托	276.57
8	粤财信托	126	五矿信托	206.03
9	山东信托	116	四川信托	197.9
10	新华信托	112	吉林信托	185.72
合计		1725		3019.02

与2010年相比，整个市场中排名靠前的信托公司没有出现太大的变化，但不可忽视的是，一些新成立或复牌的信托公司表现异常活跃，在短时间内已经获取了相当的市场份额。这类信托公司的快速发展不仅给市场带来了新的活力，也在一定程度上改变了原有的市场竞争结构，从而影响了其他信托公司的行为。

集合资金信托产品市场保持较高集中度的原因，一方面是因为这一领域同样存在着马太效应，原先发展较好的信托公司充分利用自身优势，借助此次行业高速发展的契机进一步壮大自身实力，而地处经济欠发达地区，自身实力相对较弱的信托公司，取得的提升也相对有限。另一方面则是因为信托公司在自身的发展过程中，由于资源禀赋的差异，形成了各具特色的经营模式和产品侧重领域，有些信托公司以单一资金信托或自营业务为主，而在2011年的行业发展背景下，那些以集合资金信托产品为主要经营领域的信托公司，实际上获得了更大的发展空间。

随着监管部门对信托行业营销领域的规范和引导，可以预见，下一阶段集合资金信托产品市场的结构将出现一定程度的改变，特别是在此领域具备传统优势的信托公司，相互之间的竞争将会更加激烈，排名也会出现波动。而那些原先发展相对较为缓慢的信托公司，也有机会在此次政策调整的过程中提升自身的市场地位。

1.3 集合资金信托产品的资金运用方式

2011 年集合资金信托产品资金的主要运用方式，仍然是证券投资、贷款、股权投资和权益投资等 4 大类，共占据了产品发行数量的 84.50% 和资金募集规模的 84.83%。同时，这等 4 类产品各自所占的比例也存在明显的差异，权益投资成为最主要的资金运用方式，发行数量占比和资金募集规模占比分别达到了 40.42% 和 33.66%；证券投资类产品较前一阶段明显萎缩，而贷款类产品和股权投资产品的占比也有所下降。

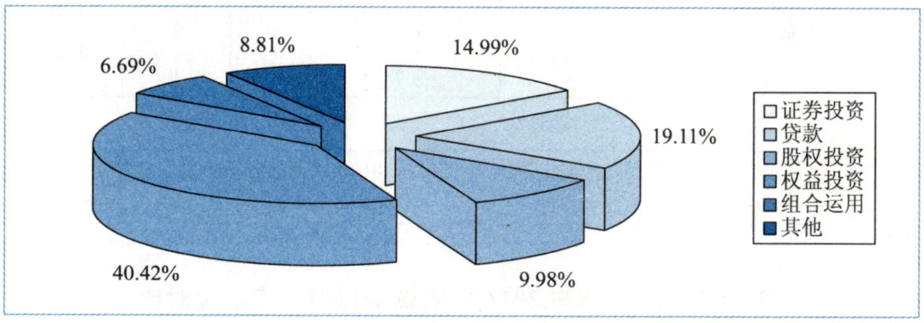

图 3－4a　不同资金运用方式的产品发行数量占比

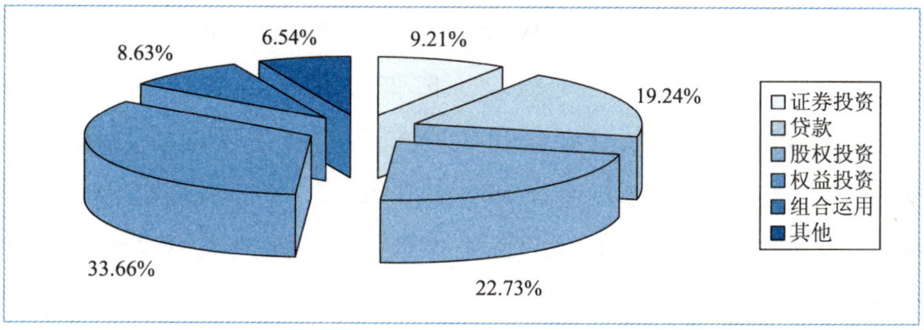

图 3－4b　不同资金运用方式的资金募集规模占比

2011 年，对集合资金信托产品资金运用方式产生最大影响的是《信托公司净资本管理办法》的正式实施，由于不同类型的资金运用方式需要承担不同的风险资本成本，因此信托公司必须在产品设计上进行权衡，以实现自身净资本的最有效利用。股权投资和权益投资因为属于投资类，需计提的风险资本较少，因此被信托公司更加广泛地运用，而贷款由于归属于融资类，风险资本方面的负担相对较大，所以该类运用方式的规模占比相对较小。

与此同时，由于2011年我国资本市场较为低迷，无论是直接投资于证券市场，还是以股票质押为担保的融资类产品，都受到了一定程度的冲击。这也导致证券投资的资金运用方式相对减少。

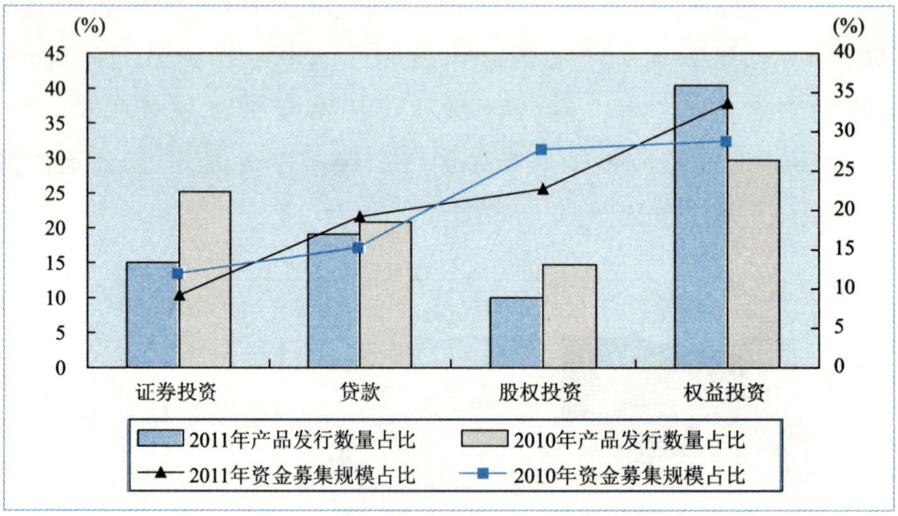

图3-5　2010年与2011年的资金运用方式情况对比

随着净资本监管的进一步贯彻落实，以及监管政策的局部调整，下一阶段集合资金信托产品的资金运用方式将会继续变动。一方面，收益权类信托产品将会被进一步规范，信托公司借收益权投资之名进行融资业务需要按照融资类产品进行风险资本计提，这会在一定程度上降低权益投资类资金运用方式的吸引力。另一方面，监管部门鼓励信托公司提升产品的自主管理能力和创新能力，将会促进股权投资、组合运用等资金运用方式的发展。此外，随着信托公司参与股指期货的资格放开，以及资本市场的逐渐回暖，证券投资类的资金运用方式也会有一定的复苏。

1.4　集合资金信托产品的资金投向

2011年，集合资金信托产品资金投向的整体结构与2010年相比未发生太大的变动，金融类、房地产类和工商企业类的投向占据了市场的绝大多数份额，三者的发行数量占比达到了80.89%，募集规模占比则达到了81.70%。与之相比，基础设施类的投向进一步萎缩，发行数量和募集规模占比较2010年分别下降了约1.5个百分点，下降幅度约15%。而其他类投向的占比则有所上升，发行数量和募集规模分别提高了3.9和3.8个百分点。

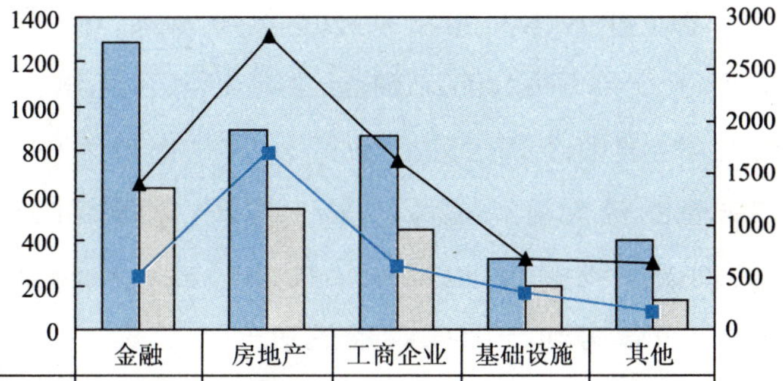

	金融	房地产	工商企业	基础设施	其他
2011 数量（只）	1289	894	865	314	406
2010 数量（只）	639	540	444	192	133
2011 规模（亿元）	1404.72	2814.59	1610.78	670.12	635.88
2010 规模（亿元）	528.66	1697	610.87	367.47	173.68

图 3－6　2010 年与 2011 年的资金投向情况对比

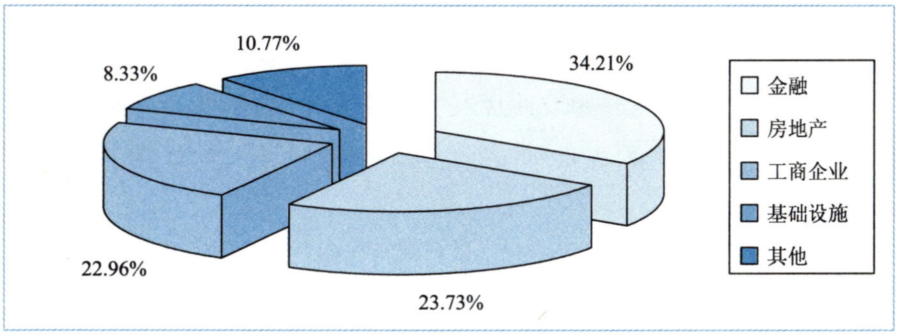

图 3－7a　不同资金投向的产品发行数量占比

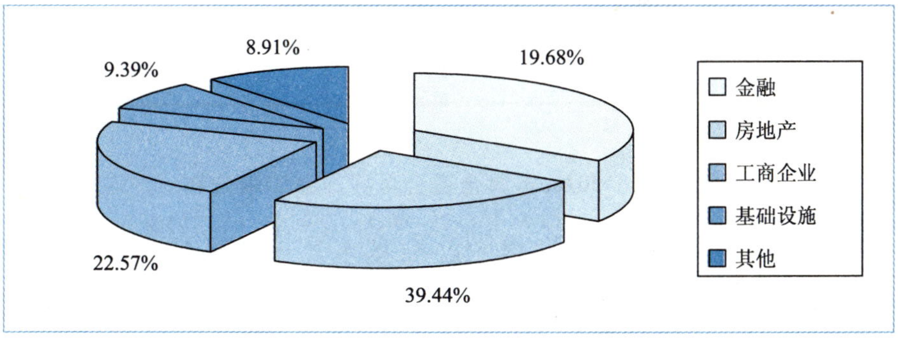

图 3－7b　不同资金投向的资金募集规模占比

资金投向的结构性变动，是市场自发调节和监管政策调控共同作用的结果。一方面，由于2011年我国实施了紧缩的货币政策，市场资金面长期趋紧，同时房地产行业受到了严格调控，而工商企业则受到了经济大环境的冲击。这些不利因素均使得金融、房地产和工商企业等领域面临较大的流动性压力，而市场则自发地引导信托资金流向这些领域。另一方面，监管部门对创新的鼓励，对政信业务、银信业务的进一步调整，也促使信托公司进一步调整了资金的投向。

下一阶段，随着房地产信托调控的进一步趋紧，投向该领域的资金可能会相对减少。而货币政策的相对放松，以及国家产业政策的调整，都会影响信托资金投向的整体结构。此外，创新型信托产品的大量涌现，会促使资金更多地流入其他非传统投资领域，包括矿产、酒类、艺术品等，这将导致信托资金的投向结构发生进一步改变。

1.5 产品期限与预期收益情况

2011年集合资金信托产品市场，仍以短期和中短期产品为主，其中1年期和2年期产品占据了市场绝大多数的份额。根据不完全统计，1年期产品的发行数量占比为31.70%，2年期的占比则达到了34.81%，与2010年相比均有了一定程度的提高。

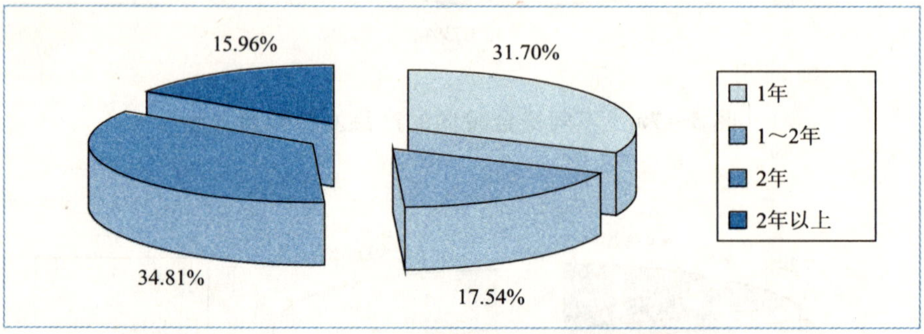

图3-8 2011年集合资金信托产品期限分布

总体上看，产品预期收益与期限的匹配基本处于正常的水平，1年期产品的平均收益为8.21%，2年期的则为9.83%。略微存在反向波动的是2年期以上的产品，平均预期收益率为9.56%，究其原因在于这类产品每月的平均收益存在较大的波动性，因为其期限相对较长，所以对经济环境、市场竞争等外部因素波动的敏感性更强，收益的弹性较大。

从产品的资金运用方式来看，证券投资类的平均期限最长，但由于受到资本市场低迷的影响，收益率也处于最低的水平，这和2010年的情况有一定差异。其他资金运用方式的期限和预期收益水平基本匹配，其中的差异也能较好地反映出该资金运用方式所承担的风险。

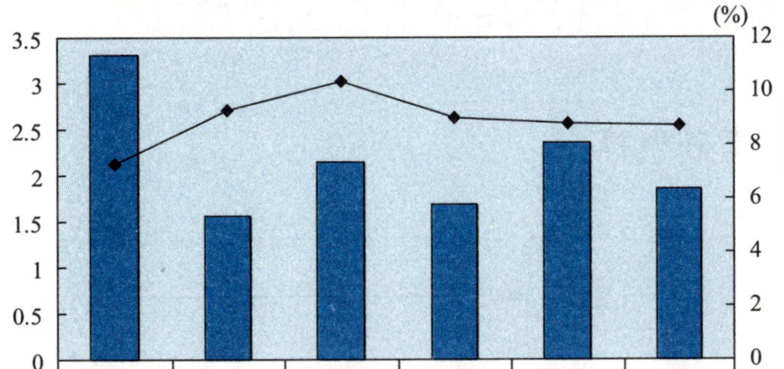

	证券投资	贷款	股权投资	权益投资	组合运用	其他
平均期限（年）	3.32	1.56	2.14	1.69	2.36	1.86
平均预期收益率(%)	7.32	9.27	10.36	8.97	8.76	8.69

图3－9　不同资金运用方式的产品平均期限和平均预期收益率

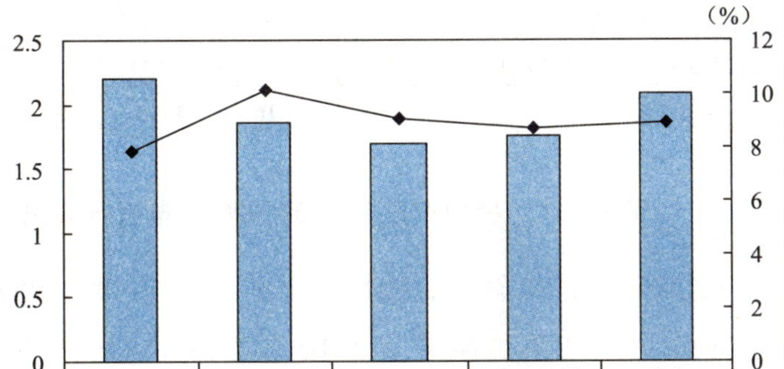

	金融	房地产	工商企业	基础设施	其他
平均期限（年）	2.2	1.86	1.69	1.75	2.08
平均预期收益率(%)	7.85	10.11	9.04	8.71	8.93

图3－10　不同资金投向的产品平均期限和平均预期收益率

从资金的投向来看，在剔除了各类资金投向的风险水平后，产品的预期收益和期限也基本匹配。其中投向房地产和工商企业的信托产品预期收益较高，除了覆盖风险外，也反映出这些企业在经济和调控大环境下所面临的资金压力。与2010年相比，这两类资金投向的预期收益水平分别提升了1.2和1.35个百分点，增幅明显。

从总体上看,2011 年的集合资金信托产品市场,除了发展速度进一步提升外,基本上延续了之前的发展趋势和市场特征。尽管如此,由于这一市场对外部经济环境和行业监管的变化十分敏感,因此未来仍可能出现较大的波动。

2. 房地产信托产品及业务发展概况

2.1 整体概况

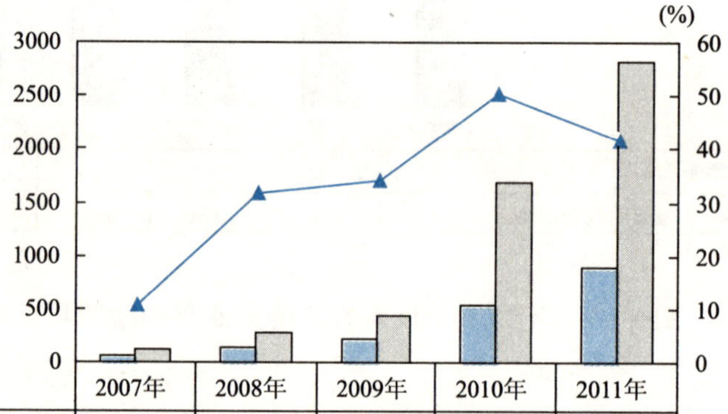

	2007年	2008年	2009年	2010年	2011年
产品数量（个）	54	135	214	540	894
产品规模（亿元）	121.52	272.85	442.54	1697	2814.59
规模占比（%）	11.27	32.16	34.40	50.81	42.15

图 3－11　房地产信托 2007—2011 年发行情况统计图

在货币政策趋紧的背景下,房地产企业从银行渠道融资困难,这导致很多房地产开发企业转向信托渠道融资。2010 年以来,房地产信托业务规模快速增加。银监会的 2010 年统计数据显示:2010 年信托公司仅公开发行房地产信托产品的数量就达到 540 款,较 2009 年的 214 款增长了 152.34%;募集金额创纪录地达到了 1697 亿元,较 2009 年的 442.54 亿元增长 283.47%。

进入 2011 年,随着"稳健货币政策"下社会资金层面更加紧张以及国家针对房地产行业调控政策的持续深入,房地产企业的融资能力受到更大影响,对信托渠道的依赖程度陡然增加。2011 年,房地产信托发行数量共 894 只,规模共计 2814.19 亿元,较 2010 年同期分别增长 166% 和 66%。

从各月的发行情况看:2011 年上半年,房地产信托基本延续了上年快速增长的趋势。但针对房地产信托业务规模的快速增加,监管层屡次警示风险。5 月 6

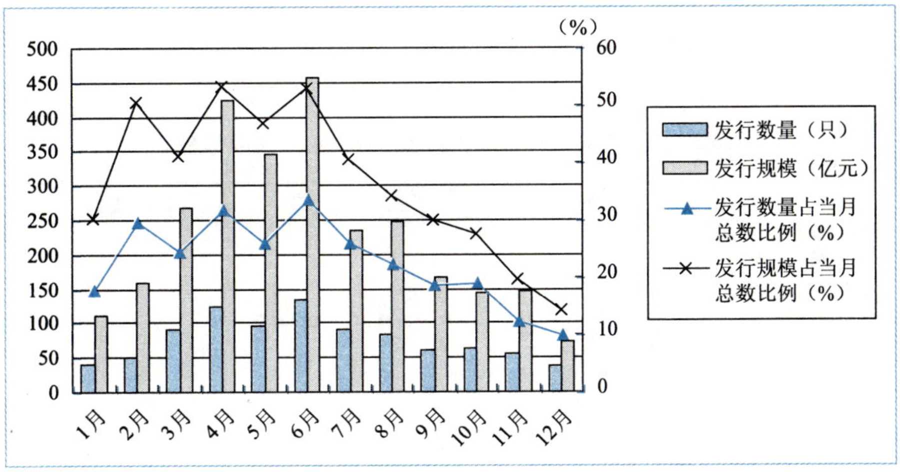

图3-12 房地产信托2011年月度分布统计图

日银监会第22次委务(扩大)会上,银监会主席刘明康明确提出:"要对当前房地产市场出现的一些新苗头密切监测、加强研判,加强房地产信托业务的监管"。"新苗头"是指房地产企业借助信托进行大规模融资的迹象。

此次会议结束不久,银监会《关于逐月上报房地产信托业务风险监测表的通知》便下发到各家信托公司。根据各家信托公司上报的结果,在5月末,银监会对房地产信托余额和新增规模排名前20的信托公司进行"窗口指导",要求信托公司严控房地产信托业务风险,对于房地产信托余额较大的信托公司,要求"规模要实现稳中有降",对于房地产信托新增规模较大的信托公司,要求"把握好节奏,严格控制增速"。监管政策立即取得了效果,6月份房地产信托发行数量和规模分别降至95只和347亿元,较上月降低24%和18%。

窗口指导意见出台之后,虽然大部分信托公司由于规模控制的因素放慢了房地产信托计划的发行速度,但还有一些公司反而加快了发行步伐以争夺其他信托公司留下的市场空间。因此,从6月开始,监管层再度对房地产信托业务进行"窗口"指导,要求今后信托公司凡涉及房地产的相关业务都需要逐笔报批。

而后,多家商业银行纷纷发文主动控制房地产信托代销业务。9月下旬,某国内知名房企的兑付风波引发银监会对涉及该公司及其附属公司和联营公司的房地产信托业务的调查。不久,银监会又进行了特殊"窗口指导",叫停几家信托公司的房地产信托业务。因此,在下半年,房地产信托受到愈加严格的政策调控,发行数量和规模呈现逐月下滑的趋势。

2.2 “房地产新政”以来的政策回顾

表3－2 “房地产新政”以来的房地产调控政策

	金融调控	行业调控
2010年4月17日《国务院关于坚决遏制部分城市房价过快上涨的通知》（“国10条”）	大幅提高首套房和二套房的首付比例及贷款利率最低标准	
2010年国庆“二次调控政策”（“国5条”）	➢商业银行暂停发放居民家庭购买第三套及以上住房贷款； ➢对不能提供一年以上当地纳税证明或社会保险缴纳证明的非本地居民暂停发放购房贷款； ➢坚决贯彻4月份的房地产新政。	上海、深圳、厦门等20余城市出台“限购令”
2011年1月25日，国务院常务会议		上海、重庆房产税试点
2011年1月26日“新国八条”	强化差别化住房信贷政策。对贷款购买第二套住房的家庭，首付款比例不低于60%，贷款利率不低于基准利率的1.1倍。	➢进一步落实地方政府责任。要根据当地经济发展目标、人均可支配收入增长速度和居民住房支付能力，合理确定本地区年度新建住房价格控制目标，并于一季度向社会公布。 ➢加大保障性安居工程建设力度。 ➢调整完善相关税收政策，加强税收征管。 ➢严格住房用地供应管理。各地要增加土地有效供应，落实保障性住房、棚户区改造住房和中小套型普通商品住房用地不低于住房建设用地供应总量的70%的要求。 ➢落实住房保障和稳定房价工作的约谈问责机制。

续表

	金融调控	行业调控
2011 年 1 月 26 日"新国八条"		佛山、济南、青岛等 20 余个城市相继出台限购令
2011 年 7 月中旬国务院常务会议		房价上涨过快的二三线城市要采取必要的限购措施
2011 年 8 月、9 月		浙江省台州市、衢州市出台限购令

2010 年 4 月 17 日，国务院为了坚决遏制部分城市房价过快上涨，发布《国务院关于坚决遏制部分城市房价过快上涨的通知》，采取了"史上最为严厉的"信贷政策，提高了首套房和二套房的首付比例及贷款利率最低标准，传达了政府遏制房价过高上涨、关注民生、促进房地产市场平稳健康发展的决心。

进入 2010 年三季度，随着通胀预期的不断加剧、悲观情绪的逐渐缓解、刚性需求的逐步释放及楼市传统销售旺季"金九银十"的到来，楼市成交量在一定程度上得以恢复，房价重新呈现上涨势头。为巩固房地产市场调控成果，稳定公众对于房价的预期，国庆长假前，国家有关部委出台二次调控政策，各地相继出台新的房地产市场调控明细，进一步表明了政府对于调控房价的态度和决心。

为巩固调控成果，2011 年年初国务院常务会议进一步提出了金融、市场、政策和税收等方面多维度立体化的调控政策。7 月中旬，针对一线城市限购后二三线城市投资投机需求的增长，国务院常务会议要求房价上涨过快的二三线城市采取必要的限购措施。随后，浙江省台州市、衢州市出台限购令。未来，针对房地产行业的金融和行政调控料将持续，首套房房贷利率上浮、存量房贷优惠利率取消等金融调控，限购城市范围扩大、房产税全国推广、更加严格的流转环节税收政策等行政调控手段均有出台的可能。而这些政策的对台，都将对 2012 年的房地产市场和房地产信托业务带来深远的影响。

2.3 本年度房地产信托业务发展特点

收益率再度大幅攀升

2010 年随着信贷规模的降低，以及央行动用提高存款准备金率、央票、加息等手段加快回收流动性，资金层面较2009年有大幅紧缩，拉动房地产信托产品的收益水平持续攀升到了8.90%。

进入2011年，伴随着银行体系资金面的异常紧张以及“差别化”信贷政策的持续贯彻，房地产企业的融资能力受到较大影响，对信托渠道的依赖程度陡然增加，因而愿意给出更高的融资成本。另外，由于银行渠道对房地产信托代销业务的基本叫停以及投资者对房地产信托风险的担忧，房地产信托的资金募集渠道和能力也受到较大影响，各大信托公司不得不大幅提高房地产信托的预期收益率来抵补风险溢价和吸引投资者购买。两方面的因素，造成2011年房地产信托产品的收益水平大幅攀升。

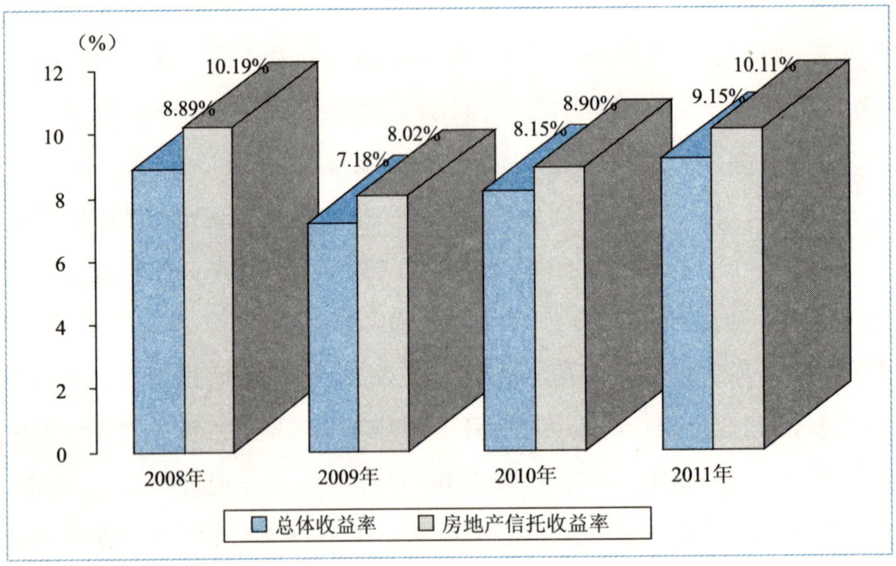

图3-13　2008—2011年房地产信托业务与整体信托收益对比统计图

权益投资增长迅速

由于股权投资运用方式可以规避贷款比例的限制以及一些监管政策，并更好地控制投资风险，在对2010年度能够得到相对详细数据的约440款房地产信托产品进行的统计中，股权已经成为最重要的资金投入方式，比例达到41.57%。

但由于信托公司的股权投资项目大都设置了回购股权及三方购买股权条款，类贷款的性质较为明显，监管层认为有规避相关监管文件对房地产信托融资主体资质、项目条件和资金用途要求的嫌疑。因此，在2011年5月份的“窗口指导”中，特意强调以股权投资方式运用信托资金实际上是融资类业务的，要符合“项目四证齐全，项目资本金达到30%，开发商二级以上资质”三个条件。

窗口指导意见出台以后，房地产股权投资信托立即应声而落，各家信托公司转而通过收益权、应收账款等方式来达到指导意见出台以前股权投资信托所起到的作用。因此，从 2011 年全年的房地产信托看，股权投资从 2010 年的 41.57% 降至 25.96%，权益投资则从 2010 年的 19.8% 提高至 29.28%。

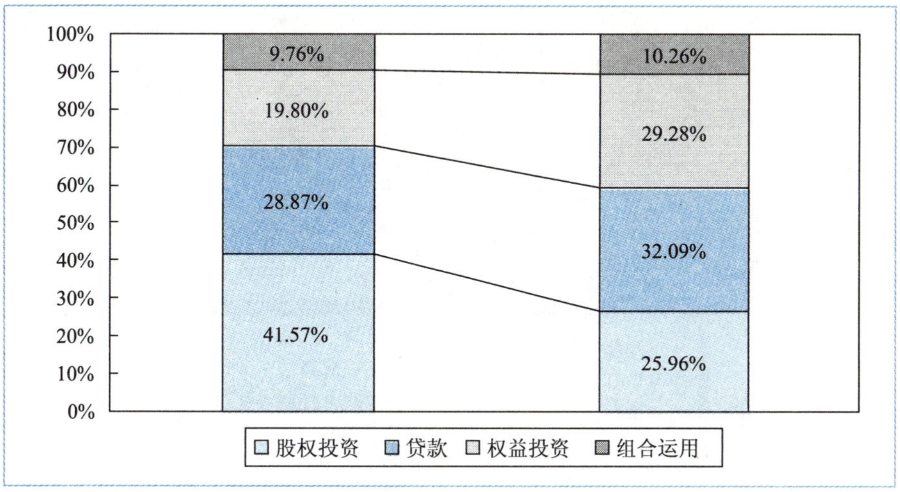

图 3－14　2010—2011 年房地产信托各种应用方式占比统计图

实施主动管理，积极参与项目运作已成趋势

从 2009 年开始，就有不少股权投资类房地产信托项目积极采用主动管理方式深入参与项目运营。2010 年随着信托公司专业化能力不断提高，包括在信托项目中派驻董事、高管、财务人员，控制项目公司相关印鉴，对公司财务和资金进行整体监控，参与项目公司投融资决策等措施在信托项目中越来越普遍。

在目前阶段，信托公司自主管理的房地产信托业务重点并非“管理”，而是“监督”，主要通过对股权的主动管理提升股权的价值，从而实现信托资金的顺利退出。其核心主要是在控制风险的前提下锁定项目公司的各项成本费用，确保股权的价值不受减损。

为保障信托公司的利益，对项目公司管理应包括以下几点：一是通过公司治理结构的安排，使得信托公司的监督不会妨碍项目公司正常经营；二是资金的封闭运行，包括信托资金专款专用和销售回款的监管；三是监督工程成本的核算和支付，锁定项目利润；四是通过合同及公章的管理，防止项目公司与第三方发生损害信托公司利益的民事行为。而以上管理职能的落实主要要通过两个方面：一是通过项目开发计划及预算管理，制定合理的预算和用款计划；二是建立恰当的人员管理制度，对董事、监事、财务总监等派出人员进行管理和约束。

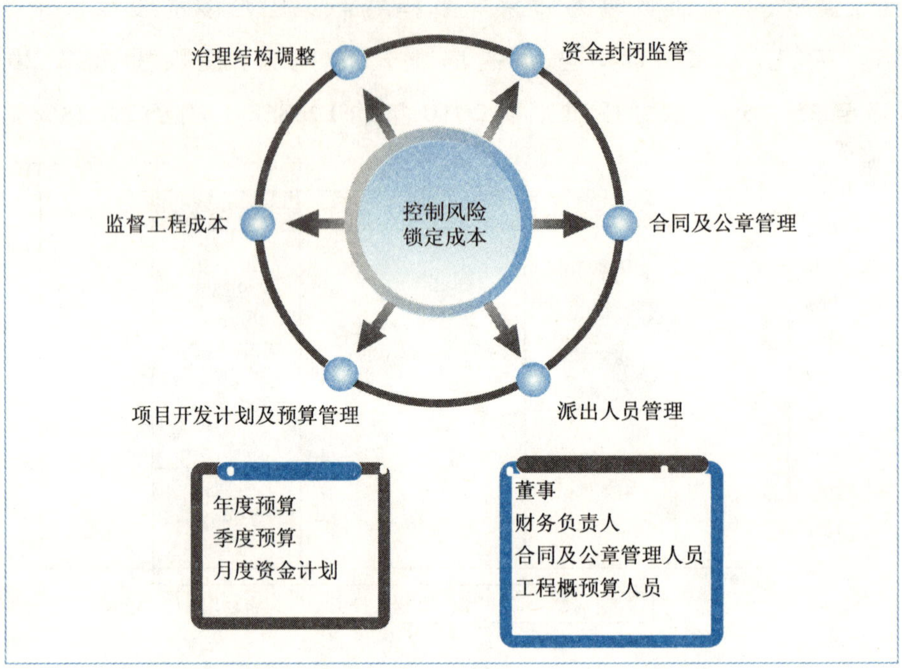

图 3－15　自主管理型房地产信托业务的监管要点

表 3－3　2011 年发行的部分主动管理型房地产信托

项目名称	信托公司	资金运用方式	管理内容
中信·重庆江北区观音桥项目股权投资集合信托计划	中信信托	向隆鑫地产全资子公司重庆华诚投资有限公司增资，增资后中信信托占股 95% 并持有 3.89 亿元债权。	➢绝对控股：中信信托增资后持有项目公司 95% 股权，派驻 1 名特别执行董事，对重大事项具有一票否决权。 ➢项目管理：中信信托聘请咨询公司派驻现场人员参与工程、财务、印章等管理，并向中信信托报告。
隆利 1 号集合资金信托计划	中诚信托	以信托计划资产中货币部分信托资产对亚太置业和中天置业进行股权投资，将持有亚太置业 94.12% 的股权和中天置业 95.78% 的股权。同时，对亚太置业和中天置业合计持有本金金额为 41500 万元的债权。	➢改组亚太置业和中天置业的董事会，进而派驻相关人员进入亚太置业和中天置业经营层。 ➢通过对亚太置业和中天置业的印鉴进行监管等方式，对亚太置业和中天置业经营计划、资金使用、成本预算、销售回款等进行管控。

续表

项目名称	信托公司	资金运用方式	管理内容
中信乾景·恒润套利型投资基金集合信托计划（T1类优先级增发）	中信信托	T1类优先级资金指定投向杭州西溪湿地蒋村B－19地块股权投资项目。	➢委托绿城集团负责项目设计、规划、施工及销售，提升项目品质。 ➢委托“中信乾景”第4期基金合作伙伴海航置业参与管理，与绿城集团互相监督，形成制约机制。 ➢中信集团的全资子公司中国国际经济咨询公司派驻现场工作人员（包括工程、财务、法务人员），履行现场监督管理责任。
财富6号集合资金信托计划	北京信托	进行股权投资，即用于收购北京爱达星房地产开发有限公司的全部股权，并对其追加投资。	➢向爱达星公司委派执行董事、监事，确保北京信托的决策权与监督权。 ➢同时向爱达星公司指派财务主管，监管项目资金的使用和项目建设进度。 ➢爱达星公司的公章及所有印鉴、证照均由北京信托与爱达星公司共同保管。

从信托公司的业务实践可以看到，目前信托公司的房地产主动管理型信托业务主要通过两个方面进行管理：一是派出董事和财务总监，形成原股东（融资方）与信托公司相互制衡的、管理和监督并行的公司治理结构；二是派专人进行证照及公章的管理，以对项目公司进行日常经营层面的管控。目前信托公司管理项目公司的重点主要是控制风险，比较缺乏的是工程预算、招投标和施工方面的管控。

之所以会出现这种情况，一是和信托公司人员结构有关，信托公司的员工主要由金融、财务和法律方面的人才构成，工程技术方面的人才相对较少；二是信托公司的股权投资类房地产信托业务的退出方式主要是融资方回购或第三方的购买，极少来自项目开发收益。但是，在信托所持股权不能按照预定计划向外转让的情况下，信托公司则需要另寻购买方或自主开发项目而后清算退出，进行工程预算、招投标和施工方面的管控，锁定项目公司的各项成本费用，确保项目利润空间在这种情况下就显得尤为重要。

在这方面，中信信托的操作方式或可作为借鉴，在“中信乾景·恒润套利型投资基金集合信托计划（T1类优先级增发）”中，委托集团的全资子公司——中国国际经济咨询公司派驻现场工作人员（包括工程、财务、法务人员）履行现场监督管理责任，从而解决信托公司工程技术人才缺乏和管理经验不足的问题。

2.4 2012年房地产信托业务发展趋势展望

商业地产信托业务将得到大力发展

力度空前的房地产宏观调控给住宅地产市场带来了巨大的不确定性，可以合理预见：在未来的较长时间，各种政策措施的叠加效应还将深入影响住宅市场，并给住宅市场带来较大的系统性风险。

但作为房地产开发领域中重要组成部分的商业地产却在这轮调控中未受到大的波及：就信贷政策而言，购买商业地产普遍执行的“首付五成，利率执行基准利率”政策，低于二套住宅的按揭要求；就税收而言，多次的税收宏观调控均未针对商业地产；而作为交易基础的登记制度而言，商业地产也未被纳入本次“限购”的范围。从政策层面上分析，发展商业地产相对住宅而言也更易得到监管当局的认可。

可以预见，2012年商业地产信托业务将得到长足的发展。但由于商业地产的需求主要来源于投资性需求，自持的刚性需求几乎为零，因而项目选址、规划、定位以及后期的招商和经营能力上的任何瑕疵都可能成为商业地产项目的致命弱点，即使降价也无法实现销售回款，成为“死盘”。因此，如何在业务拓展过程中通过交易对手选择、项目筛选、主动管控及业务流程、评审标准的完善来控制风险，便成为该类业务拓展必须面对的问题。

保障性住房业务异军突起

一般认为，保障性住房一般可分为经济适用房、限价商品房、公租房和廉租房，广义的保障性住房还包括棚户区改造、城中村改造等。

保障性住房业务受到政策支持，销售回款确定性高，且更易得到银行的后续融资支持，具有更低的风险度。另外，在目前房地产信托项目需事前报备、逐单“审批”的情况下，保障性住房项目也更易得到监管机关的批准。可以预见，保障性住房信托业务将得到较大的发展，而其中的经济适用房和限价商品房项目由于与信托资金的期限、成本和风控要求更为契合，增加趋势将更加明显。

越来越多的信托公司尝试真实投资类项目

虽然目前信托公司的主动管理更多着眼于风险控制，但随着信托公司在项目判断、投资管理、风控水平有所提高，未来将倾向于通过选择有实力、重诚信的合作伙伴，挑选开发前景良好的项目，直接参与开发建设和项目销售，采用全方位、立体化的风控措施等主动管理方式参与项目开发并分享利润，实现信托利益的实现，而非过去的简单的为开发企业提供资金。在这方面，中信信托走在了行业前列，与中信地产合作，利用信托资金，采用真实股权投资的方式投入天津星耀五洲项目和天嘉湖项目，规模超过 100 亿元，积累了丰富的房地产投资经验，锻炼了投资队伍，并取得了可观的经济效益。

真实投资类房地产信托业务是信托功能优势的全方面体现，也是信托公司不断提升主动管理能力、实施专业化经营的必由之路，更是房地产信托业务规避与银行信贷等其他金融业态展开低层次同质化竞争的解决途径。因此，在 2012 年，越来越多的信托公司会涉足真实投资类房地产信托项目。

3. 证券投资信托产品

3.1 证券投资信托计划的市场概况

如果说 2010 年私募基金刚刚步入快速发展的阶段，那么 2011 年私募基金则遭遇了成长的烦恼，甚至于面临着巨大的生存危机。2011 年，可以用通胀高企、货币收紧、经济减速、日本地震以及欧债加重、美债不减等关键词加以形容，在外内严重的负面因素影响下，国内市场的悲观情绪不断蔓延，A 股市场逐级震荡下行、屡创新低。截至 2011 年 12 月 30 日，上证指数收于 2199.42 点，全年下跌 21.68%，高居全球主要股市跌幅榜第六位，其惨烈程度不亚于 2008 年的大熊市，整个市场哀鸿遍野。

2011 年市场走势出乎绝大多数机构的判断，除了中间出现几次间歇性的小反弹外，市场基本走出了单边下跌的走势。从市场结构表现来看，2010 年大放异彩的中小板、创业板股票成为了重灾区，跌幅远大于主板指数。

据私募排排网统计显示，截至 2011 年 12 月 31 日，全国 617 家私募基金管理人管理的在存续期内的 1789 只私募证券基金产品总规模达 1600 亿元，比 2010 年的 1200 亿元新增约 400 亿元，存续期满一年的 702 只非结构化信托产品中，全年实现正收益的产品仅有 32 只，670 只产品出现不同程度亏损，亏损比例达 95.44%，清盘产品数量也创出了历史新高，达到 187 只，结构化产品占 131

只。一直被寄予厚望的TOT产品全年平均亏损14.81%，在风险分散方面体现出一定的作用。

2011年信托公司共发行证券投资信托计划565只，募集资金规模629.65亿元，较2010年的583只数量有所下降，较2010年的募集资金规模518.38亿元有较大幅度的上升，分别下滑3.08%和上涨21.46%。

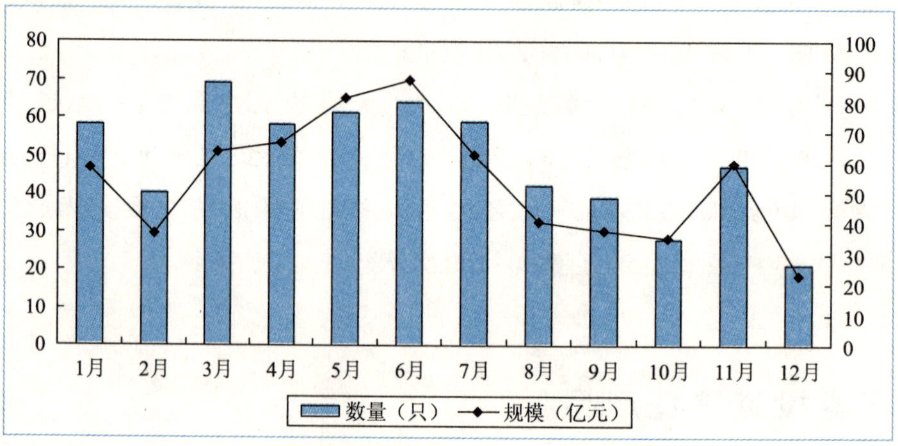

图3－16　2011年证券投资信托逐月发行情况

从各月的情况看，证券投资信托的发行呈现上半年平稳增长，下半年持续回落的总体态势。由于春节因素，2月的产品发行在上半年处于低点，仅40只，但较下半年而言，仍处于较高的水平。全年发行数量最低点为12月，仅发行21只，规模23.24亿元，也处于全年的最低水平。发行数量及规模也与2011年年初小波段行情带来的增值预期有关，随着证券市场的单边滑落，下半年发行数量显著较少。3月份的发行数量的峰值与当时指数为全年最高点相关，而11月份的数量在下半年的达到峰值，则与判断市场可能见底有关。但无论怎么说，市场的走势完全出乎人们的意料，证券投资信托的高风险性再一次显露出来。

从信托公司发行证券投资信托来看，共有30家信托公司参与发行，占比不到全部信托公司的50%。从发行数量上来看，各信托公司也呈现出较大的差异，有13家信托公司仅发行1只产品，而最多的发行产品多达62只。发行数量前十家的信托公司发行数量占比高达90.06%。各信托公司在发行时机的选择上也呈现出不同的规律，如外贸信托始终把握证券市场节奏，在年初的小阳行情中，产品发行数量始终处于前列，且品种较为丰富；兴业信托产品发行数量最多，其与西安信托一道始终保持较为稳定的发行数量，全年均在发行，平安信托则在

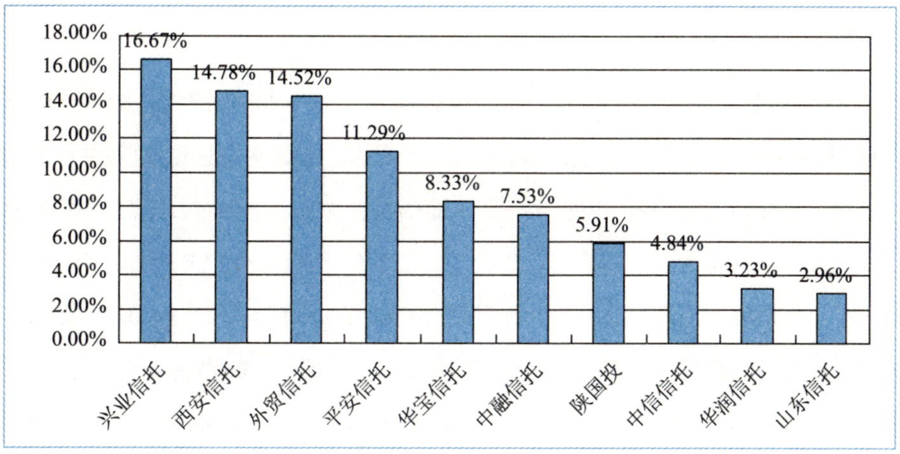

图 3-17　2011 年各信托公司证券投资信托发行情况

个别月份没有发行产品，这些反映出这类公司将证券信托作为其主营业务的一致性；华宝信托、华润信托、中信信托等具备证券传统优势的信托公司，在市场表现低迷的情况下都主动停止了证券投资信托的发行。证券信托业务对其他信托公司来说，属于典型的机会性业务。

3.2　证券投资信托创新产品分析

TOT 产品

TOT 产品在 2009 年诞生以来，2010 年得到持续发展，并取得了良好的业绩，2011 年除中金公司与华润信托合作及粤财信托发行的几只 TOT 产品外，TOT 产品的发行与其他类证券投资信托产品一道发行数量急剧减少。而从具体的业绩表现来看，TOT 产品全年平均亏损 14.81%，这与 2010 年 TOT 产品的最低业绩水平已经不可同日而语，而最大的产品亏损额甚至达到接近 25%，业绩结果均与该类产品本身所特有的分散风险、平滑收益的调节机制有所相悖。这也与我们一直以来对 TOT 产品的研究所重点关注的问题是一致的，即各私募基金风格是否完全能够互补，在面对较大的市场下滑风险中，是否均能保持较低的仓位，以及主动管理和被动管理对 TOT 产品绩效的影响等方面，应该说均存在着较大的改进空间。从一定程度上来说，TOT 产品的绩效虽不佳，但在分散风险方面确实起到了良好的作用，未来 TOT 的发展，仍需要我们进行持续的追踪和深入研究。

有限合伙制证券投资信托

作为 2009 年 7 月信托产品停开证券账户的另一创新产品，随着 TOT 产品的推出也呈现出强大的生命力，且随着原有产品证券账户资源的枯竭而得到广泛而深入的使用。根据私募排排网对各产品收益的统计数据来看，有限合伙产品占据较大的优势，在可统计的有业绩记录的 18 只有限合伙产品中，平均收益率为 -5.14% 。原因在于有限合伙产品不受仓位限制，可以投资的范围也更广，包括期指期货、定向增发等，操作起来更为灵活。表现最为突出的是陕西创赢理财崔军管理的创赢 2 号(宝赢对冲)业绩最佳，2011 年收益率为 48.5%，位居各种产品之首 。这其中，能够参与股指期货为该类产品取得正收益奠定了坚实的基础。证券市场的盈利模式随着证券市场全流通时代的来临，正经历着最为深刻的变化，单向做多以及原有的投资理念正遭遇着最严峻的考验，做空时代的来临带来了新的证券市场盈利模式。

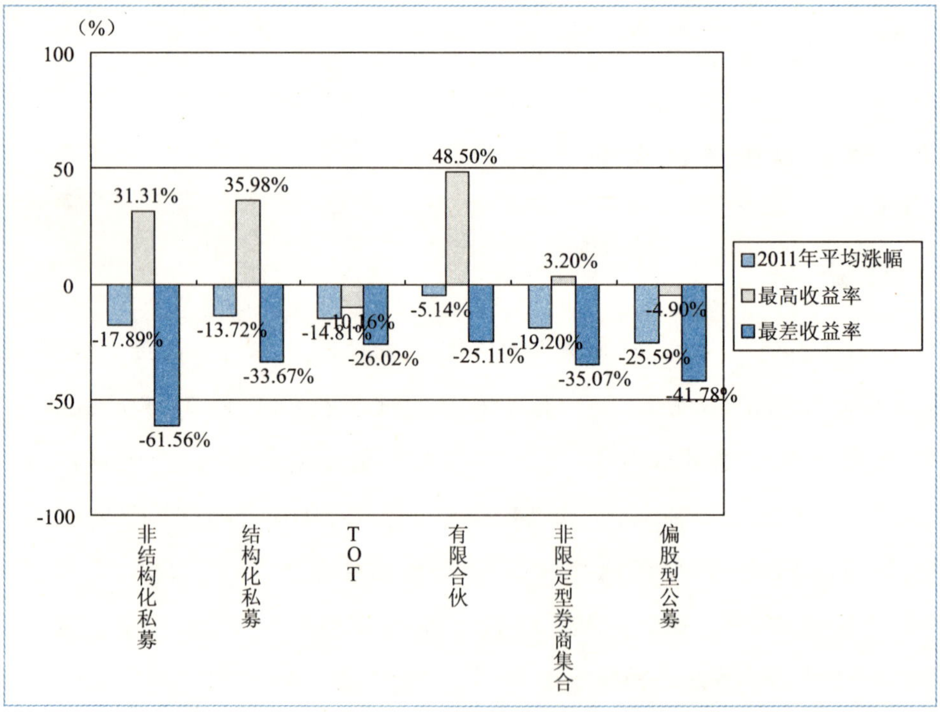

图 3-18 2011 年各类证券型理财产品收益率比较

数据来源：私募排排网。

■量化投资及对冲策略的采用

证券投资策略的改变，带来了量化投资及对冲策略在证券投资产品上的运用。国内股指期货虽然已经推出很长时间，但受制于信托计划不能开立股指期货账户而无法参与其中，尽管有限合伙得以参与，但毕竟在有限合伙的数量上无法与原先的产品相比。2011 年年底，华宝信托取得信托公司首单股指期货交易资格，随后中信信托、平安信托、华润信托及外贸信托资格的申请，为信托计划参与股指期货带来了历史性的机遇。2011 年 12 月，上海励石投资成为首家参与股指期货的阳光私募，其与业内第一家获得股指期货交易业务资格华宝信托合作，标志着《信托公司参与股指期货交易业务指引》正式生效。据我们所知，有更多的私募基金已经为股指期货备战了很长时间，随着获得相应资格信托公司的增多，相关产品将大量推出。

■报酬补偿，提升投资者信心

一直以来以正收益为主要特点的阳光私募获得了快速的发展，而如何保持投资者信心，如何保障投资者取得正收益方面，除了先前上海模式的结构化产品在 2011 年继续扩容以来，目标回报产品得以出现。2011 年，分别有重阳投资、武当投资、云南信托、星石投资等 4 家公司成立了 5 只“目标回报”型阳光私募产品，包括“重阳目标回报 1 期”、“重阳目标回报 9 期”、“武当目标回报第 3 期”、“中国龙目标回报 1 期”、“外贸信托·星石目标回报 1 期”。这些产品的特点是在规定时间内，如果产品的收益达不到前期设定的目标，私募公司将把之前收取的部分业绩报酬补偿给投资者，同时，为产品设定风控目标，如果净值在某段时间内低于该目标，则大幅降低或减少该段时间的管理费，以起到惩罚和警示作用。通过锁定目标回报的方式，可以促使私募基金更好地为投资者服务，从而沿着既定的正收益方向发展私募基金产品。

3.3　证券投资信托的未来展望

证券投资信托自诞生以来就获得了快速的发展，在快速发展的同时，我们可以看到其发展中所面临的艰辛及困境，特别是在经历了 2011 年整个私募行业的困境，未来宏观经济不确定性增强，证券市场诞生较大行情不确定性增强的情况下，认真思索信托公司证券投资信托未来发展之道，思考发展路径及对其产品设计的有效创新方面，都考验着信托公司的智慧，并关乎信托公司未来提升自主管理能力，实现百年传承之所在。

TOT产品的再升级及多种创新方式的组合运用

TOT产品作为具备较高收益较低风险的证券信托产品，虽在2011年的单边下跌市场中表现相对较好，但并未发挥出其应有的优势。未来，TOT产品的再升级及多重创新方式的组合运用将成为证券信托发展的主流。

2011年的证券市场走势应该说从根本上已经动摇了单边做多的盈利模式，未来需要通过套作的方式保证实现产品的正收益。目前虽然有华润信托、平安信托、中融信托等多家公司提供了母子信托的创新产品模式，用于解决信托证券账户及证券信托业务长远发展的问题。该种操作模式为：母信托对应一个信托证券账号，在券商证券交易系统中实现股票买卖交易。而子信托对应的将是一个虚拟账号，在信托公司提供的虚拟交易系统中下达交易指令。信托公司在集合各个子信托下达的指令后，再统一通过信托证券账号下单。此外，银行为每个子信托单独列台账，提供托管和净值核算，信托公司也承诺为子信托进行净值独立清算与发布。该种方式仍无法破解正收益魔咒的问题。但依托于该种模式，实现在母信托层面参与股指期货进行套保，在子信托层面实现持有一定仓位的组合，则有望整体母子信托整体正收益的实现。通过多空的组合，有利于进一步规避证券市场单边下跌的风险，而从最终结果来保证证券信托产品的正收益。虽然该种操作方式让需要进一步细化和完善，但却为证券信托未来业务发展进行了积极的探索。

证券信托业务的重新洗牌

阳光私募诞生以来，各信托公司的证券信托业务百花齐放，但随着2009年7月证券账户停开以来，信托公司证券信托业务的竞争转而为账户的多寡。随着2011年证券账户数量的衰竭及有限合伙自身的特点，未来证券信托业务将面临重新洗牌。缺少证券账户的信托公司在证券信托业务方面基本上属于停滞状态，无论是IT系统建设、投研团队、产品设计还是激励机制上等均缺乏在证券信托业务继续壮大的机遇，而机会型参与的信托公司也将面临同样的问题。对于原先在证券信托业务方面具备较大优势的信托公司，也将产生巨大的分化。传统的优势要发挥成现有的竞争优势相当困难，未来证券信托业务的竞争更多地是对体现在创新的总集成上，而且这种优势将在不远的将来得到继续强化，证券信托业务方面的优势也将进一步转化为投资者对信托未来发展业务的信任。虽然现有的研究表明，信托公司专业化的业务模式不利于信托公司长远的发展，我们也看到一些信托公司的逐步转型，但立足于专业化优势上的两三个领域的竞争优势，将有利于信托公司在提供整体金融服务方案上走得更好，走得更远。

信证（券商）合作的加强

信托与证券公司的合作一直没有得到长足的发展，与银信合作的规模以及程度都存在较大的差异，即使是在与信托公司和其他金融机构合作相比，也存在较大的差距。这种原因的出现，在于券商对信托功能的认识，以及券商客户对信托产品收益率的考量上存在不同的见解，根本上则在于缺乏满足券商客户以及券商需求的产品设计。

实际上，2011 年证券市场的大幅下跌，为券商及投资者与信托的合作提供了内在的需求，然而具体以何种产品类型以及何种产品进行合作仍需要进行持续性研究，并在实践中不断加以深入。可以预见，这种信证合作的趋势将不断得到深入和强化。

4. 基础设施类产品

4.1　发展现状

2011 年，基础设施信托在宏观经济形势和监管政策的重大不确定中谨慎前行，全年信托公司共发行基础设施集合资金信托 314 个，募集资金规模达到 670.12 亿元，分别超过 2010 年的 192 个和 367.47 亿元，再创历史新高。

基础设施信托作为信托行业的三大传统领域之一，发端于 2008 年的 4 万亿经济刺激计划，在巨大的资金需求背景下，以“人大预算 + 财政担保”的政府平台融资模式曾引导基础设施信托一路高歌猛进，不断刷新历史新高。进入 2010 年，虽然“国发 19 号文”的出台标志着地方政府融资平台清理工作的开始，以传统“政信合作”为基础的基础设施信托也因此受到了一定影响，但这种负面影响很快被 BT 融资、信托公司直接受让地方政府债权以及借道大型施工企业融资等曲线合作模式消除，2010 年下半年基础设施信托再度放量，发行规模和发行数量

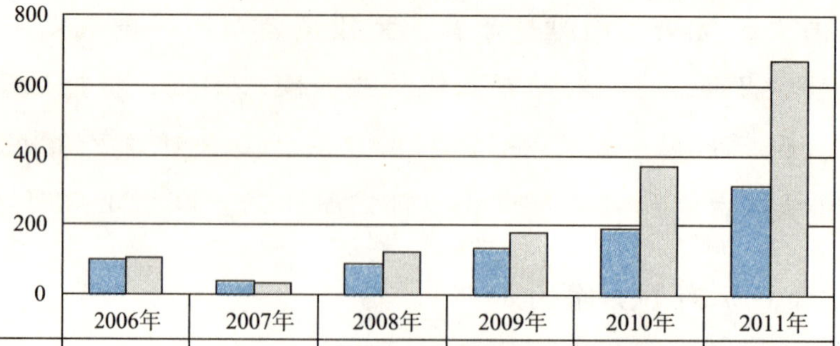

	2006年	2007年	2008年	2009年	2010年	2011年
数量（个）	98	40	92	137	192	314
规模（亿元）	109.02	34.2	121.88	181.79	367.47	670.12

图 3－19　2006—2011 年基础设施集合资金信托发行情况统计图

均超过了 2009 年。

进入 2011 年，地方政府融资平台清理工作进一步深化，监管部门多次发文督促各金融机构对地方政府融资平台进行相应的“分类处置、分类监管”工作，传统的“政信合作”业务也多次被监管部门亮起了红灯。但由于各信托公司前期在基础设施信托方面已经投入了较多的资源，为避免平台公司资金断裂给未到期项目造成更大的风险，“逐步过渡、强化管理、严控新增、增加抵押”成为了信托公司对待基础设施信托业务的理性选择。在这种决策导向思路以及 2011 年不断紧缩的宏观经济背景下，2011 年基础设施集合资金信托再次突破 2010 年的规模，呈现出“逆市上扬”的态势。

从发行规模的月度分布来看，除个别月份外，2011 年各月的基础设施集合资金信托发行规模均超过了 2010 年，这在一定程度上也印证了紧缩的货币政策和政策的持续调控给地方政府带来的融资压力正在与日俱增。

4.2　2011 年产品的基本特征

基础设施信托对信托业务的贡献度稳步下降

2011 年，虽然在持续紧缩的宏观经济大背景下，基础设施信托在规模和数量上都较 2010 年有较大突破，但从该项业务对信托业务整体的贡献度来看，基础设施信托的贡献度正呈现出稳步下降的趋势。

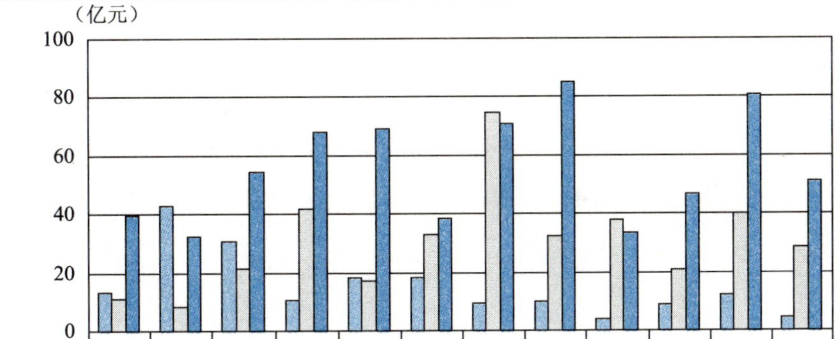

	1月	2月	3月	4月	5月	6月	7月	8月	9月	10月	11月	12月
2009	13.0	42.6	30.8	10.7	18.1	17.9	9.15	10.0	3.97	9.05	11.9	4.38
2010	11.1	8.08	21.3	41.9	17.0	33.0	75.0	32.3	37.8	20.6	40.3	28.6
2011	39.4	32.3	54.4	67.9	69.1	38.7	70.8	85	33.7	47	81	50.9

图 3－20　基础设施信托产品 2009—2011 年发行规模月度分布对比图

从信托发行规模来看，基础设施信托业务占比持续两年下降，2011 年基础设施信托规模在信托总规模中的占比仅为 9.80%，比 2010 年下降 1.09 个百分点，比近 5 年来的最高点下降了 5.72 个百分点；从信托发行数量来看，基础设施信托业务发行数量占比连续 3 年下降，2011 年基础设施信托发行数量在信托发行总量中的占比仅为 9.16%，比 2010 年下降 0.7 个百分点，比近 5 年来的最高点下降了 5.13 个百分点。

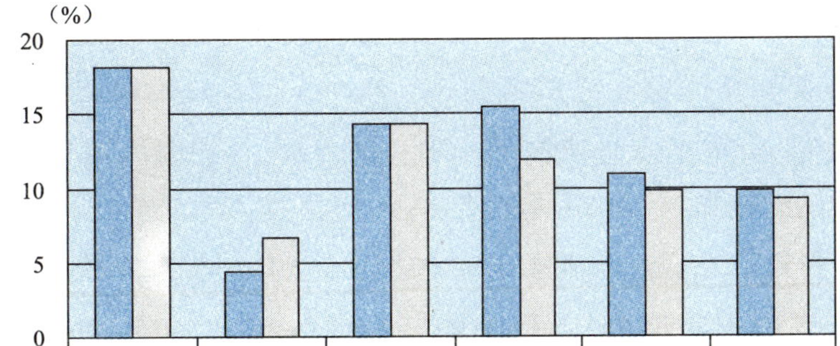

	2006年	2007年	2008年	2009年	2010年	2011年
规模占比（%）	18.17	4.38	14.35	15.52	10.89	9.80
数量占比（%）	18.22	6.71	14.29	11.89	9.86	9.16

规模占比　数量占比

图 3－21　基础设施信托对信托业务整体贡献度统计图

基础设施信托产品收益率稳步提高

基础设施信托交易对手本身的特性，决定了基础设施信托的收益率必然会低于整个行业的平均收益率。2011 年，虽然持续紧缩的货币政策推高了市场的平均利率，并导致基础设施信托的收益率也“水涨船高”，2011 年基础设施集合资金信托的平均收益率为 8.65%，创下了近 6 年来的新高，但依然低于行业的平均水平。

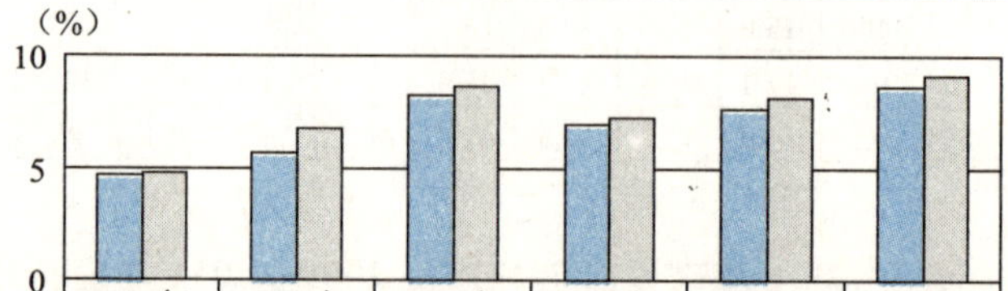

	2006年	2007年	2008年	2009年	2010年	2011年
基础设施信托平均收益率(%)	4.62	5.64	8.23	6.89	7.66	8.65
集合资金信托平均收益率(%)	4.77	6.76	8.62	7.18	8.15	9.1

基础设施信托平均收益率　集合资金信托平均收益率

图 3-22　2006—2011 年基础设施信托收益率与行业平均收益率对比统计图

经营性基础设施项目成为新的业务增长点

高速公路、地铁等公共交通项目由于本身具有良好的现金流，其未来经营权本身就是良好的质押标的物，因而一度成为银行业争夺的热点区域。然而，在 2011 年持续紧缩的宏观经济背景下，这类行业也开始将目光转向了信托业，并导致了 2011 年度信托行业在这一领域中的拓展力度远远超过了往年。

根据不完全统计，2011 年先后有外贸信托、厦门信托、中航信托、百瑞信托等信托公司在高速公路、机场等能够产生稳定现金流的基础设施领域进行了拓展，先后发行了 10 余款信托产品，募集资金规模超过 30 亿元。

表 3-4　2011 年经营性基础设施信托项目统计表

信托产品名称	成立时间	信托公司	基本要素	担保措施
吉信-高铁 1 号信托贷款集合资金信托	2011.3	吉林信托	1.5 年 50000 万元	

续表

信托产品名称	成立时间	信托公司	基本要素	担保措施
天启99号九瑞高速项目集合资金信托计划	2011.3	中航信托	2年 20000万元 8%	九瑞高速经营期的项目收费权质押； 天启2号信托产品及收益质押。
百瑞富诚46号集合资金信托计划（岢临与扬绩高速建设）	2011.4	百瑞信托	2年 29910万元 10%～11.5%	土地使用权抵押； 信托资金以增资方式入股安徽交通建设集团，安徽交通建设集团原股东将其全部持有安徽交建股权37.5%）质押。
昆明绕城高速股权受益权投资集合资金信托计划	2011.4	华能信托	1.5年 20000万元 7%～8%	云南省公路局将其持有的昆明绕城高速公路建设有限公司100%股权质押。
廊沧高速公路廊坊段股权投资集合资金信托计划	2011.4	厦门信托	50000万元 8.17%	
凤凰机场流动资金贷款集合资金信托计划	2011.5	外贸信托		
安徽高速2期项目集合资金信托计划	2011.8	外贸信托		
春晖3号常安高速信托贷款集合资金信托计划	2011.11	金谷信托	54890万元	
松花江102号京津高速股权收益权集合资金信托计划（分四期发行）	2011.11—2011.12	吉林信托	1年 79773万元	

4.3 产品创新的亮点

农村市场拓展的业务实践

农村市场一直是金融机构服务的盲区，传统的观念认为，农村市场信用等级普遍偏低，信用风险较大，因而多数金融机构将更多的人力、物力配置到了较为发达的大中城市，导致农村市场融资成本普遍高昂，融资渠道普遍不畅。正是在这样的背景下，中央多次发文，对进入农村市场的金融机构和相关业务在政策方面给予了较多的扶持力度，新华信托、吉林信托敏锐地抓住了这一业务机会，通过合理的交易结构设计，在有效控制业务风险的前提下，对农村市场进行了一定的探索，为基础设施信托这一信托公司的传统领域注入了新的活力。

（1）新华信托·重庆市永川区农村公路建设项目贷款集合资金信托计划。

2011年2月，新华信托发起设立重庆市永川区农村公路建设项目集合资金信托计划，募集资金规模2亿元，用于向重庆市永川区畅恒交通建设投资有限公司发放信托贷款，专项用于其实施的重庆市永川区五朱路、黄瓜山大道、卫星湖旅游循环公路、永峰路、永青路等5条城乡统筹农村公路网络建设。信托项目到期后，借款人将以其自身的经营收入（包括但不限于管辖区域内的矿产开采、客货运输等）清偿该贷款本息，同时，重庆市三峡担保集团有限公司为该笔贷款提供连带责任担保。

从交易结构来看，借款人重庆市永川区畅恒交通建设投资有限公司除了承担区域内的交通建设项目、城市公路交通运营及其配套设施的筹融资、投资、建设、管理、养护和资本营运等传统平台公司的基本职能外，也具有其他受政策影响因素较小的产业支撑，具有较为稳定的现金流。同时，该项目本身为农村基础设施建设，属于政策扶持的领域之一，加之有实力较为强大的重庆市三峡担保集团的信用担保，项目风险总体较小。而该项目给投资者的预期收益率也达到了8.5%～9.5%，属于基础设施信托中收益较高的项目，具有较高的借鉴价值。

（2）吉林信托·长白山14号李岳新农村建设项目收益权2期集合资金信托计划。

2011年7月，吉林信托发起设立长白山14号李岳新农村建设项目收益权2期集合资金信托计划，募集资金4690万元，用于受让睢宁县润企有限公司李岳新农村建设项目所对应的收益权，而募集的资金将最终用于睢宁县李岳农民集中居住区项目建设。为保证信托资金的安全，借款人提供了同一实际控制人名下两块商业用地抵押，面积411.78亩，预估价值约4.53亿元，抵押率44%。同时，吉林信托将委托商业银行对借款人的资金账户进行全程监管。

从该项目的交易结构来看，睢宁县润企投资有限公司作为由睢宁县预算外资金管理局设立的有限责任公司，本身承担了传统平台公司的相关职能，但由于该项目资金投向了政策支持的农村居民集中区的建设，因而所受的政策影响相对较小。从还款来源来看，该项目由于本身能够置换出相应的建设用地，并且在建设过程中还能取得相关农民安置房屋和配套商铺房的销售收入，还款来源有一定保障。而在担保措施方面，由于有超额的商业地产作为抵押，同时商业银行对借款人的资金账户进行了全程监管，因而借款人主观违约的风险较小。

综合以上分析，可以看出，平台公司从事农村村镇建设的风险依然可控，吉林信托的业务实践也为投资者带来了8.5%～9.5%的可观收益。从政策层面讲，监管层虽然多次强调严控平台公司新增贷款，但在保障性住房等关系民生的领域却开了绿灯。借鉴吉林信托的农村居民安置模式，信托公司可以依靠与地方政府平台公司的传统业务关系，在助力平台公司转型过程中也获得相应的业务机会。

基础设施信托的外沿得到一定程度的拓展

传统的基础设施信托以地方政府信用担保为基础，以当地人大决议、财政预算为依托，因而，信托资金主要投向了地方政府较为关注的市政基建以及土地一级整理领域。随着平台公司融资风险的增大，单纯依靠"财政担保＋人大决议"模式下的基础设施信托必然会遇到发展瓶颈，而与此同时，基础设施融资方式的多样化也给信托公司带来了更多的发展空间。2010年，信托公司通过借助BT协议、直接收购地方政府债权等方式间接借助地方政府信用，使得基础设施得以延续。进入2011年，这种方式对于基础设施信托规模的扩张虽然也起到了积极作用，但其中的政策风险也显而易见。在这种背景下，信托公司必然需要重新定义基础设施的范围，将基础设施从简单的市政建设以及一级土地整理扩大到涵盖污水处理、环境保护以及教育、医疗基础设施建设等领域，并通过合理的交易结构设计规避其中的业务风险，从而促进基础设施信托重获生机。

（1）华宸信托·阿拉善经济开发区综合医院医疗设备购置贷款集合资金信托计划。

2011年1月，华宸信托发起设立"阿拉善经济开发区综合医院医疗设备购置贷款集合资金信托计划"，募集资金规模4000万元，募集的资金将贷款给阿拉善经济开发区综合医院用于医疗设备的购置。信托项目到期时，阿拉善经济开发区综合医院将以自身经营收入清偿该笔贷款实现信托资金的退出。为保证信托计划的顺利兑付，内蒙古百建水泥有限责任公司同意提供相应的连带责任担保。

（2）山东信托·七星园林集合资金信托计划。

2011年9月，山东信托发起设立"七星园林集合资金信托计划"，募集资金

6000万元，用于向山东七星园林建设有限公司发放流动资金贷款，以补充其在白浪河环境综合整治中开发北辰绿洲景观绿化工程所需的流动资金。为保证信托计划的顺利兑付，山东七星园林建设有限公司将其对潍坊市寒亭区规划局在《潍坊市政府采购建设项目施工合同》项下拥有的10092万元应收账款为该信托计划提供质押担保，同时另一家公司还提供相应的土地作为抵押担保。

（3）西安信托·西安思源学院3期项目贷款集合资金信托计划。

2011年10月，西安信托发起设立"西安思源学院3期项目贷款集合资金信托计划"，募集资金4000万元，用于以贷款方式向西安思源学院补充流动资金，信托计划到期时，西安思源学院将清偿该贷款从而实现信托资金退出。为保证信托资金安全，西安思源学院将以其持有的学生公寓收费权提供质押担保，其股东西安白鹿企业管理有限公司将提供相应的连带责任担保。

（4）北方信托·购买天津海泰数码有限公司高速宽带网建设工程收益权集合资金信托计划。

2011年9月，北方信托发起设立购买天津海泰数码有限公司高速宽带网建设工程收益权集合资金信托计划，募集资金5200万元，募集的资金用于购买天津海泰数码有限公司享有的高速宽带网建设工程中的收益权。为保证信托项目顺利兑付，海泰数码承诺，当高速宽带网建设工程的收益权不能如期实现时，海泰数码无条件以自有资金足额回购高速宽带网建设工程中的收益权，并提供相应额度的银行承兑汇票作质押担保。

总体而言，创新领域中的基础设施信托还处于探索时期，个性化的交易结构设计较多，许多细节问题还有待业界做进一步的探讨。

4.4 未来发展趋势

传统意义上的基础设施信托业务将进一步萎缩

2012年是宏观经济由稳健转向定向宽松的开局之年，在这一年中，平台公司清理整顿工作将接近尾声，地方政府自行发债开闸试点面也有望进一步扩大，在这样的背景下，地方政府融资能力将在一定程度上得到增强，制约地方经济发展的资金瓶颈也将在一定程度上缩小。与此同时，监管层将更加关注新增平台业务的风险，常规化的平台公司融资模式将有可能进一步缩小并最终淡出信托公司的视野。

地方政府依然是信托公司业务发展的主要领域

虽然常规化的平台公司融资模式将最终淡出信托公司的视野，但地方政府作为拥有最多资源的机构，与信托公司依然有巨大的合作空间，信托公司可与地方政府在园区建设、保障性住房等领域进行适度的合作，在保证既有项目平稳过渡的同时，通过强化自身主动管理能力的建设，在“风险共担、浮动分成”的原则基础上探索出一条与地方政府合作的新思路。

基础设施信托的发展需要更为开阔的视野

随着传统平台公司业务的收紧，在“低收益 + 浮动分成”型信托业务未得到投资者普遍认同的前提下，基础设施信托的业务范围亟待进一步拓展，包括医药、矿产、能源、环保、通讯在内的相关基础产业可能将逐步进入信托公司视野，信托公司在与相关领域的深入合作中也必然会结合相关产业的特点，在各个相关业务领域的业务拓展实践中逐步形成较为成熟、便于推广的业务模式。

5. 银信合作产品

5.1 监管现状

针对2010年高速增长的银信合作规模，监管层在2010年严厉的监管措施下，继续保持了对银信业务规范的引导作用。2011年1月，中国银监会颁发了《关于进一步规范银信理财合作业务的通知》，要求各银行于2011年年底将银信理财合作业务表外资产转入表内，并制定详细的转表计划以保证实施效果，对商业银行未转入表内的银信合作信托贷款，各信托公司应当按照10.5%的比例计提风险资本，并通过不能不达标信托公司不得分红等手段，各地银监局督促转表工作完成。随后，银监会正式颁发了《关于印发信托公司净资本计算标准有关事项的通知》，对信托公司实施净资本管理的量化管理模式。2011年6月，银监会再次颁发了《关于做好信托公司净资本监管、银信合作业务转表及信托产品营销等有关事项的通知》对银信合作业务进一步作出界定，规定银行理财资金作为受益人的信托业务，包括银行理财资金直接交付给信托公司管理的信托业务和银行理财资金间接受让信托受益权业务，一律视为银信合作业务，应满足融资类银信合作业务余额不得超过银信合作业务余额30%等相关监管要求,在计算风险资本时应按照银信合作业务计算风险资本,各信托公司填报《截至2011年底信托公司尚未到期的银信合作应转表项目清单》,非银部协调各银行监管部门对各商业银行是否转表情况进行确认。2011年11月,银监会颁发了《中国银监会关于规范信托产品营销有关问题的通知》,将对多种形式的银信合作产生影响。

应该说,一系列政策的出台,将有助于规范银信合作方向,保护各方权益,防范风险的积聚和爆发,促使银信合作向更高层次发展迈进。

5.2 市场现状

与2010年,信贷资产转让的银信合作大行其道不同的是,在稳健货币政策的持续影响下,在通胀压力的作用下,其他类别的银信合作规模突飞猛进,而信贷资产转让银信合作也跌入低谷。伴随着整个信托行业管理资产规模突破4万亿元,银信合作规模也持续增长。据Wind资讯不完全统计,2011年包括工商银行、招商银行、民生银行、农业银行、光大银行、中国银行、华夏银行、建设银行等在内的54家银行共发行8388只人民币信托理财产品,达到银信合作产品的顶峰。包括中海信托、粤财信托、上海信托、外贸信托、四川信托、山东信托、平安信托、中诚信托、中信信托、北京信托等在内的41家信托公司参与了合作。具体发行情况见表3-5:

表3-5 2011年银信理财产品数量、银行、合作信托公司分布表

序号	银 行	产品数量(只)		合作信托公司
		(2011年)	(2010年)	
1	工商银行	1630	581	华润信托、中融信托、中信信托、吉林信托四川信托等
2	招商银行	1521	527	华润信托、华宝信托、山东信托、中诚信托中信信托等
3	其他商业银行	928	329	山东信托、北方信托、中信信托等
4	民生银行	834	569	重庆国投、北京国投、山东国投等
5	农业银行	671	254	中信信托、外贸信托、重庆国投等
6	光大银行	610	296	外贸信托、中铁信托、平安信托、中海信托、中信信托等
7	中国银行	574	222	中诚信托、中信信托等

续表

序号	银行	产品数量(只)		合作信托公司
		(2011 年)	(2010 年)	
8	华夏银行	546	139	中融信托、英大信托等
9	建设银行	415	78	中信信托、中融信托、中铁信托、外贸信托等
10	交通银行	348	1133	交银信托、中信信托、中海信托、中诚信托等
11	中信银行	162	293	中海信托、金港信托、中诚信托、外贸信托等
12	徽商银行	44		中融信托
13	兴业银行	39	46	中融信托、山东国投、云南信托等
14	邮储银行	29	32	北京国投、华融信托等
15	浦发银行	19	86	西安信托、中融信托、粤财信托等
16	深发展	18	62	深圳国投、中融信托
合计		8388	5192	

与 2010 年发行的银信合作产品纵向对比来看，2011 年银信合作理财产品发行数量净增长 61.55%，发行银行数量减少 6 家。2008、2009 年的双料银信合作规模冠军招商银行在 2010 年有所下滑后 2011 年再次发力，发行数量位居第二，发行数量上涨 188%。工商银行则在 2010 年排名第二的基础上再进一步，荣登榜首，以 1630 款的发行数量傲视群雄，增幅高达 181%。2010 年发行前十名的浦发银行跌出榜外，建设银行则进入 2011 年榜单前十。全年发行银信合作人民币理财产品 8388 个，占全部银行理财产品发行数量的 35.69%，银信合作产品的占比继续下降。从发行总体规模来看，银信合作产品已披露规模的银信产品合计规模为 8.44 万亿元，预计全部银行产品的成立规模将远超 15.53 万亿元，规模占比为 54.34%，显示出银行理财产品及银信合作产品强劲的增长势头。

从参与发行的银行数量及产品发行数量来看，在稳健货币政策资金面趋紧的情况下，国有大型银行网点、资金、客户优势体现得非常明显，四大行在发行银信理财产品方面均实现高速增长。具备传统优势的股份制银行借助于强大的产品设计能力，在 2011 年继续保持了银信合作理财产品的持续增长。

从2011年信托公司参与银信合作理财产品的数量来看，各信托公司出现了明显的分化，发行数量最多为中海信托，434款，信托公司发行数量之间的差距在2010年的基础上进一步扩大。参与主体从2010年的53个回落到2011年的41个，参与主体有所减少，与2009年水平基本持平。从参与发行数量最多的10家信托公司来看，第一名和第二名数量上的差异较2010年明显扩大。而从具体的排名来看，2010年前十位排名中排名第二的中海信托拔得头筹，一跃成为榜首，外贸信托、四川信托、中诚信托首次进入前十。粤财信托则在排名榜进一步上升到第二位，平安信托下滑至第十位，西安信托、华信信托、中原信托、中信信托则跌出榜外。发行数量增长最快和下滑最快的两家信托公司分属中海信托和中融信托。整体上看，发行数量前十大的信托公司之间的差距较2010年再次拉大。

从历年信托公司参与银信理财产品的发行来看，在规模较小时均希望通过银信合作的方式来快速提升业务规模，抑或是在自主营销能力不强的情况下，通过银信合作的方式解决营销瓶颈，而当公司已经具备较强的自主营销能力，整体综合实力扩张后，加上业务转型的需要，相当部分的信托公司在银信业务合作方面的发展明显慢了下来，如华润信托、平安信托、中信信托等信托公司。这其中也有的信托公司通过银信合作的方式，展开与银行更加深入的合作，为高净值客户提供更为全面的综合金融服务。

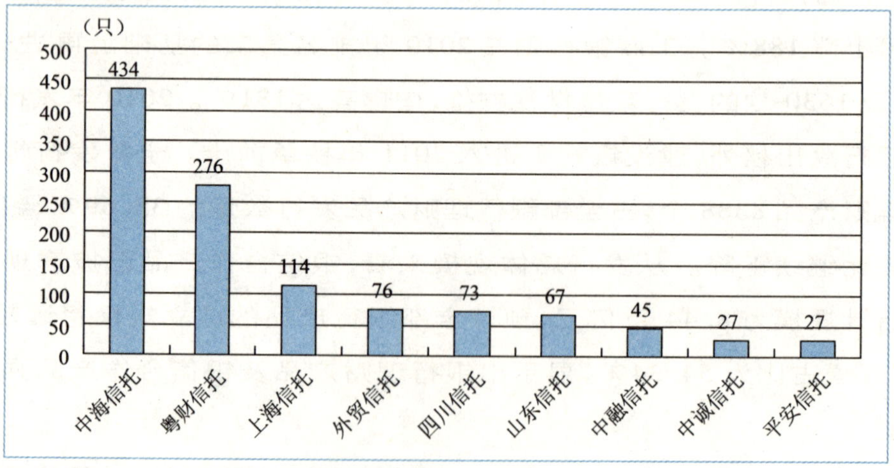

图3-23 2011年银信合作产品十大信托公司参与数量分布图

从产品的月发行情况来看，2011年银信合作产品发行除个别月份外呈现稳步攀升的势头，于2011年9月达到峰值910款，从图3-24可以看出，2月份因为春节的因素银信合作产品发行数量相对较少，但也已接近2010年的高峰水平。6月份之前由于资金面紧张局面比下半年要好，在整体发行数量上增长不多，随着下半年资金紧张局面的加剧，多重紧缩因素的叠加效果的显现，银信合作理财产品发行数量快速增长，峰值已接近2010年峰值的2倍，增长效果十分明显。而12月份较低发行数量则透露出资金面将在2012年有所宽松的良好预期。应该说，在资金面日趋紧张的情况，也激发了银行理财产品及银信合作产品大量推出的热情，并迅速转化为实际行动。

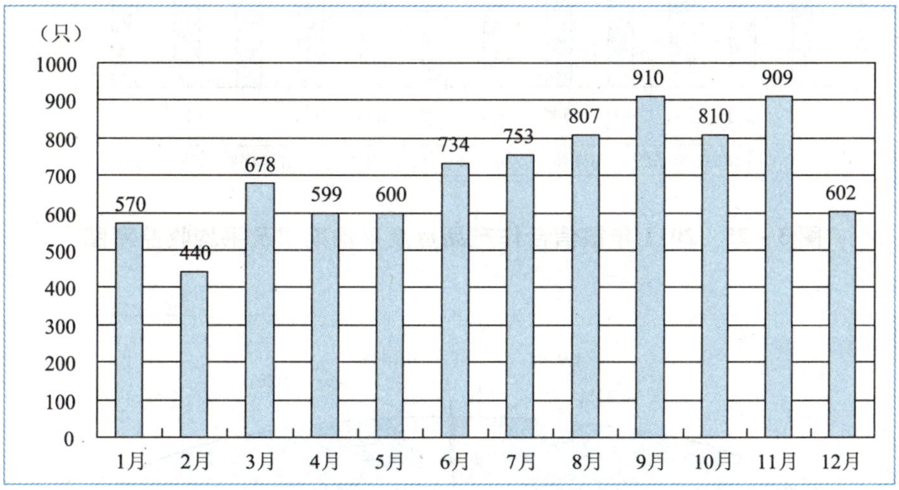

图3－24 2011年银信合作产品月度分布图

从平均期限及平均收益率来看，平均期限方面以6月份为分水岭，前6个月比较平均，均维持在100天左右，与2010年相比，平均期限再次大幅下降，6月份开始平均期限达到峰谷，为63天，产品期限更趋于短期化。而从平均收益率来看，平均收益率持续走高，这与通胀水平持续上涨以及与资金面日趋紧张存在明显的正相关关系。而12月的平均期限和平均收益率均达到峰值，分别为124天和5.25%，也预示着2012年货币政策有所宽松的趋势，即资金面最为紧张的时期已经过去。

从产品的期限来看，2011年银信合作产品的投资期限在2天和5年之内波动，其中1年期以内和1年期的产品数量占整个产品总规模的94.56%，较2010年有较大幅度的增长，在资金面最为紧张的情况下，产品短期化的趋势非常明显。产品中期限最长的为5年，是中国银行发行的2011年"中银成长组合"人民币理财产品。期限最短的是中国农业银行的2011年"金钥匙·安心得利"第

1992 期个人专属人民币假日理财产品 AD111992。2011 年银信合作理财产品期限统计如 3－25 图所示。

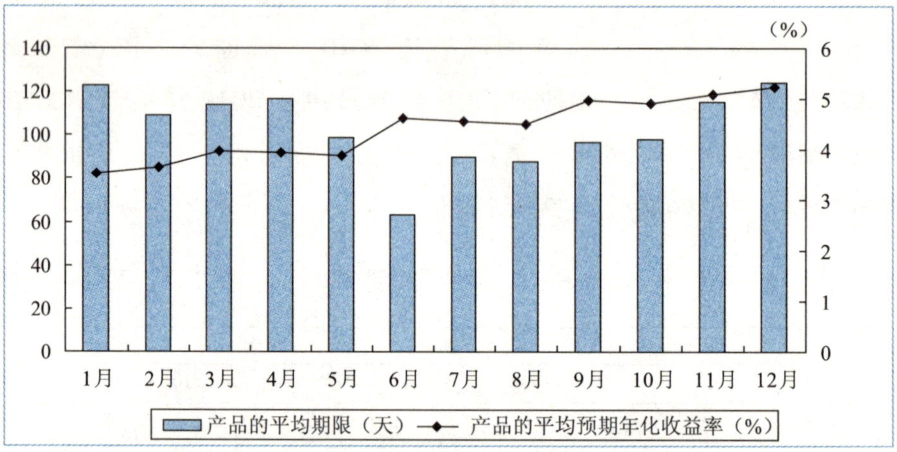

图 3－25　2011 年银信合作产品月度平均期限及平均收益率图

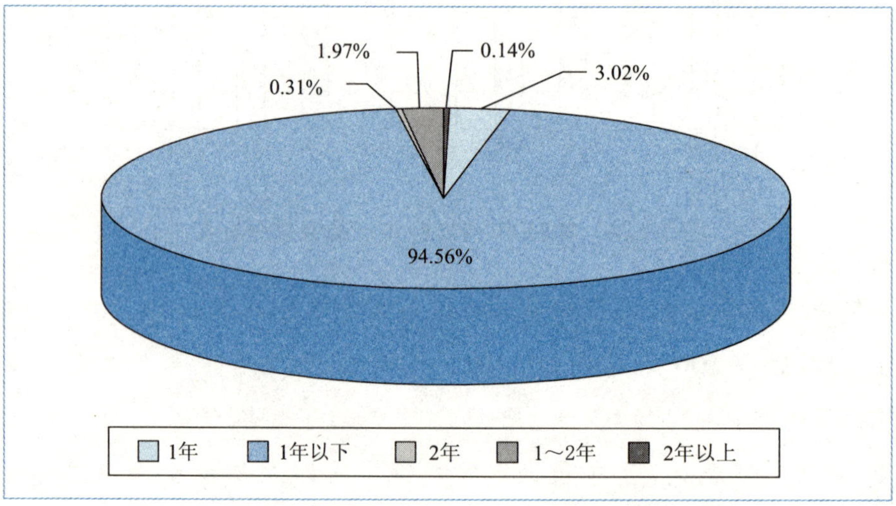

图 3－26　2011 年银信合作产品期限分布图

从产品的资金投资领域占比来看，2011 年投向金融领域的银信产品仍占很大的比重，占比高达 95.74%，房地产类银信产品在严厉的政策调控下，占比迅速下降，仅为 0.11%，较 2010 年下滑了 27.83%，下滑幅度非常大。基础设施类随着国家对政府平台融资的风险提示及限制，该类产品占比迅速萎缩，占比进一步下降到 1.14%。通过对产品资金投资领域的占比我们也可以清晰地看出国家宏观调控政策对银信合作产品结构的巨大影响。

表 3－6　2011 年银信理财产品投资领域分布表

类　别	占比（%）
基础设施	1.14
金　融	95.74
工商企业	2.96
房地产	0.11
手　表	0.04

从产品资金投向的占比来看，组合投资占比由 2010 年的 65.87% 快速攀升到 80.43%，而以前传统的信托贷款、信贷资产等占比显著下降，已经不足 5%。值得一提的是，债券投资在证券市场不景气，人民币大幅升值的情况下，占比达到 7.82%。从投向来看，可以清楚地反映出国家政策及相关市场发展的脉络。

表 3－7　2011 年银信理财产品投向分布表

类　别	占比（%）
信托贷款	2.97
信贷资产	1.22
证券投资	1.14
权益投资	0.97
外币投资	4.62
票据投资	0.78
债券投资	7.82
组合投资	80.43
奢侈品投资	0.04

5.3　发展趋势

银信合作自诞生起就发展迅速，具有强大的生命力，并根据经济情况、政策变化以及市场环境的影响快速地调整着发展的步伐。2011 年呈现出结构性理财产品大量推出，针对人民币国际化及不断升值的趋势推出的各类外币理财产品层出不穷，甚至出现了针对奢侈品投资的理财产品。当然在这其中，大量以票据信托为纽带的银信合作也大行其道。银信合作不仅仅是两个金融行业机构的合作，而更多的是一种产品方式的结合，真正为投资人实现资产管理服务，通过产品设计，以及需求满足，促使银信合作向更高层次发展。

组合投资由量上的突破向质上的提高转变

跨市场资产配置是信托独特的制度优势，是银信得以合作的基础，有效的资产配置可以实现风险的分散，以上两点构成了组合投资发展的基石。顺应发展趋势，组合投资在银信合作产品中占比高达 80.43%，展现出组合投资的强大生命力，也促使了组合投资量上的飞跃。尽管组合投资在数量及规模上有很大提高，但其真正组合投资的效果以及组合的策略、绩效评价、风险评估等等质的方面仍需要提高，通过对个性化需求的满足，通过综合工具的运用，银信组合投资仍将任重而道远。

银信合作向更广领域迈进

传统领域业务合作不断受到政策及市场的冲击，特别是简单的扩充规模的银信合作不断受到规范和清理。未来银信合作需要向更广泛的领域迈进，对于顺应国家经济转型，以及国家大力发展的行业，银信合作产品应给予高度的重视。从产品交易结构的设计出发，推出符合国家经济转型需要，推动重点行业发展的理财产品。如对电影等文化产业的扶持，对白酒上中下产业链的金融服务支持等，都将推动银信合作进一步深化。

财富传承将成为银信合作的重点

财富迅猛增长的同时也带来了财富传承（代际传承）的迫切需要，在服务现有客户的同时，如何通过产品设计及品牌影响顺利实现财富的传承，如何让人相信银行、信托百年荣耀的梦想，如何通过资产管理能力的提高，切实实现财富的保值增值，均将成为银信合作中面对高净值客户必须应对的问题，也成为未来银信合作的重点。

6. 创新业务

从未来经济发展方向、产业和金融政策、标杆信托公司产品创新来看，艺术品、白酒信托，矿产资源、中小企业基金以及高科技 PE 项目可成为公司重点拓展的创新业务方向和新的盈利增长点。

信托公司开展创新业务，一是可以通过投资领域的拓宽和信托财产管理方式的创新，提升资产配置能力，更好地满足客户多样化的投资需求，助力信托公司向专业资产管理机构转型；二是可探索新的投资领域，发掘新的盈利增长点；三是通过创新业务的开展，提高信托公司的社会影响力和监管评级。结合当前的宏观环境和信托公司的创新业务实践，信托公司未来创新业务的重点应当包括艺术品和白酒信托。

6.1　艺术品信托

艺术品市场概况——机遇和挑战并存

在实体经济不景气和流动性充裕相结合的宏观环境、中产阶级迅速成长带来的强大购买力、名家名作的稀缺性以及国内外经典作品的较大价差的促进下，中国艺术品市场迅速发展。根据 Artprice. com（专业提供全球艺术品交易和咨询服务的法国 Artprice 网）的研究显示，短短 18 年间，中国的艺术品拍卖市场已经从当初的零起点发展成今天的赶超美英的世界第一大艺术品市场。数据显示，2010 年全球艺术品拍卖最贵的几笔交易都发生在中国。

艺术品市场的繁荣一方面是在流动性宽松及巨大通胀压力的情况下资金逐利的必然结果，另外也反映出中国经济发展到一定阶段，人们对文化需求的进一步提升。从目前的格局来看，艺术品处于供不应求的局面，由此也将推动艺术品市场的进一步发展。

另一方面，市场也存在诚信度低，缺乏监管机构、权威的鉴定机构和统一的艺术品登记平台等问题，拍假和通过“假拍”操纵市场，为同一类型的其他艺术品打开上行空间等现象时有发生，与国外成熟规范的市场相比还有一定差距。

艺术品信托市场概况

针对艺术品市场的特点，部分信托公司结合自身的客户资源和风险控制要求，在艺术品信托领域进行了探索。截至 2011 年底，已有国投信托、北京信托、华澳信托、上海信托、中诚信托、中融信托、中信信托、西安信托等信托公司发行了近 30 余只艺术品信托产品，业务模式大体分为融资类信托业务、投资类信托业务以及财产管理类信托业务。

（1）融资类艺术品信托业务。

融资类艺术品信托是指为艺术品藏家或机构提供融资服务的信托。这类信托一般在发行时即约定了明确的预期收益率，信托公司通过结构化设计、艺术品质押以及第三方机构担保来防范风险。由于这类信托产品风险较小且收益相对稳定，因而成为最受信托公司青睐的操作模式，目前该类艺术品信托业务占比最大。

表 3-8　2010 年以来信托公司发行的融资类艺术品信托统计表

信托产品名称	信托公司	信托规模（万元）	期　限	预期收益率（%）
盛藏财富·宝腾一号艺术品投资集合资金信托计划	北京信托	40000	12～24 月	9.0～10.5
中融·融美 1—9 号艺术品集合资金信托计划	中融信托	3000～5000	12～24 月	8～10.5
国投飞龙艺术品投资基金 11 号集合资金信托计划	国投信托	5000	30 月	—
国投飞龙艺术品基金—保利 6 号集合资金信托计划	国投信托	20000	60 月	—
华澳—长诚 1 号文化艺术珍品流动化基金信托计划	华澳信托	40645	12 月	6.5～8.5
国投飞龙艺术品基金 8 号集合资金信托计划	国投信托	20000	24 月	8.0～8.5
中信大观寿山石 1 号艺术品投资基金集合资金信托计划	中信信托	3000	12～36 月	12
证大艺术品投资基金集合资金信托计划	中泰信托	4000	12～24 月	10～11
宝深 I 号（它山艺术品投资基金一期）集合资金信托计划	新华信托	12600～14000	24 月	10～12.5
天启 191 号近代陶瓷艺术品投资集合资金信托	中航信托	3500	12～18 月	9

（2）投资类艺术品信托业务。

投资类艺术品信托是指在投资顾问建议下，买入艺术品，依靠艺术品自身升值为投资者带来收益的信托模式。在风险控制措施方面，这类信托产品一般均引入专业的投资机构以及做结构化的安排等手段来回避风险。从目前已经发行的信托产品来看，北京信托发行的“楙源富雅 1 号艺术品投资集合资金信托计划”、中信信托发行的“中信文道·中国书画投资基金”等信托产品都是投资类艺术品信托的典型代表。

表 3－9　2010 年以来主要信托公司发行的投资类艺术品信托统计表

信托产品名称	信托公司	信托规模（万元）	期　限	保底预期收益率（%）
2011 年中诚信托—物华天宝保利 9 号艺术品投资集合资金信托计划	中诚信托	9230	30 月	—
懋源富雅 1 号艺术品投资集合资金信托计划	北京信托	27000	5 年	10～13
2011 年天物馆 1 号中国瓷器信托计划	中诚信托	20000	24 月	9.5～10.5
中信文道·梵云雅玩投资基金集合资金信托计划	中信信托	4000	24 月	10
中信钰道Ⅱ号翡翠投资基金集合资金信托	中信信托	36000	24 月	12
国元－龙藏 1 号艺术品投资基金集合资金信托计划	国元信托	15000	24～36 月	6～8
艺术品投资基金集合资金信托计划	西安信托	30000	24 月	9.5
邦文传家宝集合资金信托计划	中融信托	6000	12 月	10
博雅一期艺术品投资集合资金信托计划	西安信托	17520	24 月	9.5～10.5
中信文道·中国书画投资基金集合资金信托计划	中信信托	4000	36 月	10

（3）管理类艺术品信托业务。

管理类艺术品信托是指通过签约艺术家，然后推广炒作，提升艺术家的升值空间，最终获利退出的一种信托模式。和融资类艺术品信托以及投资类艺术品信托相比，管理类艺术品信托更加强调依靠信托公司的主动管理去提升财产的价值。从已经发行的信托产品来看，上海信托发行的“香花石系列·中国新绘画艺术品投资信托计划”、“香石花系列——艺术家定投集合资金信托计划”应当是这类信托产品的典型代表。

创新产品分析

（1）中融·融美 1 号艺术品集合资金信托计划。

2011 年 4 月，中融信托发行了中融·融美 1 号艺术品集合资金信托计划，募集资金 1 亿元，以股权、购买特定资产权益、股权收益权、直接投资艺术品、贷款等方式投资于艺术品行业的优质企业、项目。

在风险控制方面，该产品引入了中融汇投资担保有限公司对信托受益权承担差额补偿责任。同时，聘请了嘉诚中泰文化艺术投资管理有限公司作为投资顾问，为相关艺术品投资组合的构建及分析、估值、风险提出相关建议，实现信托财产的保值增值。

从某种意义上讲，中融信托发行的该产品在很大程度上是一种第三方担保下的融资行为，与标准艺术品信托的定义有一定差距。

(2)国投飞龙系列艺术品基金。

自2009年6月国投信托发行第一款艺术品信托“国投盛世宝藏1号保利艺术品投资信托”以来，国投信托先后共发行了15款艺术品信托产品。总体而言，国投信托的艺术品基金采用了融资类艺术品信托的业务模式，在合作伙伴的选择上，主要与北京保利国际拍卖公司、中国嘉德国际拍卖有限公司等大型拍卖公司合作，从而最大限度地保证了受益人的本息安全。

(3)国投盛世宝藏1号保利艺术品投资信托。

2009年6月，国投信托与建设银行合作发行“盛世宝藏1号保利艺术品投资及信托”集合资金信托计划，募集资金4650万元，期限18个月。募集的资金将用于与保利文化艺术有限公司合作，从藏家手中购买当代著名画家的画作，信托产品到期，由藏家按照既定的预期收益率溢价回购实现信托资金的安全退出。

在风险控制方面，作为投资顾问的保利文化艺术有限公司将承担对标的艺术品的鉴定和评估，并承担相应的法律责任。

从交易结构来看，该产品本质上是一种艺术品质押融资信托产品，投资者所能获得的收益与标的艺术品的未来升值潜力关系不大。

(4)国投飞龙艺术品基金·保利3号集合资金信托计划。

2010年6月，国投信托发行“国投飞龙艺术品基金·保利3号集合资金信托计划”，募集资金4500万元。全部用于购买藏家北京酷马拉艺术品投资咨询有限公司持有的标的艺术品收益权，藏家承诺于信托成立满12个月时回购全部标的艺术品收益权。投资顾问保利文化集团负责对标的艺术品进行鉴定和相应评估。信托产品存续期间，标的艺术品由保利文化艺术博物馆保管。

(5)国投飞龙艺术品基金6号集合资金信托计划。

2010年9月，国投信托牵手中国嘉德国际拍卖公司合作推出“国投飞龙艺术品基金6号集合资金信托计划”，募集资金规模5100万元，信托期限3年，用于受让宏达集团持有的标的艺术品收益权，信托产品到期由宏达集团溢价回购标的艺术品收益权实现信托资金推出。中国嘉德国际拍卖公司对宏达集团的回购义务提供不可撤销的连带责任担保。此外，国投飞龙7号、8号、15号等艺术品基金也采用了类似的交易结构。

总体来说，国投信托发行的艺术品投资基金以融资类信托为主导，前期与保利的合作中，投资顾问的角色定位于对标的艺术品进行鉴定和评估，并承担相应的保管职能，在这种业务模式下，该艺术品基金主要体现为一种“艺术品质押”融资模式。从2010年9月开始与中国嘉德拍卖公司的合作，则在很大程度上弱化了对艺术品真伪的鉴定、价格的评估以及后期的保管，投资顾问在很大程度上承担了担保人的角色，这时，国投信托的业务模式开始转向为“第三方信用担保下的融资业务”模式。

（6）国元－龙藏1号艺术品投资基金集合资金信托计划。

该计划信托规模1.5元亿人民币，信托期限36个月，可顺延期24个月，预期年化收益率：3年期存款基准利率基本回报＋6%的优先回报＋超额部分30%分成的超额回报权益；顺延期基金收益为：基本回报＋8%的优先回报＋超额部分30%分成的超额回报。

该产品的风险控制手段包括：

①投资标的多样化，分散投资风险：在投资艺术品的同时，基金投资剧本市场这样的中长线，通过剧本稳定的版权收益来分散艺术品市场的波动风险。

②本息担保：中科智担保集团对信托基金提供本息担保，确保信托投资人本金的安全。

③建仓价透明：基金通过拍卖公司收购标的艺术品，建仓价公开、透明。

④专业的投资顾问：华辰拍卖和高石联合投资拥有艺术品鉴定、估值能力的专业团队来进行真假鉴定、估值、保管工作，从根本上保证了对投资品出价的相对合理，有效地解决信托标的的保管和安全问题。

⑤信托公司监督：信托公司派驻代表担任中科智文化投资的独立董事，对中科智文化投资的运营进行监督。

该产品的退出方式包括：

①艺术品以招标形式打包卖出，打包定价由拍卖行设定（起拍价），每流标一次拍卖价自动下浮10%。

②信托组织仅对信托投资人开放预拍卖会，拍卖库存艺术品，之后，未拍出的艺术品将进行公开拍卖。

③设立“新”艺术品投资信托基金，买下“旧”基金的资产包。

6.2 白酒信托

蓬勃发展的高端白酒市场

（1）白酒行业在经历低谷后重回高速增长。

我国酒类市场主要由白酒（包括进口烈性酒）、啤酒、葡萄酒、黄酒等部分组成，其中白酒承载了中华民族传统文化，虽然在总产量上不及啤酒，但却是整个市场的核心。

从2005年开始，我国白酒市场重新回暖。一方面是相关行业得到了鼓励，另一方面是我国经济持续快速发展，居民消费结构不断升级，使得对白酒的需求量不断提升，特别是在2009年以后，中高端白酒的增速不断加快，在食品属性之外，其金融属性和收藏属性也逐渐显现出来。到2010年，白酒在整个酒类市场中的份额已连续5年保持增长势头，占比达到了15.5%（按产量计算），与1998年的波峰时期已基本持平。

（2）中高端白酒市场地位不断提升。

在整个白酒行业高速发展的同时，中高端白酒在最近一段时间内取得了更加显著的发展，其销量的复合增长率分别达到了7.6%和4.0%，远高于行业的平均水平，市场份额也大幅提高。到2010年，低端白酒销量的市场占比为42%，较2001年下降了12.2%，而中端白酒和高端白酒则分别上升了11.2%和1%，达到52.7%和5.3%。目前，我国白酒市场的构成，已经由之前的金字塔型，逐渐向橄榄型转变。

中高端白酒销量增加的主要原因是近几年我国商务消费和政务消费的水平稳步提高，除此之外，高端白酒所具备的保值增值、抗通胀、收藏等金融属性，也使得这类产品的价格不断攀升。据统计，高端白酒自2004年起，每年价格的涨幅都明显高于其他档次的白酒，部分年份的差距甚至达到了1倍以上。

（3）高端白酒的非饮用属性不断提升。

在产品结构不断升级的过程中，高端白酒的非饮用属性将会被进一步强化，其收藏、抗通胀、投资等作用将会不断加强。这是因为一方面，高端白酒饮用的效用随着储存时间的增加不断提高，而另一方面，即使是行业领先的白酒企业，其生产高端白酒的资源也是稀缺的。此外，厂商的营销战略、通货膨胀的经济背景，都会助推高端白酒投资价值的提升。

总体上看，未来一段时间内我国白酒市场将保持高速增长状态，其中中高端白酒的发展潜力更大，在发掘其金融属性的过程中，信托公司大为可为。

白酒信托的发展状况

正是看到了高端白酒行业巨大的发展前景及其作为投资品投资价值的逐渐显现，信托公司开始在白酒信托领域开疆拓土。2010 年下半年开始，先后有包括中融信托、四川信托、金谷信托等信托公司在这方面进行了探索。

表 3-10 2010 年以来发行的白酒信托统计表

信托产品名称	信托公司	期 限	规模（万元）	预期收益率（%）
四川信托—国酒陈酿歌德茅台酒投资（一期）集合资金信托产品	四川信托	24 月	3000	10
四川信托—舍得 30 年年份酒（天工绝版酒）收益权投资集合资金信托计划	四川信托	12～24 月	20600	4.7～6.7
中融—歌德茅台酒投资集合资金信托计划	中融信托	24 月	3000	8.5
茅台红钻酒收益权投资集合资金信托计划	四川信托	18～24 月	10000	11～22
国酒飘香伟业投资（一期）集合资金信托计划	中融信托	12～24 月	3000	10
上信 1 号"泸州陈年窖优质白酒收益权"投资信托计划	金谷信托	24～120 月	50000	9～10.5

白酒信托业务类型也大致分为三类：

（1）管理型信托。主要指酒类企业将其经销的高端白酒于信托公司设立财产信托，信托公司成为上述财产的名义所有人，酒类企业成为财产信托的受益人。信托存续期内，信托公司通过媒体宣传、拍卖持仓酒、组织品鉴会等方式，通过新的渠道，借助自身独特资源，增加酒类企业在高端人群中的口碑和影响力，促进其金融属性和品牌价值的提升。

（2）投资型信托。主要指信托公司募集投资者资金购买酒类企业的高端酒产品，在信托产品到期时赋予投资者现金分配或者实物分配的选择权。若投资者选择现金分配，则酒类企业按约定的溢价率回购投资者购买的酒产品。

四川信托发行的"四川信托—舍得 30 年年份酒（天工绝版酒）收益权投资集合资金信托计划"即属于这种类型。计划买入四川沱牌曲酒股份有限公司持有的 2 万坛舍得 30 年年份酒"天工绝版酒"的收益权。客户可选择以现金或实物形式获得理财本金和收益，如选择到期，则客户可获得的预期最高年化收益率为4.7%；如选择在理财期内以实物形式支付理财本金及收益，则理财本金通过提取实物白酒的方式支付，客户可获得“舍得30年年份酒‘天工绝版酒’”，同时，客户在理财产品到期后还可获得预期最高年化收益率为6.7%的收益。

（3）融资型信托。主要指信托公司募集投资者资金购买酒类企业的高端酒，通过变现信托财产或酒类企业到期溢价回购信托财产等方式实现信托资金的退出，酒类企业对信托到期收回本金及实现固定融资成本提供连带责任担保。

如“上信1号‘泸州陈年窖优质白酒收益权’投资信托计划”，信托财产规模5亿元人民币，信托受益权分为优先级、一般级和次级三种类型。实际募集资金1.5亿元人民币，用于投资受让陈年窖酒厂增量白酒的收益权，次级信托财产3.5亿元由陈年窖酒厂存量原酒的收益权和其实际控制的销售公司80%的股权（过户到信托名下）构成。

该产品的风险控制措施包括：

①由次级及一般级信托财产（指库存原酒的收益权及销售公司80%的股权）对优先级信托利益予以垫底补足，以利于优先级受益人利益的实现。

②将陈年窖酒厂库存原酒办理动产质押担保并办理强制执行公证。在信托计划存续期间，陈年窖酒厂在信托计划存续期间将保持库存原酒一定的存量，即其价值不低于信托实际融资总金额的200%或更高比例。

③在信托计划存续期间，受托人直接控制销售公司80%的股权，在董事会中占有2/3的席位，并对公司和项目重大决策进行管理和控制。

④在信托计划存续期间，受托人邀约中国信达资产管理股份有限公司上海市分公司委派人员参与公司与项目的管理，并对技改工程节点进行控制。

⑤在信托计划存续期间，受托人邀约保险公司、国家级尝评师协会等其他第三方专业机构委派人员协助进行公司与项目管理。

该计划将传统的股权质押、受益权分层等风险控制措施和与白酒企业相适应的原酒质押相结合，并与资产管理公司、保险公司、行业协会等三方机构联合对融资方进行主动管理，有效控制了项目风险，有效保障了信托受益人的利益。

第四章

资本市场视角：静待阴霾散去

1. 市场发展回顾

1.1　信托资产增长受益于“负利率”环境

过去几年我国信托行业经历了迅猛的发展，特别是2009年以来信托行业资产规模出现了爆发式的增长，从2009年初的1.2万亿元迅速增长至2011年3季度末的4.1万亿元。为何信托行业在过去三年的时间内出现爆发式的增长？个中原因众说纷纭，有人归结为2007年“新两规”对信托公司的定位、业务范围和投资者资质等给予了规范，使得信托回归主业从而获得了突破性的发展；有人认为得益于银行出于规避贷存比等监管指标限制而借道信托放款使得银信业务快速发展。我们认为这些说法均具备其合理性。

但从大的宏观背景来看，信托行业资产快速膨胀的更深层次的原因在于，负利率环境下储蓄存款增速明显下行，且存款活期化现象明显，部分银行体系内的资金涌入信托体系。储蓄存款增速的下行一定程度上意味着涌入其他投资渠道的资金开始变多，存款活期化则使部分资金具备了随时挪至其他投资领域的能力。这些资金很大一部分进入了信托领域，从而催生了信托资产的快速发展。这些资金进入信托领域的原因在于：①信托产品的期限更加匹配。这些资金是在负利率环境下逃离或间歇性逃离（以活期存款的形式）银行体系，而负利率环境具有周期性，因此这些资金选择的是短期而非中长期的投资，信托产品几个月到两年左右的期限能够与这些资金很好地匹配。②过去几年银信合作是信托资产的主体（2010年3季度末银信合作占比仍高达64%），对于这些将资金从银行体系挪至信托体系的投资者而言，资金仍然没有脱离他们最为信赖的银行体系，虽然资金风险较存款略有增加，但资金的收益率和安全性的匹配度较高，如果是进入资本市场或者购买保险，则收益率和安全性的匹配度明显下降。

随着这轮通胀从高点逐步往下，我国的负利率环境开始有所改善，储蓄存款的同比增速从2011年9月份起触底反弹，存款活期化的比例也开始下降，这意味着存款从银行体系流出的过程很可能将逆转为存款回流。在此背景下，信托行业的规模扩张速度或将有所减缓，其中主要是银信合作的规模扩张会明显减缓。

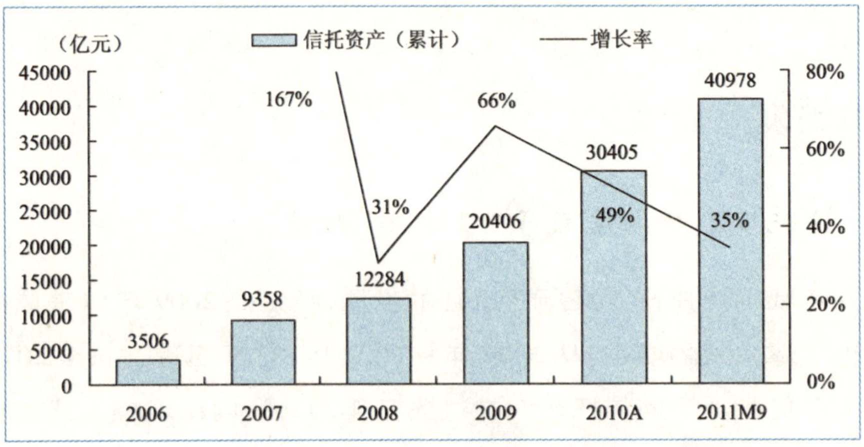

图4－1　信托行业的资产规模快速扩张（亿元）

数据来源：Wind资讯，信托业协会，安信证券研究中心。

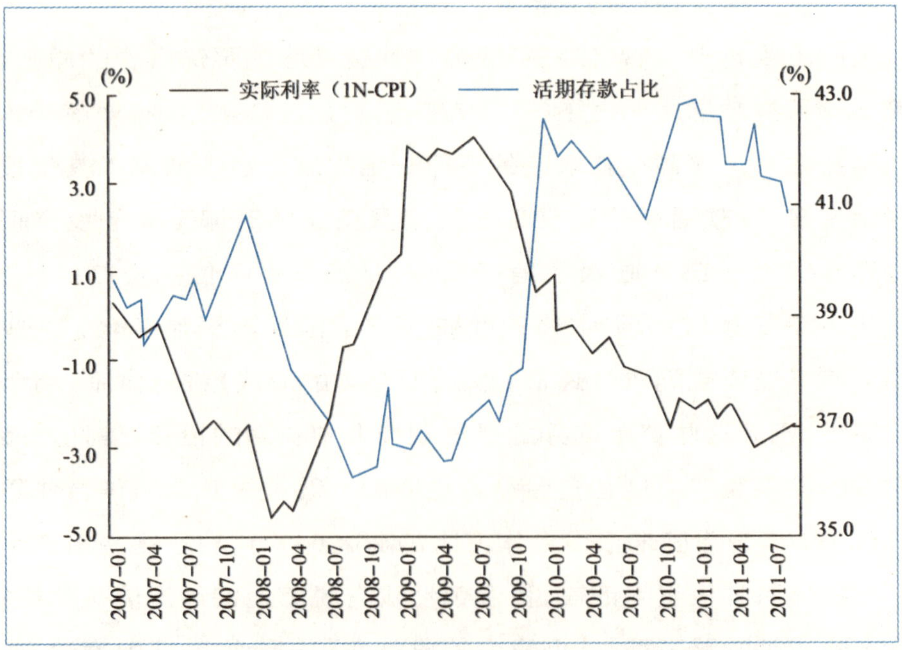

图4－2　负利率环境造成活期存款比例明显提升

数据来源：Wind资讯，安信证券研究中心。

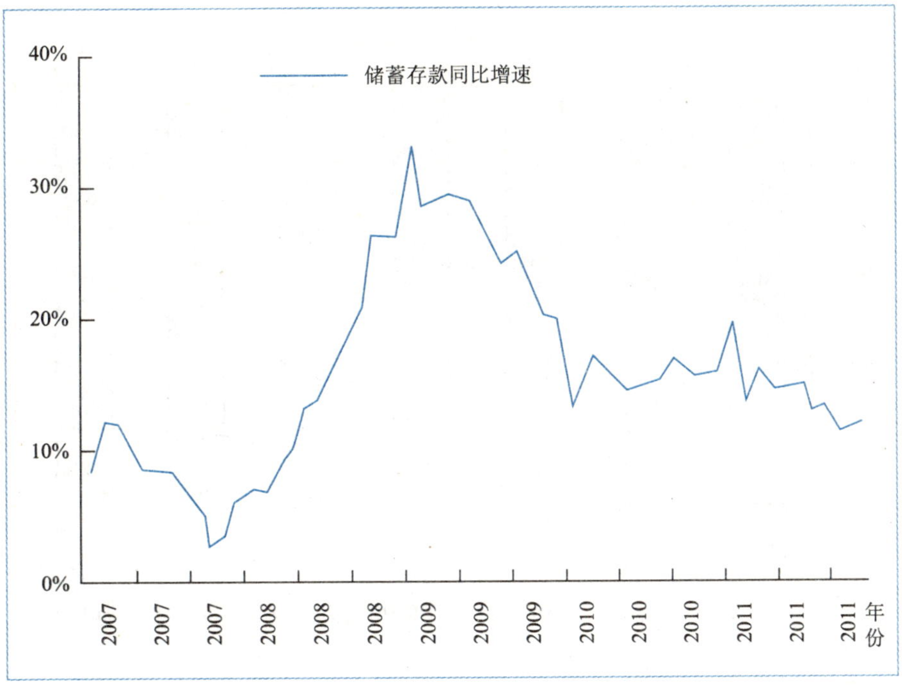

图 4－3　2009 年起储蓄存款增速快速下行

数据来源：Wind 资讯，安信证券研究中心。

1.2　集合信托占比不断提升，信托报酬率持续改善

在信托资产规模快速扩张的过程中，集合信托在信托资产中的占比持续提高：从存量来看，2010 年 1 季度存量集合信托的占比只有 13%，而至 2011 年 3 季度末该占比已提升至 28%；从增量来看，2010 年 1 季度集合信托在信托资产中的占比只有 8%，但至 2011 年已保持在 30% 以上，提升趋势明确。随着集合信托占比的不断提高，信托行业的盈利能力持续得到改善，行业年化的信托报酬率逐季提升，至 2011 年 3 季度末已达到 0.73%。

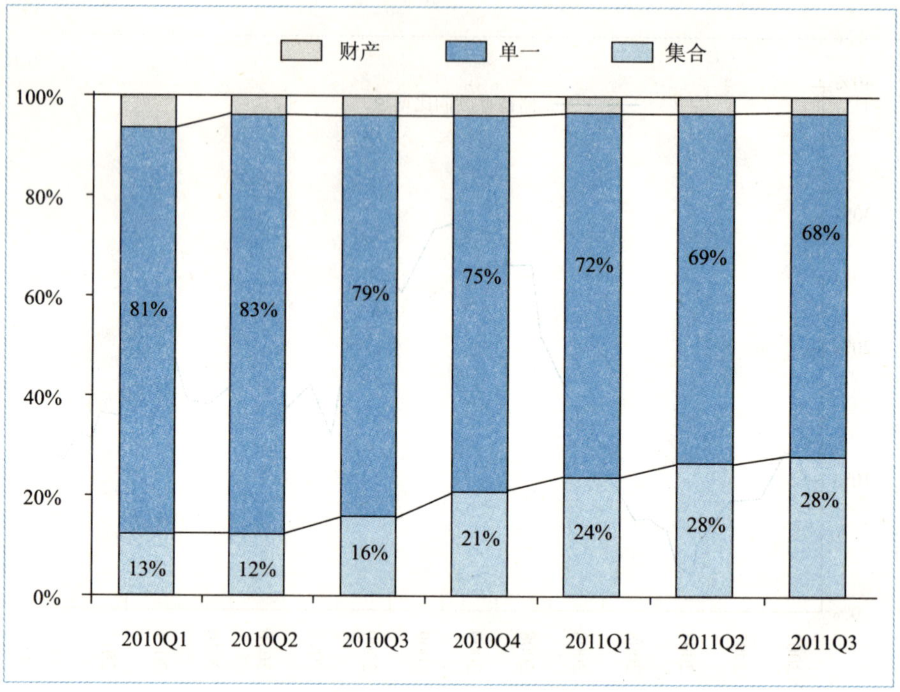

图 4-4　集合信托的占比提高(存量)

数据来源:信托业协会,安信证券研究中心。

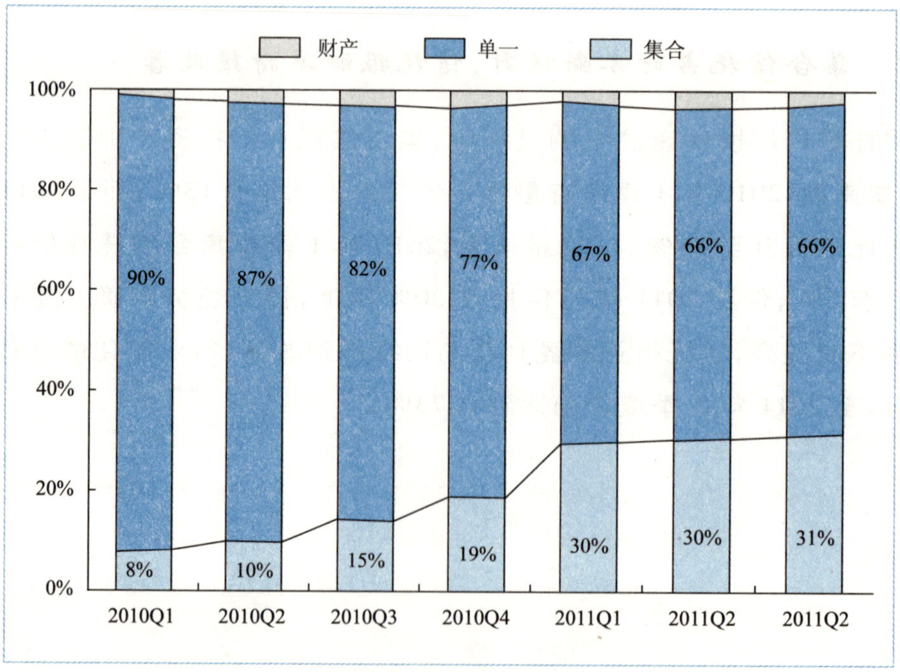

图 4-5　集合信托的占比提高(增量)

数据来源:信托业协会,安信证券研究中心。

表4-1 信托行业经营业绩(亿元)

	2010Q1	2010H1	2010M9	2010A	2011Q1	2011H1	2011M9
信托资产	23745	29153	29570	30405	32680	37420	40978
经营收入	38.8	96.3	109.4	284.0	70.7	172.7	265.9
其中:利息收入	5.3	11.4	15.3	29.8	8.1	19.4	30.0
信托业务收入	21.7	53.9	58.3	166.9	53.8	123.8	201.5
投资收益	9.3	30.8	31.2	81.9	10.8	31.3	42
利润总额	26.1	65.5	76.0	158.8	47.2	119.1	185
固有资产	1231	1239	1314	1483	1535	1614	1645
所有者权益	1087	1091	1142	1320	1395	1445	1493
信托收入/经营收入	56%	56%	53%	59%	76%	72%	76%
信托报酬率(年化)	0.37%	0.41%	0.28%	0.59%	0.66%	0.71%	0.73%
信托杠杆	21.9	26.7	25.9	23.0	23.4	25.9	27.5
ROE(年化)	9.6%	12.0%	8.9%	12.0%	13.5%	16.5%	16.5%

数据来源:信托业协会,安信证券研究中心。

2. 房地产信托:到期分布均匀

2.1 发行量明显萎缩源于需求端

房地产信托作为信托行业近两年最大的宠儿,在此期间其规模持续扩大。从存量数据来看,至2011年9月末,房地产信托的存量规模已经达到近6800亿元,其在全部信托资产中的占比由2010年1季度末的10%持续提高至17%;同时随着房地产信托规模的扩大,2010年以来其在集合类信托中的占比长期占据着半壁江山。

近期我们看到房地产信托的月度新增规模快速下降,2011年11月份全行业仅新增123亿元房地产信托产品,在新增集合信托中的占比只有21%,较前期大规模下滑;同时我们看到房地产信托产品的收益率持续提高。结合“量”与“价”的变化,可以看到房地产信托的萎缩主要是来自需求端而非供给端:由于投资者购买房地产信托产品兴趣的减弱,一方面房地产信托产品的成立规模出现了萎缩,另一方面信托公司(或者筹资者)为了吸引客户从而不断提升收益率。如果房地产信托的萎缩是来自供给端,则应该是呈现“量”缩“价”减的特征。

投资者之所以一定程度上避开房地产信托产品,主要是出于对部分房地产信托产品能否到期后顺利偿付产生了忧虑。从房地产信托的月度发行规模数据我们可以看到,市场上存量的房地产信托产品主要是在2010年和2011年发行的，其期限大致在2年左右，因此存量的房地产信托产品主要在2012年和2013年到期。从我们统计的数据来看，第一个到期高峰在2012年的中期，如果到时信托公司能够很好地按时偿付，则投资者对房地产信托产品的信心将在一定程度上被重拾，而在此之前，房地产信托产品将维持较低的新增规模。

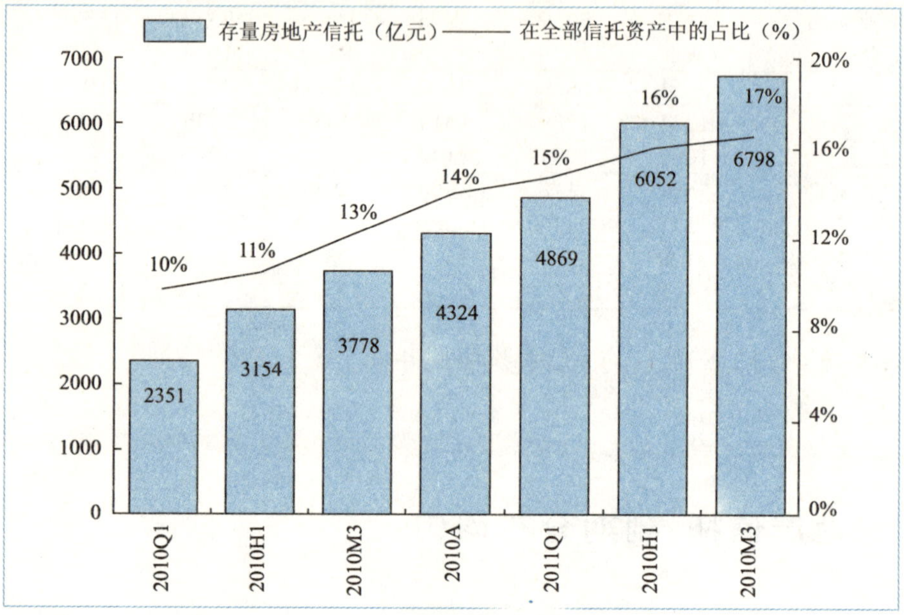

图4－6　房地产信托存量占比

数据来源：信托业协会，安信证券研究中心。

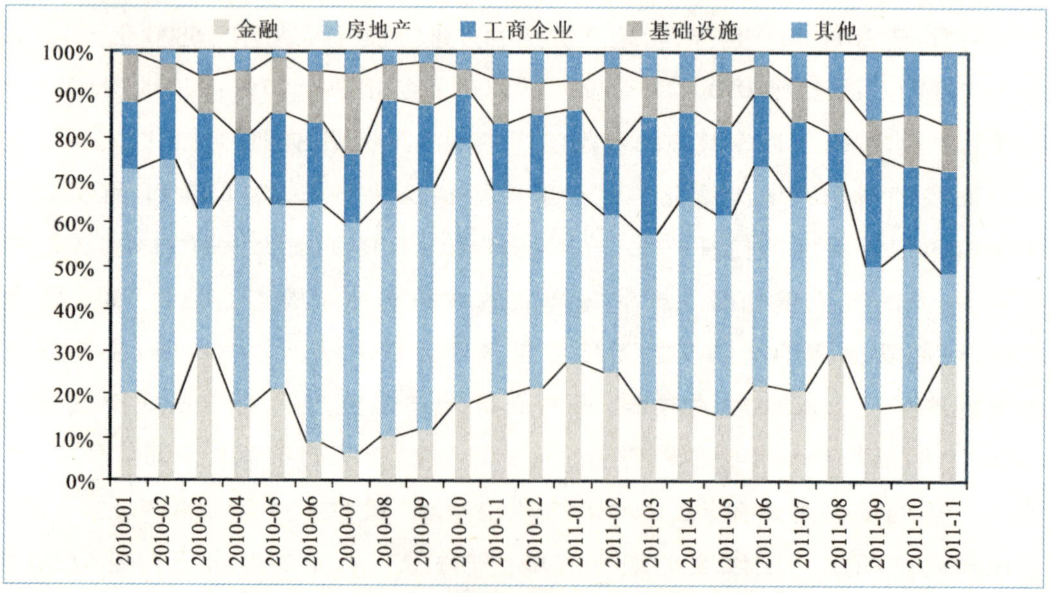

图4－7　房地产在集合信托中占据半壁江山

数据来源：安信证券研究中心，相关网站。

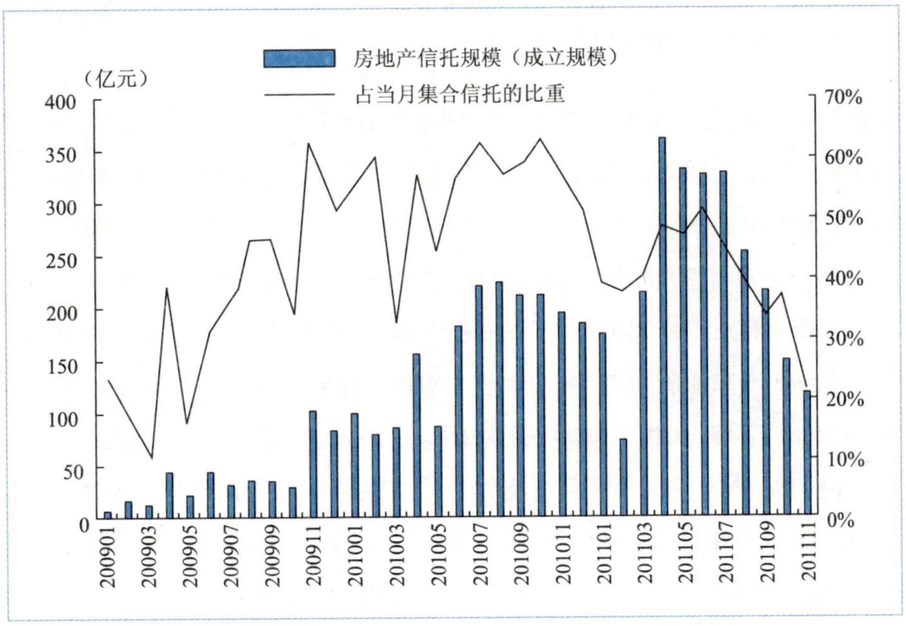

图4-8　房地产信托的增量出现萎缩

数据来源：安信证券研究中心，相关网站。

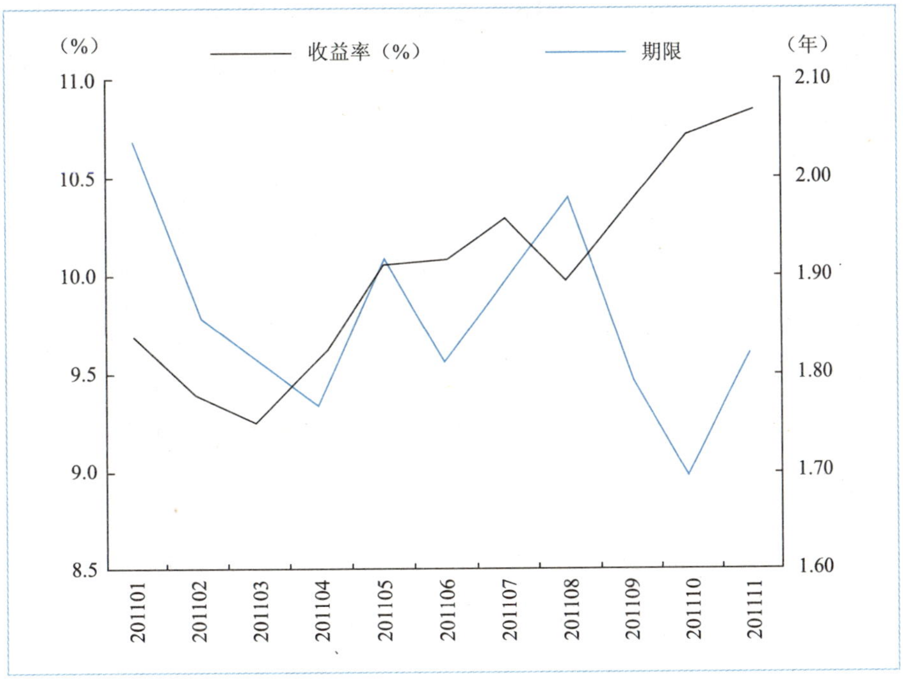

图4-9　房地产信托的报酬率持续提高（月度）

数据来源：安信证券研究中心，相关网站。

2.2 未来两年到期分布均匀

市场对房地产信托出现大规模集中到期从而使得信托公司出现偿付风险的担忧日渐增长，为此我们统计了集合类房地产信托的到期情况，该统计样本具备参考价值：房地产信托主要是2010年以来大规模发行，据信托业协会统计，2010年和2011年前三季度分别发行了1561亿元和2097亿元集合类房地产信托，而我们统计的集合类房地产信托样本规模约为2081亿元，占2010年以来发行的集合类房地产信托规模的69%。

从我们的统计样本情况来看，房地产信托的到期项目主要分布在2012年2季度至2013年3季度末的1年半时间内，且各个季度的分布相对均匀；从具体的时点来看，房地产信托兑付压力比较大的时点主要有3个：2012年5—7月、2013年3—4月和2013年7—8月。从未到期房地产信托产品的期限结构来看，1.5～2年期的产品是主力军，共有379只，规模达到1070亿元，在我们的统计样本中分别占数量和规模的45%和42%；此外，1～1.5年期以及2～5年期的产品数量也较多，占比分别在20%左右。从公司的层面看，在我们统计的样本中中信信托和中融信托分别有335亿元和292亿元未到期的房地产信托产品，其中中信信托的到期产品主要分布在2013年及其之后，而中融信托则主要分别在2012年和2013年；分月份来看，这两家公司的房地产信托到期高峰主要在2013年的6—8月份，其他时点的到期产品压力并不显著。

市场始终担心房地产信托出现大面积偿付危机从而危及信托公司，在我们看来，由于房地产信托的抵押率大致在3～5成，我们认为信托公司面临的只可能是房地产信托兑付的暂时的流动性问题而非最终的偿付问题。当然，重要的观察时点在于2012年中期，届时房地产信托到期规模较大，如果房地产信托未出现大面积的偿付危机，一方面投资者（产品购买方）对房地产信托的需求将有所恢复，另一方面资本市场对于房地产信托的忧虑也将十去七八，笼罩在信托行业头上的阴霾逐渐散去之时，行业的投资机会或将来临。

表4－2　当年新增的房地产信托的分布结构（亿元）

	2010年	2011年前9个月	合计
集合信托	1561	2097	3658
单一信托	1303	1120	2423
合　计	2864	3217	6081

数据来源：信托业协会，安信证券研究中心。

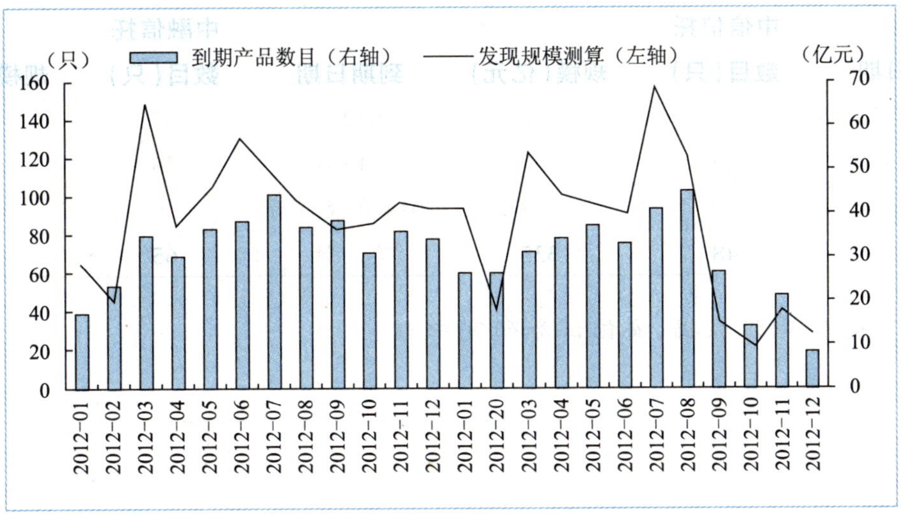

图4－10　房地产信托未来两年的到期情况

数据来源：财汇数据，安信证券研究中心。

表4－3　对统计样本的数据分析　　　　**单位：亿元/只**

项　目	数　值
统计样本在全部集合类房地产产品中的占比	69%
期限中位数	2年
加权平均的产品期限	2.4年
简单平均的产品期限	2.1年

数据来源：财汇数据，安信证券研究中心。

表4－4　统计样本中，未到期的房地产信托产品的期限结构

产品期限	数目（只）	占比（%）	规模（亿元）	占比（%）
1年期产品	88	10	155	6
1～1.5年期产品	168	20	514	20
1.5～2年期产品	379	45	1070	42
2～5年期产品	173	20	515	20
5年期以上产品	40	5	269	11

数据来源：财汇数据，安信证券研究中心。

表 4-5 中信信托和中融信托的房地产到期情况

中信信托			中融信托		
到期日期	数目（只）	规模（亿元）	到期日期	数目（只）	规模（亿元）
2012 年	13	36	2012 年	37	151
2013 年	23	127	2013 年	26	130
2014 年及以后	12	172	2014 年及以后	2	12
合　计	48	335	合　计	65	292

数据来源：财汇数据，安信证券研究中心。

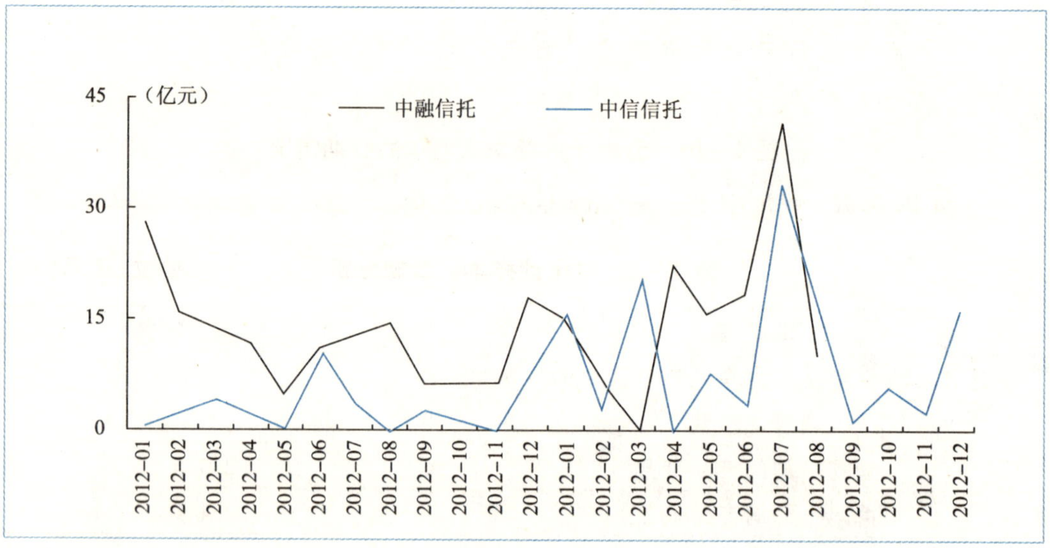

图 4-11 房地产信托产品的到期情况（2012—2013 年）

数据来源：财汇数据，安信证券研究中心。

3. 银信合作：规模、占比或双降

据信托业协会统计，至 2011 年 3 季度末银信合作的规模为 1.67 万亿元，在行业信托资产中的占比为 41%。银信合作规模在信托资产中的占比从 2010 年以来持续下降，但 2011 年 2 季度末和 3 季度末其规模反而较上一季度略有增长，这主要是由于银行理财产品在年中的大规模发行引起的。

我们预计银信合作的规模从 4 季度开始将有所下滑。从相关统计的银信合作的月度规模来看，银信合作的发行高峰是从 2010 年的 2 季度至 2011 年的 2 季度，进入 3 季度以来银信合作的发行规模已经出现了明显的减缓；目前银信合作的期限基本为 80～120 天及 3～4 个月，随着之前高峰期发行的产品到期以及 3 季度以来银信合作新增规模的减少，银信合作的规模出现下行的可能性很大。

进入 2012 年，预计无论是银信合作的规模还是占比都仍将延续下降的趋势。进入 2011 年 3 季度以来，银信合作的月度发行规模出现了一定程度的下滑，但其收益率仍然保持较高位置。这也主要是由于需求端的减少引起的，原因主要在于我们开篇提到的随着负利率环境的逐步改善，信托体系的资金会部分回流银行体系。展望 2012 年，除了负利率这个大的宏观环境外，监管也会对银信合作形成压制：一方面，对于信托公司而言银信合作属于高资本消耗型业务，信托公司更倾向于开展集合类信托；另一方面，商业银行从 2012 年起其表外资产将转入表内，并按照 150% 的拨备覆盖率计提拨备，其通过银信合作来规避信贷的做法已不可行，其开展银信合作的动力也大大减弱。受到大的宏观背景以及监管的双重合力作用，2012 年银信合作的绝对规模及其在行业信托资产中的占比将双双下降。

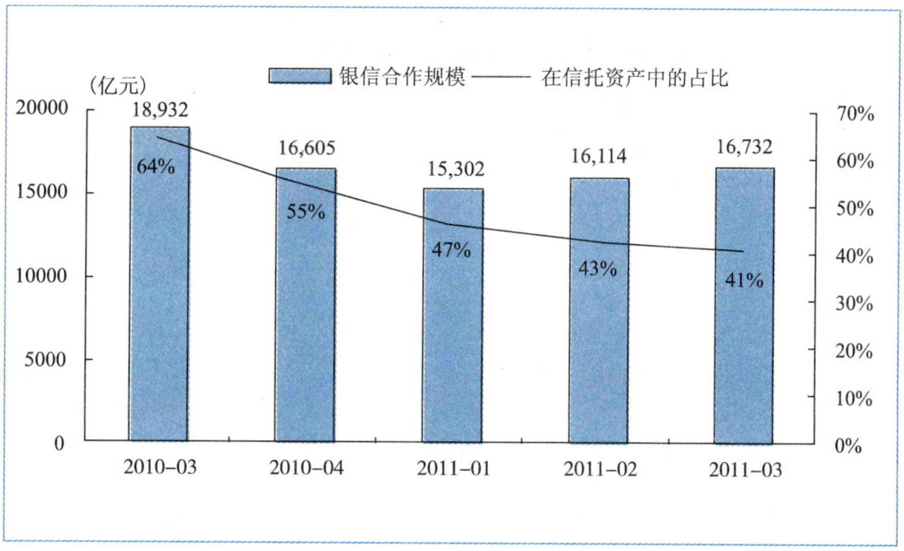

图 4－12　银信合作的占比持续下降

数据来源：信托业协会，安信证券研究中心。

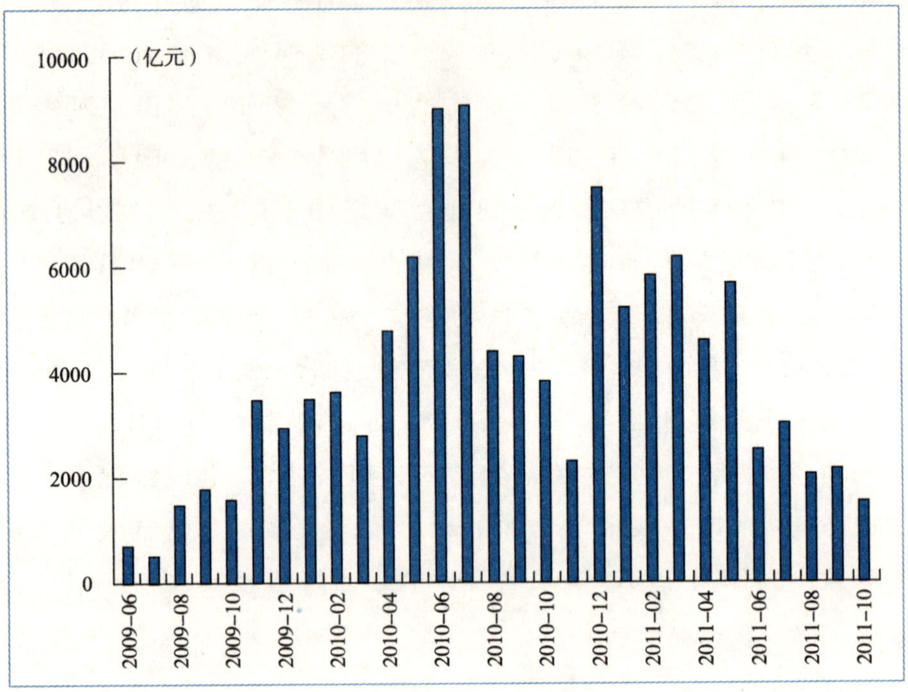

图 4 -13　银信合作产品的月度规模

数据来源：安信证券研究中心。

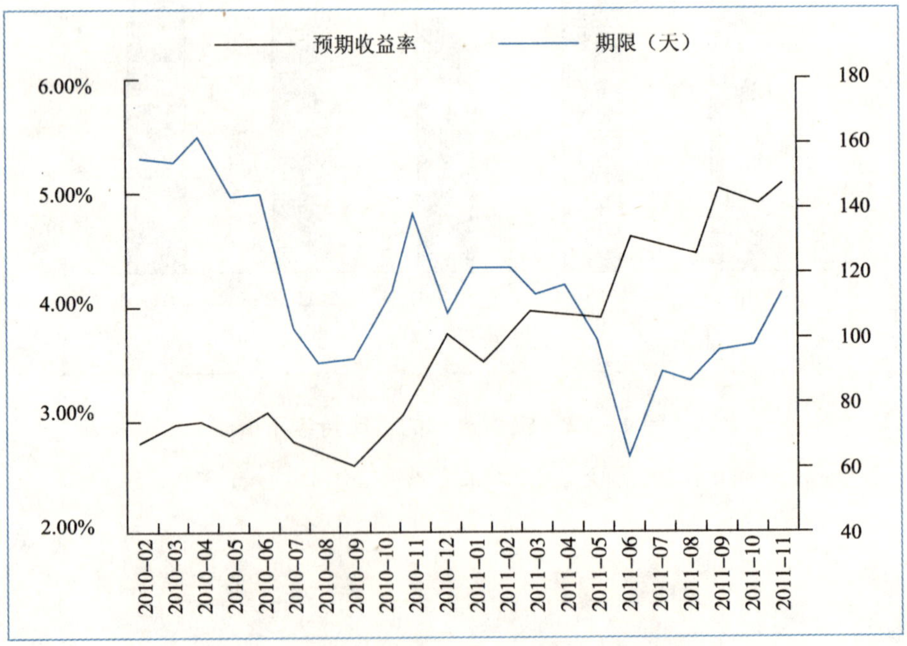

图 4 -14　银信合作产品的收益率和期限

数据来源：安信证券研究中心。

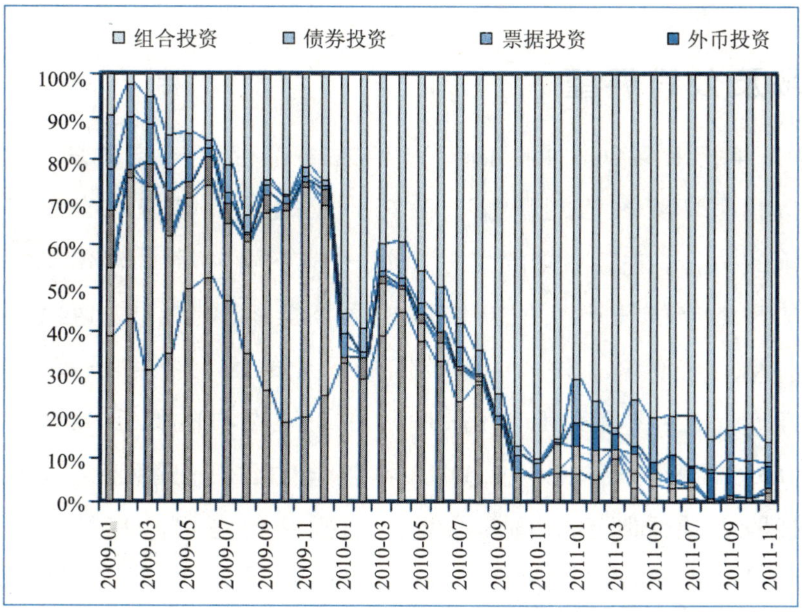

图4－15　银信合作业务的运用方式分布（按只数分）

数据来源：安信证券研究中心，相关网站。

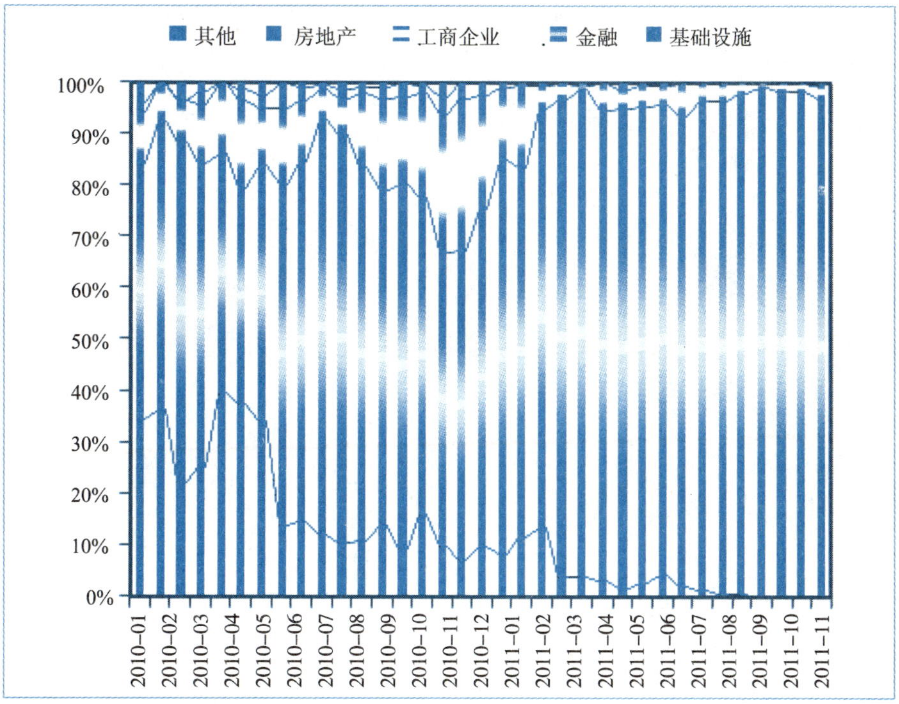

图4－16　银信合作业务的投资领域分布（按只数分）

数据来源：安信证券研究中心，相关网站。

4. 市场及公司展望

展望 2012 年行业盈利，“量”和“价”两方面都存有一定的压力。“量”方面的压力在于负利率环境改善的背景下信托行业的规模增速或有所下行，再叠加银信监管政策的执行，甚至不排除绝对规模出现下降的局面；“价”方面的压力在于高利润率的房地产信托产品的新增规模面临萎缩风险，这将拉低整个行业的信托报酬率。从这个意义上讲，2012 年信托行业的盈利不容乐观，但是，如果考虑到部分信托产品（主要是盈利较好、期限在 2 年左右的集合类信托）已经锁定了 2012 年的部分盈利，则信托行业 2012 年整体的盈利仍能够实现较好增长。

目前信托股主要受制于市场对房地产信托偿付危机的担忧，但我们认为信托公司面临的只可能是流动性风险而非偿付风险；盈利方面，考虑到部分信托产品的利润锁定，行业明年的业绩仍将实现较好增长；此外，脱媒的趋势从中长期来看还在持续，信托是一个良好的脱媒载体。因此，我们依然维持信托行业“领先大市－A”的投资评级。

第五章

信托法规与政策

2011年欧洲主权债务危机持续蔓延，加大了对各国金融体系的干扰和冲击。发生在英国的社会骚乱、欧元区国家的罢工以及美国的“占领华尔街”运动等，不断表明国际金融危机背后的深层次矛盾依然没有解决。作为“十二五”规划的开局之年，这一年中我国信托业紧盯国内外最新经济形势变化，在抗通胀、调结构、转方式、保民生、促和谐方面，积极破解和应对行业发展所面临的难题与挑战，认真总结《信托法》颁行十年来的经验和教训。中国银监会坚持宏观审慎监管与微观单体业务风险监管兼顾，紧紧围绕资本充足、内控严密、运营安全以及服务创新，巩固和扩大应对国际金融危机冲击的积极成果，强化信托功能的充分发挥和市场风险的有效控制，为信托公司的规范发展、科学发展提供了政策保障，实现了实体经济由政策刺激向自主增长的有序转变。

1. 银信理财转表刻不容缓，银信合作信托贷款业务大幅压缩

信托平台曾是银行信贷资产转至资产负债表外的主渠道，一些商业银行为了绕开信贷额度控制，通过与信托公司合作发行信托贷款，从而将本应在表内放贷的项目，借助表外的银信产品融资变相放贷。2008年以来，中国银监会十分重视银信合作业务的指导和规范，先后下发了《银行和信托公司业务合作指引》、《关于进一步规范银信合作有关事项的通知》、《关于规范信贷资产转让及信贷资产类理财业务有关事项的通知》、《关于规范银信理财合作业务有关事项的通知》、《关于进一步规范银行业金融机构信贷资产转让业务的通知》等多项监管规定。尤其是从2010年7月开始，银信合作业务成为重点监管对象，其中融资类银信理财合作业务的监管更成为重中之重。

为进一步防范银信理财合作业务风险，促进商业银行和信托公司理财合作业务健康发展，结合2010年《关于规范银信理财合作业务有关事项的通知》（银监发〔2010〕72号）有关规定，2011年1月20日中国银监会又发布了《关于进一

步规范银信理财合作业务的通知》（银监发〔2011〕7 号）。该通知明确要求银信理财合作业务应做到以下三点：第一，各商业银行应当按照 2010 年 72 文的要求，在 2011 年底前将银信理财合作业务表外资产转入表内。各商业银行应当在 2011 年 1 月 31 日前向银监会或其省级派出机构报送资产转表计划，原则上银信合作贷款余额应当按照每季至少 25% 的比例予以压缩。第二，对商业银行未转入表内的银信合作信托贷款，各信托公司应当按照 10.5% 的比例计提风险资本。第三，信托公司信托赔偿准备金低于银信合作不良信托贷款余额 150% 或低于银信合作信托贷款余额 2.5% 的，信托公司不得分红，直至上述指标达到标准。另外，该通知还要求，各银监局应当严格按照上述要求督促商业银行资产转表、信托公司压缩银信合作信托贷款业务。

该通知与 2010 年 72 号文一起，从期限、占比和记账方式等方面，对银信理财合作业务作出了严格限制，从而对该类业务的规模发展持续产生直接影响。第一，新增银信理财合作产品期限不得低于 1 年。近年来绝大部分银信理财合作产品几乎都是 1 年以下，较高的流动性也正是其吸引投资者的一个因素。一旦要求该类产品期限不得低于 1 年，必然降低其流动性，挤出大量的投资需求。第二，融资类业务余额占银信理财合作业务余额的比例不得高于 30%。因为银行自身的理财产品可以做投资类，因此银信合作理财业务主要是融资类产品，非融资类产品较少。一旦限制融资类业务占比，那么银信理财合作业务将严重依赖于非融资类业务的规模，规模很难大幅提升。第三，2011 年银行需将银信理财合作业务的表外资金转入表内，计提拨备和资本金。这些业务转回表内之后，将受制于信贷额度，同时占用资本金，与正常的贷款无异，这将大大降低银行开展融资类理财合作业务的积极性。对银行而言，贷款利率高于银信理财合作业务的手续费率，因此在占用同等信贷额度和资本金的情况下，银行将更愿意发放信贷。鉴于上述政策效应，银信合作业务尤其是银信理财合作业务实践中呈现出快速回落、不断收缩的趋势。对信托公司而言，一方面，需要严格按照监管新规来控制银信理财合作服务的范围，明确自己的权利义务，防止发生超越新规的经营事件发生；另一方面，还需要着眼于行业长远发展，大力开拓自主管理类业务，提供差异化、特色化服务，探索和完善信托公司可持续发展的新模式，努力实现内涵式增长。

银监发〔2010〕72 号文的三条主要规定包括第三条、第四条和第七条。

第三条：信托公司开展银信理财合作业务，信托产品期限均不得低于一年。

第四条：商业银行和信托公司开展融资类银信理财合作业务，应遵守以下原则：

（一）自本通知发布之日起，对信托公司融资类银信理财合作业务实行余额比例管理，即融资类业务余额占银信理财合作业务余额的比例不得高于30%。上述比例已超标的信托公司应立即停止开展该项业务，直至达到规定比例要求。

（二）信托公司信托产品均不得设计为开放式。上述融资类银信理财合作业务包括但不限于信托贷款、受让信贷或票据资产、附加回购或回购选择权的投资、股票质押融资等类资产证券化业务。

第七条：对本通知发布以前约定和发生的银信理财合作业务，商业银行和信托公司应做好以下工作：

（一）商业银行应严格按照要求将表外资产在今、明两年转入表内，并按照150%的拨备覆盖率要求计提拨备，同时大型银行应按照11.5%、中小银行按照10%的资本充足率要求计提资本。

（二）商业银行和信托公司应切实加强对存续银信理财合作业务的后续管理，及时做好风险处置预案和到期兑付安排。

（三）对设计为开放式的非上市公司股权投资类、融资类或含融资类业务的银行理财产品和信托公司信托产品，商业银行和信托公司停止接受新的资金申购，并妥善处理后续事宜。

表5－1　“72号文”核心规范内容

项　目	规范内容
管理方式	信托公司应自主管理，不得开展通道类业务
产品期限	产品期限不得低于1年
融资类银信合作	融资类业务余额占银信合作比例不得高于30%
	银信合作产品不得设计为开放式
投资方向	资金不得投资于非上市公司股权
对商业银行的要求	银信合作业务产生的表外资产要在2年内转为表内资产
	按照150%的拨备覆盖率要求计提拨备
	大型银行应按照11.5%、中小银行按照10%的资本充足率要求计提资本
鼓励与支持方向	与国家宏观经济政策趋同
	资金投向：新能源、新材料、节能环保、生物医药、信息网络、高端制造产业等新兴产业
	有利于经济发展模式转型和产业结构调整

表 5-2 "2011 年 7 号文"主要内容

监管对象	监管内容	时　限
商业银行	将银信理财合作业务表外资产转入表内。	2011 年底
	向银监会或其省级派出机构报送资产转表计划，原则上银信合作贷款余额应当按照每季至少 25% 的比例予以压缩。	2011 年 1 月 31 日
信托公司	对商业银行未转入表内的银信合作信托贷款，应当按照 10.5% 的比例计提风险资本。	
	信托赔偿准备金低于银信合作不良信托贷款余额 150% 或低于银信合作信托贷款余额 2.5% 的，信托公司不得分红，直至上述指标达到标准。	

2. 适时调整监管指标，确保信托公司风险可控、科学发展

对信托公司实施净资本管理，其目的在于确保信托公司固有资产充足并保持必要的流动性，以满足抵御各项业务不可预期损失的需要，防范系统性的金融风险。自 2010 年 8 月出台《信托公司净资本管理办法》后，监管机构遂将信托公司的信托资产规模与净资本挂钩，对信托公司实行以净资本为核心的风险控制指标体系，这一监管举措唤醒了信托公司的资本意识，也结束了其之前的粗放型发展模式。

为进一步加强信托公司分类监管，确保信托公司业务发展与其风险管理能力、内控水平相匹配，2011 年 1 月 27 日，中国银监会发布了《关于印发信托公司净资本计算标准有关事项的通知》（银监发〔2011〕11 号），对信托公司净资本、风险资本计算标准和监管指标作出了明确规定。该通知共 8 个条文，分别从不同评级结果信托公司的风险资本计算系数确定、同时包含融资类和投资类业务的信托产品的风险资本的计算方法、TOT（信托之信托）信托产品业务以及其他受益权投资信托业务风险资本的计算、银信合作业务以及受益权发生转让导致受益人超过 2 人（含 2 人）的信托业务其风险资本的计算方法以及实施要求等方面作出了具体规定。按照该通知规定，评级结果为 3 级及以下的信托公司风险资本计算系数为标准系数，而评级结果为 1 级和 2 级的信托公司风险资本计算系数在标准系数基础上下浮 20%。对于同时包含融资类和投资类业务的信托产品，信托公司在计算风险资本时应按照融资类和投资类业务风险系数分别计算

风险资本。其中，所谓融资类业务，包括但不限于信托贷款、受让信贷或票据资产、附加回购或回购选择权、股票质押融资和准资产证券化等业务。对于TOT产品，信托公司应按照被投资信托产品的分类分别计算风险资本，而TOT和股票受益权投资信托业务以外的其他受益权投资信托业务，原则上应按照融资类业务计算风险资本。银信合作业务以及受益权发生转让导致受益人超过2人（含2人）的信托业务，则按集合资金信托业务计算风险资本，其中银行理财资金成为受益人的信托业务视为银信合作业务，按照集合资金信托业务计算风险资本。为防范关联交易风险，该通知还规定，信托公司对资金来自非关联方但用于关联方的单一信托业务，应按照规定的风险系数额外计提附加资本。从达标期限和责任后果看，该通知要求各信托公司应根据国家宏观调控政策和银监会监管政策导向积极调整业务规模和业务结构，确保在2011年12月31日前达到净资本各项指标要求；对在规定时间内未达标的信托公司，监管机构则会立即暂停其信托业务，并追究该公司董事长和高级管理人员的责任。

表5-3 主要信托业务风险系数

项目			单一类风险系数	集合类风险系数
投资类	金融产品	股指期货	0.8%	1%
		固定收益产品	0.1%	0.2%
		其他金融产品	0.3%	0.5%
		其他	0.5%	1%
	其他	股权投资	0.8%	1.5%
		其他投资	0.8%	1.5%
融资类	房地产	公租房廉租房	0.5%	1%
		其他房地产	1%	3%
	其他		0.8%	1.5%
事务类			0.1%	0.2%
其他类			1%	3%
附加风险资本	单一类信托业务中资金来自于非关联企业，但投向关联企业的信托业务		2%	
	银信合作业务中信托贷款业务、受让信贷/票据资产业务		9%	

采取差异化风险资本计算系数标准，对信托公司的业务整合和转型具有积

极意义，在业务结构调整和业务规模控制方面的政策导向作用十分明显。新标准的实施，主要针对信托公司融资类业务进行调控。实践中，该通知加速了信托公司对占用大量资本金业务的割舍。但值得注意的是，2011 年末多家信托公司抢在净资本达标最后期限前进行了增资，以补充其净资本。如湖南信托 2011 年 12 月 21 日对外发布公告称，其采取原股东同比例增资的形式，将公司的注册资本由 5 亿元调整至 7 亿元，相关工商变更登记手续已经完成。从增资的具体形式看，有的公司是找大股东拿钱，增加公司资本金，有的则选择出售股权，引进新的战略投资者。问题是，单纯的增资扩股与监管机构实行净资本管理的初衷未必完全契合，事实上，信托公司主动管理风险的能力是否有所提高，其信托业务结构是否趋于合理才是其中的关键。理论上而言，信托公司为达标而可选择的途径主要有两条：其一是增资扩股，引进战略投资；其二是调整业务结构，减少风险资本。增资扩股潮的出现表明，信托公司在净资本监管中仍然依赖于外部资本输入型的“输血”机制，其内部“造血”机能未能很好发挥，需要持续强化和加强信托公司的内部控制能力，重视房地产信托业务与银信合作业务的规模控制和结构控制等。

为有效落实信托公司净资本监管规定，同时为做好银信合作业务转表及信托产品营销监管等相关工作，中国银监会随后于 2011 年 6 月 16 日发布了《关于做好信托公司净资本监管、银信合作业务转表及信托产品营销等有关事项的通知》（非银发〔2011〕14 号），要求各银监局以 2011 年 5 月底数据为基础对信托公司净资本进行试算，填写净资本计算表、风险资本计算表及净资本风险控制指标监管报表。在试算净资本过程中，严格执行银监发〔2011〕11 号文中确定的计算标准。对各类形式的受（收）益权信托业务，除 TOT 和上市公司股票收益权业务外，原则上均应视为融资类业务，并应按照融资类业务计算风险资本；银行理财资金作为受益人的信托业务，包括银行理财资金直接交付给信托公司管理的信托业务和银行理财资金间接受让信托受益权业务，一律视为银信合作业务，应按照银信合作业务融资类不得超过银信合作业务余额 30% 等相关要求予以监管，在计算风险资本时也应按照银信合作业务计算风险资本。

3. 银行业新监管标准实施在即，向信托公司发出信号

继 2010 年 12 月 16 日巴塞尔委员会发布《第三版巴塞尔协议》（Basel III）

后，中国银监会十分重视监管新标准的实施工作。按照《第三版巴塞尔协议》要求，各成员经济体2年内完成相应监管法规的制定和修订工作，2013年1月1日开始实施新监管标准，2019年1月1日前全面达标。该协议确立了微观审慎和宏观审慎相结合的金融监管新模式，大幅度提高了商业银行资本监管要求，建立了全球一致的流动性监管量化标准，对商业银行经营模式、银行体系稳健性乃至宏观经济运行产生了深远影响。

为推动中国银行业实施国际新监管标准，增强银行体系稳健性和国内银行的国际竞争力，中国银监会于2011年4月27日发布了《中国银行业实施新监管标准的指导意见》（银监发〔2011〕44号），从总体目标和指导原则、提高银行业审慎监管标准、增强系统重要性银行监管有效性、深入推动新资本协议实施工作以及工作要求等方面作出了工作部署。该指导意见规定，中国银行业实施新监管标准的总体目标是，借鉴国际金融监管改革成果，根据国内银行业改革发展和监管实际，构建面向未来、符合国情、与国际标准接轨的银行业监管框架，推动银行业贯彻落实“十二五”规划纲要，进一步深化改革，转变发展方式，提高发展质量，增强银行业稳健性和竞争力，支持国民经济稳健平衡可持续增长。实施新监管标准，应坚持四项指导原则，即：立足国内银行业实际，借鉴国际金融监管改革成果，完善银行业审慎监管标准；宏观审慎监管与微观审慎监管有机结合；监管标准统一性和监管实践灵活性相结合；支持经济持续增长和维护银行体系稳健统筹兼顾。在提高银行业审慎监管标准方面，该指导意见从改进资本充足率计算方法、提高资本充足率监管要求、建立杠杆率监管标准、合理安排过渡期等方面对强化资本充足率监管作出了规定；从建立多维度的流动性风险监管标准和监测指标体系、引导银行业金融机构加强流动性风险管理、合理安排过渡期等方面对改进流动性风险监管作出了规定；从建立贷款拨备率和拨备覆盖率监管标准、建立动态调整贷款损失准备制度以及过渡期安排等方面对强化贷款损失准备监管作出了规定。在增强系统重要性银行监管有效性方面，该指导意见明确了系统重要性银行的定义，强调了维持防火墙安排，改进事前准入监管，提出了更高的审慎监管要求，同时强化了持续监管和监管合作。应该说，对资本和风险加权资产进行科学计量与评估是新监管标准实施的基础，该指导意见指出，谋求经营转型不仅是银行业金融机构持续满足新监管标准的内在要求，而且是在日益复杂经营环境下提高发展质量的必由之路，银行业金融机构要切实转变规模扩张的外延式发展模式，走质量提高的内涵式增长之路，为此必须调整业务结构，改进风险管理，扩大创新服务。

从政策层面看，该指导意见公布的资本充足率、杠杆率、流动性及贷款损失准备的四大监管工具的新标准，事实上同样是对信托公司的未来发展和监管所发出的新的政策信号。在对信托公司实施净资本管理制度后，信托公司业务规模与资本实力直接挂钩，给信托公司的业务开展、管理运作和赢利方式带来深远影响，信托公司的风险控制指标体系已经基本建立。从长远发展看，信托公司需要未雨绸缪，进一步加强业务合规性风险自查，强化净资本和风险资本约束，继续推动业务结构转型，提前做好未来监管新标准实施的准备。

表 5－4　四大监管工具新标准

监管工具	新标准
提高资本充足率监管要求	将现行的两个最低资本充足率要求（一级资本和总资本占风险资产的比例分别不低于4%和8%）调整为三个层次的资本充足率要求：一是明确三个最低资本充足率要求，即核心一级资本充足率、一级资本充足率和资本充足率分别不低于5%、6%和8%。二是引入逆周期资本监管框架，包括：2.5%的留存超额资本和0～2.5%的逆周期超额资本。三是增加系统重要性银行的附加资本要求，暂定为1%。新标准实施后，正常条件下系统重要性银行和非系统重要性银行的资本充足率分别不低于11.5%和10.5%；若出现系统性的信贷过快增长，商业银行需计提逆周期超额资本。
建立杠杆率监管标准	引入杠杆率监管标准，即一级资本占调整后表内外资产余额的比例不低于4%，弥补资本充足率的不足，控制银行业金融机构以及银行体系的杠杆率积累。
建立多维度的流动性风险监管标准和监测指标体系	建立流动性覆盖率、净稳定融资比例、流动性比例、存贷比以及核心负债依存度、流动性缺口率、客户存款集中度以及同业负债集中度等多个流动性风险监管和监测指标，其中流动性覆盖率、净稳定融资比例均不得低于100%。同时，推动银行业金融机构建立多情景、多方法、多币种和多时间跨度的流动性风险内部监控指标体系。
建立贷款拨备率和拨备覆盖率监管标准	贷款拨备率（贷款损失准备占贷款的比例）不低于2.5%，拨备覆盖率（贷款损失准备占不良贷款的比例）不低于150%，原则上按两者孰高的方法确定银行业金融机构贷款损失准备监管要求。

4. 信托公司参与股指期货交易开闸，业务资格和交易规则明确

金融期货是金融市场重要的风险管理工具。自20世纪70年代以来，许多

国家和地区都将发展金融期货等金融衍生品市场作为重要的金融发展战略。我国股指期货的推出，是加强资本市场基础性制度建设、丰富证券交易方式、夯实市场稳定运行的内在基础，也是完善资本市场功能、促进资本市场稳定健康发展的重要举措。沪深300指数是我国内地首只股指期货的标的指数，作为金融期货推出的首个品种，沪深300指数期货于2010年4月16日正式挂牌交易。对机构投资者来说，股指期货具有跨期性、杠杆性、联动性以及高风险性等特征，能够实现风险规避、价格发现以及资产配置等功能，因此是比较理想的风险管理工具。信托公司作为专业理财机构也不例外，需要通过开展股指期货交易业务来管理证券投资风险，借以提高资产配置效率。

2011年6月27日，中国银监会发布了《信托公司参与股指期货交易业务指引》（银监发〔2011〕70号），用以规范信托公司参与股指期货交易行为和防范交易风险。作为机构投资者，信托公司开展股指期货业务，有利于信托公司提升资产管理能力，对冲其证券业务风险，并进一步丰富自身产品线。该指引共有27个条文，主要规定了信托公司参与股指期货的业务准入标准、业务操作规定以及风险控制指标和管理措施。按照该指引，信托公司固有业务不得参与股指期货交易，而集合信托业务和单一信托业务可以套期保值、套利为目的开展股指期货交易，其中单一信托业务还可以投机为目的开展股指期货交易。信托公司直接或间接参与股指期货交易，应当经中国银监会批准，并取得股指期货交易业务资格。信托公司申请股指期货交易业务资格，其最近年度监管评级需达到3C级（含）以上。如果申请以投机为目的开展股指期货交易，则最近年度监管评级应当达到2C级（含）以上，且已开展套期保值或套利业务1年以上。信托公司开展股指期货信托业务，应当具有完善有效的股指期货交易内部控制制度和风险管理制度，并经公司董事会批准后执行。在专业团队方面，要求具有接受相关期货交易技能专门培训半年以上、通过期货从业资格考试、从事相关期货交易1年以上的交易人员至少2名，相关风险分析和管理人员至少1名，熟悉套期会计操作程序和制度规范的人员至少1名，以上人员相互不得兼任，且无不良记录。另外，期货交易业务主管人员应当具备2年以上直接参与期货交易活动或风险管理的资历，且无不良记录。信托公司开展股指期货信托业务，IT系统应当具备可靠、稳定、高效的股指期货交易管理系统及股指期货估值系统，能够满足股指期货交易及估值的需要，应当具备风险控制系统和风险控制模块，能够实现对股指期货交易的实时监控，应当将股指期货交易系统纳入风险控制指标动态监控系统，确保各项风险控制指标符合规定标准，应当与其合作的期货公司 IT 系统至少铺设一条专线连接，并建立备份通道。从准入条件看，信托公司还应具有从事交易所需要的营业场所、安全防范设施和其他相关设施，具有严格的业务分离制度，确保套期保值类业务与非套期保值类业务的市场信息、风险管理、损益核算有效隔离，以及中国银监会规定的其他条件。为了确保信托公司开展该项业务时能够合法合规，中国银监会还制定了详细的信托公司业务操作规定，在操作流程上要求信托公司提前制定详细的套保、套利方案，并由风险管理部门对其可行性、有效性进行研究；要求信托公司开展客户适应性调查，做好风险揭示；要求信托公司在合同文本和资产管理报告中充分做好信息披露；要求信托公司在事前、事后向监管部门报告。该指引对信托公司开展股指期货信托业务选择的合作保管银行、合作期货公司以及为信托业务提供投资顾问服务的投资顾问的条件也作出了具体限制。

针对信托公司集合信托计划参与股指期货交易，该指引强调应遵守下列规则：第一，信托公司集合信托计划参与套期保值交易时，在任何交易日日终持有的卖出股指期货合约价值总额不得超过集合信托计划持有的权益类证券总市值的 20%；在任何交易日日终持有的买入股指期货合约价值总额不得超过信托资产净值的 10%。第二，信托公司集合信托计划参与股指期货交易须符合交易所相关规则。第三，信托公司集合信托计划参与股指期货交易时，在任何交易日日终所持有的权益类证券市值和买入股指期货合约价值总额的合计价值，应当符合信托文件关于权益类证券投资比例的有关约定。第四，银信合作业务视同为集合信托计划管理。第五，结构化集合信托计划不得参与股指期货交易。

该指引专门列举了信托公司开展股指期货交易信托业务时的禁止行为，具体包括以下 5 类行为：第一，以任何方式承诺信托资金不受损失，或者以任何方式承诺信托资金的最低收益。第二，为股指期货信托产品设定预期收益率。第三，利用所管理的信托财产为信托公司，或者为委托人、受益人之外的第三方牟取不正当利益或进行利益输送。第四，从事内幕交易、操纵股指期货价格及其他违法违规活动。第五，法律法规和银监会、中金所及其他监管机构禁止的其他行为。

表 5－5　信托公司、证券公司、基金公司、QFII 参与股指期货的相关规定比较

	信托公司		QFII	证券投资基金	证券公司	
	单一信托	集合信托/银信合作			自营业务	资产管理业务
交易类型	单一信托业务可以套期保值、套利和投机为目的开展股指期货交易	集合信托业务可以套期保值和套利为目的参与股指期货交易	只能从事套期保值交易	以套期保值为目的，保本基金及中国证监会批准的特殊基金品种除外，债券型基金、货币市场基金不得参与股指期货交易	以套期保值为目的，不以套期保值为目的参与股指期货交易的，应当经中国证监会批准，有关规定另行制定	以套期保值为目的，其中，专项资产管理业务不得参与股指期货交易
交易头寸限制			在任何交易日日内，合格投资者的股指期货成交金额（不包括平仓）不得超过其投资额度	基金在任何交易日内交易（不包括平仓）的股指期货合约的成交金额不得超过上一交易日基金资产净值的20%		
持仓头寸限制	单一信托参与股指期货交易，在任何交易日日终持有股指期货的风险敞口不得超过信托资产净值的80%，并符合交易所相关规则	集合信托计划参与套期保值交易时，在任何交易日日终持有的卖出股指期货合约价值总额不得超过集合信托计划持有的权益类证券总市值的20%；在任何交易日日终持有的买入股指期货合约价值总额不得超过信托资产净值的10%	在任何交易日日终，合格投资者持有的股指期货合约价值不得超过其投资额度	持有的买入股指期货合约价值，不得超过基金资产净值的10%。开放式基金在任何交易日日终，持有的买入期货合约价值与有价证券市值之和，不得超过基金资产净值的95%。封闭式基金、开放式指数基金（不含增强型）、交易型开放式指数基金（ETF）在任何交易日日终，持有的买入期货合约价值与有价证券市值之和，不得超过基金资产净值的100%。持有的卖出期货合约价值不得超过基金持有的股票总市值的20%		

数据来源：国泰君安证券公司。

实践中，不少人对信托公司目前的风险管理能力表示担心，认为信托公司参与股指期货交易风险过高。但事实上，信托产品获准交易股指期货，有利于股票类信托产品从传统的高风险、方向性投资，向以市场中性策略为主的低风险、稳定收益模式进行转型，规避现货市场波动的风险，以期获得稳定的投资收益。该举措对于进一步壮大股指期货市场的机构投资者队伍，优化股指期货市场的运行质量，倡导理性交易的风险管理文化，无疑有着积极而深远的意义。这是继券商、基金有序入市后，股指期货引入机构投资者工作迈出的重要一步。华宝信托旗下信托产品"励石一号"，2011 年 12 月 9 日通过海通期货成功在中国金融期货交易所开户，取得了信托产品参与股指期货的第一个交易编码，这标志着信托公司参与股指期货正式开闸。中国银监会"放行"信托参与股指期货，主要是希望信托公司进一步向优质的资产管理公司转型。对信托公司而言，问题的关键不在于是否能够按照该指引要求申领到"牌照"，而在于是否做好了充分准备，练就了专业内功，真正能够利用股指期货这一工具提高自身的风险防范意识和风险控制能力，依法开展业务创新。

表 5－6 《信托公司参与股指期货交易指引》主要内容

项　目	监管标准及要求
准入标准	3C 级（含）以上的监管评级；以投机为目的参与股指期货交易的应具备 2C 级（含）以上的监管评级，且已开展套期保值或套利业务 1 年以上
	建立完善的股指期货交易内部控制制度和风险控制制度，并经董事会批准
	具备与业务开展相匹配的专业团队
	完善的 IT 系统建设
	托管银行、期货公司和第三方顾问等交易对手的资质要求
操作规定	提前制定详细的套保、套利方案，并由风险管理部门对其可行性、有效性进行研究
	开展客户适应性调查，做好风险揭示
	在合同文本和资产管理报告中充分做好信息披露
	在事前、事后向监管部门报告
风控措施	禁止固有资金参与股指期货交易业务
	集合信托计划参与套期保值交易时，在任何交易日日终持有的卖出股指期货合约价值总额不得超过集合信托计划持有的权益类证券总市值的 20%；在任何交易日日终持有的买入股指期货合约价值总额不得超过信托资产净值的 10%
	银信理财业务均视为集合信托计划来管理
	结构化集合信托计划不得参与股指期货交易
	单一信托计划的风险敞口不得超过信托资产净值的 80%

5. 促信托公司构建营销体系，引客户导向型理财机构的转型

市场营销作为市场分析、预测、设计和控制的全方位经营管理过程，对公司企业准确作出经营决策和协调内部组织行为具有重要作用。信托产品营销是信托公司业务经营中的一个重要环节，具体是指信托公司将集合资金信托计划向合格投资者推介、销售或办理申购、赎回等各类业务活动。信托公司的战略定位、产品研发、产品设计、风险控制等经营环节与信托产品营销关系密切，营销活动可以为上述环节收集并提供必要的市场信息，促使信托公司的整体发展战略和产品设计更符合市场与客户需求，实现信托公司对经营风险的有效控制。

经过多年发展，我国信托业管理的资产规模急剧膨胀，并已实现对基金的超越，同时产品线也日益丰富，这使得信托公司作为主流资产管理机构的地位得以确立。但问题在于，信托公司对信托产品营销渠道建设并无建树，实践中信托产品营销主要依赖银行。随着信托行业的高速发展，部分信托公司实际上已经通过打擦边球方式绕开了异地经营的限制，导致出现监管漏洞。为此，2011 年 10 月 12 日，中国银监会发出《关于规范信托产品营销有关问题的通知》征求意见稿。该征求意见稿在附件一中提出了规范信托产品营销的主要思路与框架，附件二则集中对信托产品营销规则作出了专门规定，内容共计 52 条。信托产品营销分为信托公司直接营销（即直销）和委托金融机构代理推介（即代销）两种方式。通观该征求意见稿，其核心精神是鼓励信托公司发展直销，实质性的支持措施是允许信托公司设立异地营销中心，并大大简化了产品报备程序。在鼓励直销的同时规范了代销，要求银行必须将全面、真实的客户信息提交给信托公司，且信托公司必须与客户当面签订合同。该征求意见稿重申，信托公司不得委托非金融机构推介信托产品，这意味着第三方财富管理公司将继续无缘代销信托产品，换言之，其仅能向信托公司推荐合格投资者。

该征求意见稿旨在着力提升信托公司自身资产管理能力和客户服务水平，充分发挥信托制度优势，通过信托公司自身营销团队的建设和营销能力的提升，构建以客户为核心、以专业化资产配置和财富管理为主要服务内容的信托营销模式。对信托公司而言，在进行信托产品营销过程中，这无疑是一个重要的利好

消息。其原因在于，该征求意见稿第16条规定，最近一年监管评级三级以上、受托管理集合资金信托计划达到法定资产规模且具备其他相应条件的信托公司，可在公司注册地之外设立总数不超过5个的异地营销中心，如果经中国银监会批准，则还可以在数量上有所突破。这样的规定一旦落到实处，将开启信托公司设立异地分支机构的政策闸门。同时，该征求意见稿第24条和25条对代销的规定更为具体，明确信托公司委托金融机构代理推介信托产品，应签署代理推介协议，明确约定代理推介事项、代理费用、双方权利和义务等，代理推介机构应向信托公司提供全面、真实的客户信息，确保提供的客户信息能够满足信托公司甄别合格投资者的需求，并能够在产品存续期间及时有效地履行风险揭示、信息披露、后续服务等职责。其中，客户信息内容包括但不限于姓名、身份证、职业、居住地、联系方式等。现阶段，信托业生存和发展面临着信托产品和争取客户两个方面的竞争，这样的规定，显然有利于信托公司要求代理推介机构向其交出客户。另外，该征求意见稿第27条规定，信托公司应严格遵守《信托公司集合资金信托计划管理办法》第8条规定，不得委托非金融机构推介信托产品。非金融机构可以向信托公司推荐合格投资者，但不得以提供咨询、顾问、居间等方式直接或间接推介信托产品。这一规定，在政策上为信托公司和第三方的关系作出了厘定，第三方可以介入信托市场，反而因此确定了其在信托销售中的地位，这样有利于信托公司与第三方开展合作与竞争。

但从对该征求意见稿的信息反馈看，也有人对其政策定位提出质疑。该意见认为，从业务发展方向上，在分业监管的背景下，与其他金融机构比较，信托公司最大的优势是产品而不是销售，且销售仅仅是信托公司经营中的环节之一，如果在政策上将信托公司竞争的重点放在分支机构的建设上，则一方面恐怕二三十年信托公司的机构网点数量也不可能赶上银行、保险，根本毫无竞争力可言；另一方面，脱离信托公司发展机构网点与金融机构的整体布局不符、与信托的机构定位不符不谈，即使信托公司能够获得政策支持发展网点建设，那么在重营销轻产品的发展理念下，重规模轻产品质量，信托公司未来是会走向资产管理之路还是成为既不是资产管理公司又不是银行的不伦不类的机构？完全可以想象。因此，对于信托公司的销售环节，政策实在是没必要去保护。

事实上，这种担心并非多余。进入2012年，监管机构极有可能正式允许信托公司设立异地营销中心。政策一旦放开，2012年将极有可能成为大部分信托公司大力扩张的一年。营销网点和营销人员的大规模扩张，不但会使信托公司之间、信托公司与私人银行等机构之间的竞争更加激烈，而且对信托产品设计和持续供应能力、产品营销管理能力等也提出了新的挑战。

表 5－7　信托公司设立异地营销中心的具体条件

项　目	监管标准及要求
监管评级	最近一年监管评级三级以上
信托规模	受托管理集合资金信托计划资产规模____亿元以上
人员要求	营销中心负责人应具备足够的信托业务知识和营销管理经验
内控要求	风险管理和内部控制健全有效
	具备完善的激励约束机制
	具有健全的管理信息系统
	最近 2 年内未发生重大案件和重大违法违规行为

6. 积极实施风险提示，持续强化房地产信托业务风险监测

为有效落实国家房地产调控政策，进一步规范信托公司房地产信托业务，提高信托公司风险防范意识和风险控制能力，继 2010 年对信托公司房地产信托业务进行风险提示后，中国银监会于 2011 年 5 月 5 日下发了《关于逐月上报房地产信托业务风险监测表的通知》，强调第一期房地产信托业务风险监测表在 5 月 10 日前上报，同时，为做好信托公司房地产信托业务风险防范工作，确保房地产信托业务平稳运行，各信托公司要按月报送房地产信托业务风险监测表，并于每月 7 日前将表格填写完整并上报。从上报信息内容看，除了要求填写房地产信托项目属性、规模、到期日、资金运用方式、房地产项目类型外，还要求填写资金来源有无银行理财资金，如有还须说明具体金额。该通知要求，对风险控制方面要详细说明抵押或担保措施，不但信托公司要对项目风险给出判断意见，监管部门对项目到期兑付风险也要作出判断。

表 5－8　房地产信托业务风险监测表

项目名称	项目属性			信托规模	资金来源有无银行理财资金	项目到期日	房地产项目类型				
	集合	单一	财产权				非居住房产	别墅	住宅项目	经济适用房等政策性项目	其他

信托资金运用方式					风险控制措施（须详细说明抵押或担保措施）	三个月以内到期项目还款来源				
贷款	股权投资	股权投资附回购	收（受）益权信托	其他		第一还款来源	第二还款来源	其他还款来源	信托公司项目风险判断意见	监管部门对项目到期兑付风险的判断意见

房地产信托业务风险监测表对项目风险的划分尤为细致，其根据还款资金情况将风险细分为 5 个等级，其中，1 级代表第一还款来源流动性充裕，无清算障碍；2 级代表第一还款来源流动性不稳定，有可能需要第二还款来源补充流动性；3 级代表第一还款来源流动性不足，需要动用第二还款来源偿付；4 级代表第二还款来源流动性不稳定，有可能需要其他还款来源补充流动性；5 级代表现有还款来源资金流动性不足，需要其他还款来源偿付（对于无第二还款来源的项目，若第一还款来源资金不足，即认定为 5 级风险）。进入 2011 年下半年后，伴随房地产调控大环境的进一步趋紧，房地产信托业务的部分风险开始凸显，中国银监会业紧接着加大了“窗口指导”的力度，并规定凡涉及房地产的相关业务都需要逐笔报批。

2011 年，按照中国银监会统一安排，本着市场化原则和审慎经营要求，各信托公司对房地产信托业务进行压力测试。2011 年 9 月 5 日，中国银监会再次下发了《关于做好房地产信托业务风险监测工作有关事项的通知》，要求各地银监局逐笔监测 3 个月以内到期信托项目的预期兑付情况，判断兑付风险，并采取相应的措施，做到对房地产信托项目兑付风险“早发现、早预警、早处置”。此前，房地产信托已由发行后报备，全部转为发行前“审批”，只有极少数项目获得“审批”。该通知特别要求，对于已出现风险的房地产信托项目，各银监局应果断处置，并将有关情况及时报送银监会。对于房地产信托业务发展速度过快，或者风险隐患加大的信托公司，各银监局可采取项目事前报告或者暂停房地产信托业务等措施。对于已出现风险的房地产信托项目，各银监局应果断处置，并将有关情况及时报送银监会。

表 5-9 近期银监会针对房地产信托监管政策回顾表

时 间	监管内容
2011 年 5 月	银监会要求信托公司每月 10 日前上报上月的《房地产信托业务风险监测表》，开始逐个监测房地产信托项目的资金投向、资金运用方式、风险控制措施等信息。
2011 年 6 月	银监会多次“窗口指导”信托公司，对房地产信托余额较大的信托公司，要求“规模要实现稳中有降”；对于房地产信托新增规模较大的信托公司，要求“把握好节奏，严格控制增速”。
2011 年 7 月	开始实行房地产信托业务“事前报备”制度，一改以往“事后报备”。
7 月 29 日	银监会负责人表示，银监会一直支持信托公司在依法合规、风险可控的前提下开展房地产信托业务，但信托公司必须合理控制发展节奏、严控风险。

7. 2012 年信托政策与法制展望

2012 年是我国“十二五”规划实施承上启下的一年。随着城市化运动的深入推进，第一产业劳动力正在持续、大规模地向第二、三产业转移，我国的经济增长和结构调整正在进入新的发展周期。根据全球经济增长状况以及金融风险的预测，在新兴市场经济增长明显放缓、欧洲债务面临再一次考验以及美国经济相对平稳的宏观背景下，我国信托业在风险控制、产品创新以及法制完善方面有待实现新的突破。

7.1 积极防范和控制信托业务风险

在 2012 年第四次全国金融工作会议上，中央提出了做好金融工作的“五个坚持”原则，即坚持金融服务实体经济的本质要求，坚持市场配置金融资源的改革导向，坚持创新与监管相协调的发展理念，坚持把防范化解风险作为金融工作生命线，坚持自主渐进安全共赢的开放方针。其中，“坚持金融服务实体经济的本质要求”被放在首要位置，这既是我国从西方发达国家爆发金融危机中吸取的重要教训，也是出于对自身经济发展深谋远虑的务实选择。在当前极为复杂严峻的国际、国内经济形势之下，风险意识和危机防范意识无疑更受关注，防范金融风险、确保金融安全已成为2012年的金融工作重点。在新的一年中，我国将继续实行稳健的货币政策，确保金融调控的灵活有效，进一步提高针对性、灵活性和前瞻性。在这样的货币政策环境中，积极发挥信托对实体经济的服务作用，对于实现我国经济社会的平稳较快发展极为关键。信托业务风险涉及政策、法律、信用、市场以及操作等不同层面，虽说这些年来监管机构一直在不断强化信托公司的风险管理，维护信托政策的稳定性，但因信托业务风险在产品开发设计、项目决策、市场销售以及信托财产管理等不同阶段均可能发生，加上这些年针对信托产品专业化的特别立法进展缓慢，由此造成信托业务风险的防范和化解机制尚不够完善，亟待建立多层次的立体风险防范体系，特别是应探索建立信托风险释放和补偿机制（包括保险补偿机制等），切实解决外部不可控风险对信托公司发展的影响。

7.2 积极鼓励和保护文化类信托产品创新

党的十七届六中全会召开后，深化文化体制改革，推动社会主义文化大发展大繁荣，已被确定为当前和今后一段时期我国实施“文化强国”战略的中心内容。在这样的大背景下，如何利用信托服务于文化产业发展和文化市场投资即成为信托业创新所面临的新问题。文化既为经济社会全面协调发展提供强大的精神动力，同时也是经济社会发展的重要内容，文化产业是市场经济条件下繁荣发展社会主义文化的重要载体。信托的基本价值取向在于扩张自由并进而提升效率，创新是实现信托业可持续发展的动力和源泉。近年来，我国信托市场上出现的版权信托、艺术品投资信托等，就是信托服务于文化产业发展创新的有益探索。事实证明，信托在服务于中小文化企业、促进文化产业发展方面大有可为。从监管政策取向看，监管机构需要统筹兼顾安全与效率价值，积极鼓励信托产品创新，激发全社会的文化创造活力，使信托机构积极参与并服务于文化创意、影视制作、出版发行、印刷复制、广告、演艺娱乐、文化会展、数字内容和动漫等重点文化产业的发展，积极推动移动多媒体广播电视、网络广播影视、手机广播电视等新兴文化业态的发展和文化产业升级，有效保护信托投资者的利益。

7.3 积极组织和推动《信托业法》的制定

“入世”10年来，在“引进来”和“走出去”并举的开放战略中，信托的市场价值已经被越来越多的投资人和投资机构所肯定，信托业在专营机构和兼营机构的共同发展中，已经具备全方位、多层次、宽领域地参与金融服务的综合比较优势，并注重开发和利用国内、国际两个市场和两种资源，致力于提升信托业的综合实力和国际竞争力。我国金融理财市场的快速发展是营业信托市场化的一面镜子。“受人之托、代人理财”成为营业信托的宣传招牌。从世界范围来看，营业信托的主要功能有财产的转移与积极管理、专业化服务、持久性管理、安全性管理等，派生功能有资金融通、信息融通、资源配置以及税务规避等。金融理财市场提供的综合金融服务，正是试图利用营业信托的这些功能特点，针对不同客户而定制，理财业务也因此而成为我国跨行业交叉性金融业务中最活跃的业务类型。近年来，财富管理的巨大需求和市场空间的高速增长，已经引起国内外金融机构的注意，各类金融机构纷纷寻求市场定位，拓展市场份额，以满足个人财富增长后避损、获利、分散风险的需求。目前，推出理财服务的主要是商业银行、证券公司、基金公司、保险公司和信托公司这5类金融机构，因此，当前“信托业”的界定在外延上已经远远突破了专营信托业务的信托公司。随着兼营信托业务金融机构的大量涌现，用“信托机构”这一概念代替“信托公司”，并制定专门的《信托业法》，已成为未来信托业规范化发展的必然趋势，这也是实现我国信托业长久发展和推动其法治化进程的根本之路。为此，监管机构需要有效进行协调，积极组织和推动《信托业法》的制定。

第六章

焦点探析：后调控时期房地产信托发展模式与趋势[①]

① 本章内容系根据中国信托业协会征文文章《后调控时期房地产信托业务的发展模式与趋势》《如何化解我国房地产信托的隐形风险》《信托公司支持保障性住房建设的障碍及其思考》等整理而成。

自2009年下半年开始，伴随着房价的快速攀升，从“国八条”、“国十条”到“新国十条”，各种房地产调控政策不断出台，货币政策与限购政策的双重压力使房地产行业的热度不断降低，开发商的现金流压力越来越大。在此情况下，房地产信托业务逆势发展，在开发商旺盛的资金需求以及不断攀升的市场利率刺激下，发行规模快速上升，发行频率逐渐加快，成为了银行开发贷款之外房地产行业最重要的融资渠道。房地产信托的快速发展，特别是传统的融资型房地产业务的快速发展与房地产市场不断累积上升的风险形成了较大的反差，流动性风险激增，这也促使监管部门屡次提示房地产信托业务风险，并出台了多项措施规范、控制房地产信托业务的发展速度与规模。在此情况下，预计未来一段时间内房地产信托业务的发展将在国家房地产市场调控政策以及监管部门业务调控下快速降温，2012年房地产信托业务即将进入后调控时期。

1. 目前房地产信托业务的主要风险分析

在货币政策开始正式收紧之前，无论表面形式是否合规，房地产信托主要的资金用途实际就是补充开发商土地出让金缺口，即开发商自有资金投入缺口。由于当时银行信贷资金较为充裕，真正“四证齐全”的开发项目很容易就可获得银行开发贷款支持，因此引入高成本的信托资金搞建设是几乎不可能的选择。进入2011年，货币政策收紧趋势明显，银行的房地产开发贷款越来越难以获批，开发商引入信托资金搞项目建设的需求才开始真正上升，但在整个房地产信托业务中此类真正用于项目建设的需求还是占少数，大量的需求还是补充土地款缺口。

之所以会出现这种情况，主要是由于土地成本的快速攀升。3年前，房地产项目中土地成本仅占开发总成本的20%～30%，这也是商业银行开发贷款中要求自有资金到位20%以及银监会要求的房地产信托中开发商自有资金投资比例超过35%的重要因素。然而，随着土地成交价格的快速上升，土地成本在整个开发成本中所占比例随之大幅度增加，目前在一、二线城市基本达到了50%以上的水平，加上办理“四证”所需要的成本，在获得开发贷款前，开发商自有资金的投资要占到项目总投资的60%以上，对比其他行业这一项目资本金要求无疑是最高的。考虑到房地产行业属资金密集型行业，本身项目总投资较大，而超过60%的自有资金投资比例对开发商自有资金筹集能力提出了极高的要求，能够达到全部项目均按规定不借助其他融资渠道以真正的自有资金坚持到“四证齐全”的开发商全国也数不出几个来（并不是规模大、实力强的开发商就能够做到这一点，大开发商由于项目数量多，反而更需要借助融资渠道筹集自有资金缺口。反而是部分只有一两个项目的小开发商有可能自有资金比较充足）。

自有资金的巨大需求与缺口，使开发商不得不寻求高成本的信托融资予以补充，而目前房地产信托的准入条件同样是“四证齐全”、二级资质、自有资金投资比例超过35%，其准入条件甚至比银行开发贷款还要高（从开发资质和自有资金投资比例上看），即信托资金与银行开发贷款一样不能补充开发商的自有资金缺口，而融资又势在必行。因此，目前房地产信托中经常发生“挂羊头、卖狗肉”偷换项目概念的情况以及以股权投资附回购形式弥补自有资金投资缺口的情况，并成为监管部门三令五申要求加以规范和整顿的对象。

这些现象的存在，也直接加大了房地产信托的风险。

首先，偷换项目概念的情况直接导致信托产品的名义用途与实际用途不符，难以监管资金的具体运用，而名义用途项目由于四证齐全，通常银行开发贷款已进入或即将进入，项目土地等资源要优先抵押给银行，信托融资只能以开发商拥有的其他资产进行担保，对项目的控制力弱，无法确保名义项目的销售收入用于偿还信托融资，而实际用款项目的情况又无法控制，增加了融资风险。

其次，以股权投资附回购形式对开发商提供融资同样存在巨大风险。信托的股权投资进入后只是弥补了开发商的自有资金投资缺口，而项目建设还是需要银行开发贷款的支持，而银行开发贷款无疑是要求项目土地及在建工程的抵押以及对预售资金的监管，在此情况下，开发商基本无法用本项目产生的现金流进行还款（因为即使有预售资金，根据目前建委对预售资金的监管要求，预售资金只能用于偿还银行贷款或用于项目建设，肯定无法用于大股东回购股权），开发商只能通过一些违规手段或者其他项目的现金流用于支付回购价款。在国家对预售资金监管日趋严格的情况下，套取预售资金的难度逐步增大，进而大股东的回购资金也将越来越难找到合适的来源。

2. 后调控时期房地产信托业务的主要发展模式构建

根据以上分析，目前房地产信托业务最大的风险就是信托资金的实际用途大部分均为补充开发商自有资金投资，不仅与监管政策相违背，也注定信托融资的还款来源难以依托项目本身的现金流，从而增加了风险系数。要根治这一弊端，要做到下述几个方面。

首先，要树立“基于项目”这一房地产投资的核心理念，即房地产信托业务的核心是项目，而不是基于某地产商的信誉或实力，信誉好、实力强可以为项目加分，但不能因此忽视了项目本身的开发状况、盈利能力与管理水平，房地产信托的收益要基于项目本身现金流，而非开发商其他项目的还款。

其次，要以长期投资为主要投资手段，逐步减少并降低目前以中短期融资型信托为主的局面及占比。这样做的原因有两个：一是资金链的断裂风险是目前房地产信托业务的最大风险，在市场及货币双重调控压力下，开发商面临产品销售进度及销量下降造成的现金流流入速度减缓与信托融资、开发贷款具有固定到期日期的巨大矛盾，这里面开发贷款还可以展期，而信托融资却直接面临兑付危机，无法展期或延迟兑付，这就有可能造成由还款进度风险转化为项目整体风险。二是房地产项目是目前市场上所有投资中“投资—退出”流程最清晰、程序最规范并具有显著的可预测性的投资品种。一个房地产项目从获取项目土地、办理开发手续到建筑安装、销售回款直至项目清算，流程清晰，每个环节相对固定，时间可以预测，且大部分房地产项目均设立项目公司，可以很简便地通过清算项目公司实现市场价格退出，是最好的具有明确退出方式、大致退出时间、运作流程最清晰的项目投资标的，特别适宜针对固定项目实施股权投资或长期现金流权益投资。

最后，“基于项目的投资”需要信托公司深入项目进行管理，确实对项目的投资以及现金流的回收进行掌控，做到真正的主动管理。

下面简要阐述一下“基于项目”的投资型房地产信托业务的主要业务模式，以及对于此类项目的操作环节和后期管理。

2.1 新型地产投资基金

目前地产投资基金业务也算是得到了一定程度的发展，但无论是不是信托公司运作的，只要是真正基于项目分红而非需要开发商定期回购的融资型基金，都面临巨大的市场认同考验，发行或资金募集均遇到了较大困难。究其原因，主要集中在以下几个方面，第一，没有固定期限，投资人无法预计具体的资金回收时间；第二，由于投资时间长短不一，无法精确预测每年的投资回报（事实上目前市场上客户还是比较喜欢固定回报产品）；第三，由于目前信托等金融机构发行的地产基金（这里不包括投资附回购或权益投资附回购等信托基金）较少，投资人对社会公信力不足的基金管理人很难放心托付。

针对地产基金的发展现状，信托公司作为社会公信力较强的金融机构，具有资金管理与项目管理的双重优势，完全可以通过主动管理设计更加符合市场需求的新型地产基金信托产品，既可以完成自身房地产信托业务的转型，又可以降低产品风险，满足社会投资者需求。

此类地产基金的基本形式是常见的股权投资信托计划，信托资金以股权投资形式入股项目公司或与开发商合资成立有限合伙制企业（信托计划作为有限合伙人）。信托期限设计最长期限与最短期限，其中最长期限根据项目的大小及项目所属地区办理相关开发手续的时间长短以及正常的工程、销售进度进行测试后加上 1 年左右的宽限期，一般项目的最长期限为 3 年（按照正常地产项目从获得土地开始 2 年开发完毕）或 5 年（较大项目或需要分期开发的项目或考虑较多预留时间），最短期限一般不少于 1 年。社会投资人预期收益在信托期限内（即实际信托期限不超过最长期限）预期收益率固定（但按照存续时间，预期收益率递增，例如第 1 年预期收益率 10%，第 2 年预期收益率 11%，第三年预期收益率 12%，以此类推）。

该类地产基金的风险控制措施主要包括：

（1）主动项目管理。这一点与目前大部分股权投资型房地产信托的项目管理内容类似，且下面第 3 点还要详细阐述，这里就不展开了。

（2）修改项目公司章程（或有限合伙公司合伙协议），明确在信托持股未退出项目前（即合资、合作期限内），另一股东方与信托公司间就项目收益的分成比例为 1∶9（或 1∶99，可商谈制定），在此基础上，如 3 年或 5 年（同信托计划最长期限）内信托计划收到的分红达到或超过信托计划“本金 + 委托人收益 + 信托费用（含信托报酬）”时，信托计划需将持有股份无偿转让给另一股东，或另一股东方可按照上述价格收购信托持股，否则仍然维持原收益分成比例。

（3）管理权的转移。可以通过修改公司章程、合伙协议或与另一股东方另行签署协议约定，在信托计划最长期限到期前1年，另一股东方需将项目公司的控制权移交信托公司，由信托公司对项目采取降价出售等手段尽快回收现金流，以达到清盘清算的目的，或使信托计划在最长期限内达到分红要求，实现退出。

（4）财务掌控。由于信托计划的收益来源完全依赖于项目本身的现金流（包括成本的列支），因此此类业务从开始信托公司就应掌控项目公司全部财务权利，从成本列支、销售回款、开发贷款的运用与偿还等各个方面控制成本与现金收付。

（5）为保证管理权的转移等另一股东方的相关承诺，建议要求另一股东方将项目股权为其相关事务承诺的履约进行质押保证，同时通过股权质押防止项目公司的股权未经信托公司同意而发生变动。

（6）要求原则上股东方投入资金至少与信托资金相等，地段较好或地价较周边地价具有明显优势的项目可酌情降低。

除上述风险控制措施外，原则上不再安排项目外的保证措施，项目的主要收益依托项目自身产生的现金流分红，项目土地仍然可以用于申请开发贷款，信托计划可在开发贷款偿还完毕后清算项目退出（项目贷款期限一般也为3～5年，而且如项目开发顺利一般均可提前偿还开发贷款）。

这个业务模型具有可变动但有最长期限的投资年限，最长期限内每年度均具有固定的预期回报水平，而且有具有公信力的信托公司主动管理，可以有效地打消社会投资者对于投资基于项目、没有担保的长期股权投资型地产基金的顾虑，而在信托构架内又通过合资合作期限内大比例的分红比例差异，保证信托计划收益的优先足额实现，并通过严重的违约惩罚措施（如在正常期限内项目仍然无法完成清算，则在大比例的差异分红比例下，合资的另一股东方的收益实际上几乎无法实现，信托计划将享有巨大的投资回报）控制合作伙伴的道德风险，只要是项目优质、信托公司的管理又跟得上，则这类项目的风险是完全可控的，而此类长期项目对市场风险特别是短期风险的抵御能力较强，合作方还款压力较小，现金流要求较低，反而较一般融资型产品更加不易发生资金链断裂风险。从监管上，这类业务主要依托信托公司的主动管理实现项目收益，第一收益来源于项目的盈利，属真正意义上的股权投资，与通常意义上的融资不同，信托计划相当于一个附条件的优先股，其条件就是管理项目的股东应该在一个合理的时间内将项目清算。

2.2 REITs 或类 REITs 基金

随着目前房地产信托业务逐步从以住宅项目为主转向以商业项目为主，特别是进入后调控时期国内商业地产逐步发展，成熟商业物业的租金收入稳步增长，从客观基础上使 REITs 基金的推出成为了现实。当然，由于缺少合适的退出渠道（REITs 份额在银行间市场以及证券市场的交易问题牵扯到诸多因素这里就不展开了），目前真正意义上的 REITs 基金短期内还难以在国内问世（特别是由于各种因素，虽然 REITs 本质上是信托，但最终有可能和证券投资基金类似，无法以信托公司为主要平台运作）。在此情况下，研究推出类 REITs 的集合资金信托计划可以成为信托公司房地产信托业务在后调控时期的重要转型方向，例如各类物业收益权信托。设立此类信托产品主要考虑的因素有以下两个方面：

第一，是否产权过户。即在投资成熟物业的现金流时是通过购买物业产权形式获得收益权，还是从物业所有人手中仅购买物业收益权，如果考虑规范性及法律严谨性，肯定是购买物业产权较为适宜，但如果考虑项目退出问题以及产权过户的手续及税费问题，可能购买收益权模式更为适宜；同时，这个问题还要考虑到监管层会认定仅购买收益权模式属于变相的房地产融资这一顾虑，防范监管风险。

第二，期限与退出问题。这实际上是两个问题，但关联度太高因此一并考虑。由于正常的证券市场交易渠道目前无法实现，退出问题成为目前设计类 REITs 信托产品期限的重要因素，如果没有合适的退出渠道，那类 REITs 产品只能做成长期产品（至少退出方式和退出渠道无法明确），这必然会限制类 REITs 产品的发展，发行规模和社会影响都会大幅度降低，成为一种尝试性产品，无法真正发展壮大（特别是如类 REITs 产品做成长期产品没有上市交易流通渠道的话，还要面临商业银行固定资产支持融资的强大竞争，很难找到合适的交易物业）。此前部分类 REITs 的物业收益权信托产品的退出方式无一例外都是出让方回购或第三方回购收益权实现退出，然而由于监管层对于此类业务是否应归于融资类房地产业务的考虑，这一方式在目前很难大规模开展，而且类 REITs 产品的发展方向无疑是产权过户、上市流通，回购或向第三方转让的退出方式只能作为临时的过渡措施。结合目前国内热度日益高涨的产权交易所模式，我们设想是否可以将类 REITs 信托产品的份额在某类产权交易所挂牌交易,相对于收益难以衡量的艺术品或者风险巨大的衍生品、大宗商品而言,具有稳定现金流入,收益上升趋势明显的类 REITs 产品无疑是更好的交易品种(挂牌交易的类 REITs 产品均应为产权过户产品),通过信托产品的份额化交易完成 REITs 产品的流通。

2.3 保障房信托

大量的保障房项目的开工建设,首当其冲的就是资金问题,如表 6-1 所示:

表 6-1 2011 年各类型保障房建设目标及资金需求

保障房类型	建设目标(万套)	资金需求(亿元)
两限房、经济适用房	200	5000
廉租房、公租房	400	4000
棚户区改造	400	5000

2011 年完成 1000 万套保障房所需资金总计将达到 1.4 万亿元。除中央、省级和市县政府将承担 5000 多亿元外,剩余的 8000 多亿元要通过社会机构投入和被保障对象以及所在企业筹集。

因此,2011 年内对于社会资金的需求将达到 8000 亿元,在银行信贷额度紧张及近期监管部门不断提高存款准备金率的情况下,利润相对低的保障房项目能吸引的银行资金将比较有限。

作为集结民间资金的有效工具——信托将是不可或缺的,而且目前国内信托行业对于保障房建设还是比较积极的,从有关媒体的消息可知,2010 年以来已有 10 多家信托公司参与了保障房项目的融资。

信托资金进入保障房项目的形式主要有贷款型信托、股权型信托、混合型信托、收益权型信托等 4 种模式。据不完全统计,2010 年全国共发行房地产信托产品 1993 亿元,而保障房项目仅为 70.79 亿元。2011 年 1-5 月,这一数字有所增加,前 5 月共为 65 亿元。但是,随着 2011 年以来政策的变化,要求控制新增房地产贷款甚至暂停房地产贷款的监管措施将导致保障房建设资金来源进一步趋紧,在该宏观政策未有大的改观前提下,2011 年信托支持保障性住房建设的资金在信托总规模中的占比依然将会偏低。

作为成长初期阶段的信托公司来说,政策是具有决定性意义的。从地方政府融资平台清理，严格限制新增平台贷款，到银信理财合作业务计提高风险资本，再到如今的房地产信托业务的收紧，可以说，政策在某种程度上决定了信托行业的发展方向和发展前景。

在保障房领域，虽然政府在多处文件或公开场合中提到鼓励保障房建设，但是在具体监管层面上包括银监会相关监管政策上未见明确的鼓励措施出台，这就导致了保障房建设在寻求信托资金支持方面存在一定障碍。因为虽为保障房项目，但其仍属于房地产开发领域，是否严格按房地产信托贷款相关政策来要求，各家信托公司及其从业人员显然有不同的理解，具体操作过程中也就存在不同的标准。

2011年底，对于房地产信托业务的窗口指导，控制甚至收紧房地产信托业务的总体思路，也可能导致保障房建设方面政策的更加不明朗。如果没有更加明确的有针对性的监管政策出台，国内现存很大一部分支持保障房建设的信托资金就存在不确定性，从而不利于规范整个行业的发展。目前大部分信托公司为了规避房地产信托贷款的政策限制，在保障房建设领域大多采用收益权信托模式为项目进行融资，试图避开保障房开发建设之“贷款”的部分限制性条件。虽然有声音认为收益权信托实为融资，应按贷款标准来要求，但并未有明确的文件进行指导，这样的局面显然无法说服广大一线的信托从业人员。当然，从前阶段监管当局对收益权信托数据的统计及近期的一些风声来看，对于收益权信托模式的监管政策将会进一步明确，在房地产政策趋紧的背景下，以实质重于形式来把握监管的原则将很可能使收益权信托亦无容身之所。笔者认为，对信托行业的监管，引导是关键，限制并不是目的，有效化解行业系统性风险才是目的。信托作为目前众多金融工具的重要一环，其重要性无须多言，有效的监管政策引导行业健康发展将是信托业全体同仁所需共同努力的。而健康的引导显然需要更合乎社会发展需求的监管政策。在对房地产信托的收紧前提下，不妨给保障房信托进行适当的松绑。

目前参与保障房建设的多为一些具政府背景的地方政府融资平台公司或中小地产开发商，由于利润不高的原因，那些大开发商对该领域的积极性普遍不高。对无抵押担保的只能通过其他权利质押或保证担保的措施予以缓释风险，因此由信用基础较高的地方融资平台公司介入操作保障房建设在此是可行的。这也符合目前监管层对予以保留的地方政府融资平台的新增贷款要求。如何解决信托公司对其所支持资金的风险问题将是决定众多中小开发商能否得到资金支持的关键因素。

信用因素必不可少，但其保障能力有限。在风险保障上，除信用之外，就是抵押或质押。目前保障房项目的抵押多采用项目用地及其在建工程为融资进行抵押。而据笔者之前接触到的部分项目可知，目前存在相当一部分保障房建设用地不具有或尚未取得国有土地使用权证的情况，在2011年及今后大规模建设而急需金融机构资金支持的保障房项目来说，如果无法及时取得土地使用权，并进行有效抵押的话，就将使信托资金得不到有效的保障，从而削弱包括信托机构在内的金融资金进入的积极性。由于现行物权法及担保法对抵押用地要求是“建设用地使用权”、“以招标、拍卖、公开协商等方式取得的荒地等土地承包经营权”（物权法第180条），同时银监发〔2011〕34号文规定“对于以政府承诺担保、以无土地使用权证的土地出让收入承诺、以规划土地储备（如土地储备证）抵押的等，均应及时追加合法有效押品，消除违规担保的风险隐患。”而且在该文件中明确规定，以上述方式作为抵押的贷款，均属违反《物权法》《担保法》《银行业监督管理法》的行为。

对此，在保障房建设领域能否创新性地先行予以办理抵押登记手续将是具有建设性意义的。笔者认为，保障房建设属于保障社会民生的重大问题，不妨在该领域里创新性地放宽限制，允许诸如储备用地等暂无土地使用权证的土地进行抵押，来保障银行及民间资金进入保障房领域的安全问题，将极大地鼓舞社会资金参与建设的积极性。从有关途径得知，国内现在确实也存在部分地区为支持保障性住房建设而允许对储备用地进行抵押，对此类储备用地发放有别于国有土地使用权的储备用地房地证或颁发给国有土地使用权证，但仍标注为委托储备字眼等。但是毕竟这些都是地方政府的行政行为，由于得不到上位法的明确认可，即使地方相关部门允许并为之办理了抵押登记手续，该等抵押行为也并无法律保障。所以，不妨考虑先在部分地区试点允许该类储备用地等的抵押，并在有效实施之后考虑在全国范围内逐步放行。

由于目前相当部分保障性住房建设用地为划拨用地或无土地使用权证的储备用地，即使在抵押手续办理完毕之后，一旦在满足行使抵押权条件时，如何处置该抵押土地也是一个问题。

其一，如果是以划拨方式取得土地使用权进行抵押的，在行使抵押权时，需要在履行补足土地出让金等相关手续后享有优先受偿权。根据物权法规定，“采取划拨方式的，应当遵守法律、行政法规关于土地用途的规定”。故其在流转时主要风险在于由于土地使用范围的局限性而导致一定的流转障碍和抵押价值减损风险。

其二，如果前述抵押土地为储备地等无土地使用权证的土地，其流转就存在限制。对此，笔者认为，在前述抵押限制放宽之后，对该抵押地的流转也可创新性地一并予以放宽。在履行“招、拍、挂”手续之后以土地出让金来优先偿还信托资金贷款，同时对该类土地流转后也只允许在保障房建设领域内使用。对此，在地方政府融资平台作为承债主体情况下可能将会被认定为是“以无土地使用权证的土地出让收入承诺”等政府间接担保行为而存在新的限制，鉴于此，在保障房建设领域也希望在相关配套政策上予以适当放松监管条件。

由于部分土地未取得土地使用权证，即使部分地方能够办理另外“三证”（即建设用地规划许可证、建设工程规划许可证、建设工程施工许可证），但目前监管层对进入房地产市场包括保障房建设的信托贷款并未放宽条件，也即仍需符合“四三二”条件。这显然与目前保障房建设的现实条件不太符合，导致大量急需资金支持的保障房项目无法如期动工或顺利完成。此外，房地产开发商二级开发资质和项目资本金比例等条件未见监管政策予以放宽，同样与实际参与保障房建设的主体为中小房地产商的现实不太相符。

对此，我们建议，鉴于保障房属于国家政策鼓励的房地产项目，在目前建设任务比较艰巨的背景下，应该在监管政策上建立有别于普通商品住房的差异化鼓励政策，可在满足项目资本金20%比例到位后，对“四三二”条件予以适当放宽。同时，对该政策的明确，也能避免目前国内大部分信托公司实际上为支持保障房建设而放宽信托贷款的风险。

对信托公司来说，要抓住机会在支持保障性住房建设方面作出贡献，同时做大做强自己的业务。在目前房地产信托政策趋紧及存在多种障碍的背景下，发挥信托公司灵活性与创新性将是至关重要的。一方面，面对机遇，信托公司应大力加强自身建设，着重培养创新型人才，进行业务创新，争取在保障性住房建设领域取得有效突破。另一方面，信托业的发展离不开政策的有效支持，在保障性住房如火如荼地开展的大背景下，在政府明确支持与鼓励建设的环境下，对信托资金进入保障性住房建设领域的更明确宽松的鼓励性监管政策也将令人翘首以待。

3. 房地产信托业务风险控制

3.1　加强对房地产信托风险的监管

首先，多年以来，投资客都将房地产行业看成是快速致富与缔造富翁的行业，大量的资金投入房地产行业，使得地产行业的泡沫逐渐积累，随着2010年宏观调控的开始，房价上涨势头得到了一定程度的遏制，接连不断的调控政策驱使投资资金开始另辟蹊径，于是大量的资金瞄准了收益率不断走高的房地产信托，大量热钱的流入也为房地产信托积聚了很大的风险。针对目前房地产信托的猛增态势，银监会必须对此进行监管，防止风险积累到一定程度带来的负面影响。

其次，由于房地产对于我国经济发展起着重要而特殊的作用，因此国家对房地产行业的健康稳定发展更要高度重视。虽然国家接连不断出台相关调控政策，但目前房地产市场存在的风险仍在积聚，为了更好地进行风险防范，银监会于2011年4月初开始对房地产信贷进行压力测试。2011年5月，银监会发布的《关于逐月上报房地产信托业务风险监测表的通知》指出，为做好信托公司房地产信托业务风险防范工作，确保房地产信托业务平稳运行，各信托公司要按月报送房地产信托业务风险监测表，并于每月7日前将表格填写完整并上报。可见，相关部门对房地产信托业的风险监管也在逐渐增强。只有通过监管，研究实施对房地产信托行业的明文规范，才能使房地产信托行业在增强抗风险能力的同时保持平稳健康发展。

3.2　加强信托公司贷款的规范性及自身的抗风险能力

与银行相比，信托公司在贷款上的审核程序相对简单，银行在贷款时先对贷款者的信用及投资项目通过一定的评估程序进行专业的评估，而信托的门槛则相对较低，对于风险控制方面信托公司应该向银行学习，面对风险日益增加的房地产信托，信托公司应该在目前对项目风险进行衡量的基础上，制定更加严格的标准，并严格执行相应的项目评估程序，对于一些风险大但收益很低的项目，信托公司应该果断舍弃，将更多的精力用于更好的项目上。

2010年9月，《信托公司净资本管理办法》正式公布，该管理办法要求信托公司净资本不得低于人民币 2 亿元，不得低于各项风险资本之和的 100%，且不得低于净资产的 40%。信托公司还应当根据不同资产的特点和风险状况，按照一定的系数对资产项目进行风险调整，从而提高了信托公司的抗风险能力。此后，银监会印发了《信托公司净资本计算标准有关事项的通知》，对信托公司净资本、风险资本计算标准和监管指标作出了明确规定。这些规定都是为了提高信托公司抗风险能力而制定的，信托公司都必须按要求执行，但是对于信托公司自身而言，提高风险防范的措施也是同样必要的。由于目前大多数信托公司对不同风险的定量化、主动管理能力较弱，并且信息系统的支撑能力也有待提高，因此信托公司应该结合银监会制定的管理规定，尽快探索建立真正的主动型净资本管理模式，提升自身的风险管理、信息手段、业务和产品运作等水平。

再次，与商业银行、证券公司等金融机构相比，信托公司在净资本管理方面尚缺乏经验，加之信托业务的灵活性，以及以投行融资类业务为主，信托公司应该借鉴投行类金融机构的净资本管理经验，尤其对于实力较弱或业务规模扩张迅速的信托公司，更应该将风险防范作为工作的重中之重。否则，在整个行业缺乏风险缓冲机制的背景下，个别信托公司的风险暴露会对全行业良好发展势头造成破坏。

3.3　强化房地产信托业务的操作及后期管理

无论是新型地产基金还是 REITs 或类 REITs 信托产品，后调控时期房地产信托业务的转型都格外强调信托公司的主动管理能力，即新的房地产信托业务要强化信托公司在房地产信托项目中的运作能力，包括信托设立阶段的操作以及信托成立后的后期管理。

强化操作及后期管理首先应该从制度及机构上完善管理体制，建议在机构与人员配备得力的情况下，将房地产信托业务的操作及管理集中在一个团队中，该团队不负责对外承揽房地产业务，仅负责房地产业务的实施及后期管理，其中项目实施与后期管理建议分为两个相对独立的子团队，无论哪个业务部门或哪个渠道承揽的房地产业务，只要经过信托公司批准，就由该团队中负责实施的子团队按照审批条件实施操作，操作完成后由后期管理团队接手。这样专业化的安排不仅能够将业务开拓部门从大量的事务操作与后期管理工作中解脱出来，通过专业团队的运作提高操作与后期管理水平，同时也能够通过各个部门把房地产信托业务区分为前、中、后台，更好地起到互相监督、防范内部风险的作用。

如人员机构确实紧张，也可以将项目运作仍然交由业务承揽部门负责，但要强化外部法律顾问的作用，不仅可以要求外部法律顾问机构协助业务部门进行项目尽职调查（出具尽职调查报告与业务部门的可行性研究报告相呼应），同时可以要求外部法律顾问在项目实施中进行相关合同签署的鉴证，并就项目的实施出具鉴证意见，从而降低因业务人员业务能力或职业操守引发的操作风险。这些操作虽然会带来成本的增加与一定的工作量，但从业务操作的规范性以及防范风险的角度而言无疑是值得的。

信托成立阶段的操作因各个项目的结构不同有较大差异这里就不再详细阐述了，以下主要谈一下房地产信托业务的后期管理问题。其实房地产信托业务（这里主要指以股权投资为代表的房地产信托业务，贷款类信托业务的贷后管理也可部分参照）的后期管理主要就是在房地产信托项目实施完成后，在项目公司章程及股东的有关约定框架下，按照房地产开发流程参与项目公司的管理。要求后期管理团队首先要熟悉房地产开发的整个流程，掌握部分风险控制的关键节点，并在外部中介机构的辅助下在关键节点上进行风险控制，此外，如遇到需要接管项目公司的情况，还要能够真正负担起项目公司的运营（这一点要求比较高，目前很少有信托公司的后期管理团队能够达到这一标准，一般都需要借助具有关联关系的房地产企业）。由于开发流程涉及的环节较多，如计算流程最长的从土地熟化开始的项目，仅办理建设工程施工许可证前的大环节就有23项，加上小环节足有47项（以济南市项目为例），此外还有施工管理、开发贷款审批及发放、销售环节（分销售道具、销售管理、营销推广三大块，数十个小项），这里就不再详细介绍了。由于房地产后期管理是一个相对专业的流程，同时对风险的控制至关重要，需要配备业务较为熟练，跟进或主持管理过至少一个房地产信托投资项目的熟练业务人员进行管理控制（仅懂房地产业务还不行，必须具备将房地产业务环节与信托业务风险点相结合的能力以及相应的控制经验），这也是前期信托市场上此类既懂金融又具有房地产项目管控经验的从业人员需求激增的原因。

3.4 发展基金化的地产信托产品

所谓信托基金化产品，就是委托人基于对受托人的信任，自愿将其合法拥有并有权支配的资金交付给受托人，由受托人根据信托文件的规定运用信托资金。目前，我国的房地产正处于政策调控的大环境下，加之监管层也在收紧房地产信托业务，对于以单个信托项目为主的地产信托具有很大的冲击，从而使投资者面临较高的风险。考虑到宏观层面以及信托公司自身的风险，发展基金化、规模化的房地产信托产品是一个较好的立足点。

首先，可以降低信托公司的管理成本。信托公司从单个产品设计到发行，以及之后的管理与清算，发行成本与管理成本都比较高，如果做成基金的形式，对于信托公司来说管理成本会明显地降低，而且基金募集的风险也会降低。

其次，投资项目多元化，风险可以分散。由于产品的基金化，资金可以统一放到一个“资金池”中进行分类投资，而不是按照目前的运作模式只局限于某个领域，从而降低了投资风险。

再次，促使房产市场平稳发展。现阶段，房地产业依然是我国经济发展的重要产业，并且又是资金密集型行业。房地产市场的发展状况与国家的经济安全具有很高的关联度，开辟新的融资方式并拓宽融资渠道，可以在一定程度上化解目前房地产市场所积聚的风险，对于维护金融及经济安全稳定发展具有重要的意义。

“新办法”颁布实施以来，信托业取得了巨大发展。伴随着信托行业的巨大发展，房地产信托业务经历了从无到有，从小到大，从无关紧要的补充银行开发贷款不足的角色到目前继银行开发贷款外房地产行业最重要的融资渠道的历史性巨变。在当前房地产后调控时期，信托公司应该顺势而为，与时俱进，大胆探索创新，及时调整业务结构和产品模式，后调控时期房地产信托业务的模式转型问题已经迫在眉睫。

附录1 中国银监会关于印发信托公司净资本计算标准有关事项的通知

银监发〔2011〕11号

按照《信托公司净资本管理办法》(中国银监会令2010年第5号)规定,现将信托公司净资本、风险资本计算标准和监管指标印发给你们,并就相关事项通知如下:

一、为进一步加强信托公司分类监管,确保信托公司业务发展与其风险管理能力、内控水平相匹配,银监会对不同监管评级的信托公司实施不同的风险资本计算标准。

评级结果为3级及以下的信托公司风险资本计算系数为标准系数。评级结果为1级和2级的信托公司风险资本计算系数在标准系数基础上下浮20%。

二、对于同时包含融资类和投资类业务的信托产品,信托公司在计算风险资本时应按照融资类和投资类业务风险系数分别计算风险资本。

融资类业务包括但不限于信托贷款、受让信贷或票据资产、附加回购或回购选择权、股票质押融资和准资产证券化等业务。

三、对于TOT(信托之信托)信托产品,信托公司应按照被投资信托产品的分类分别计算风险资本。

除TOT和股票受益权投资信托业务外,其他受益权投资信托业务原则上应按照融资类业务计算风险资本。

四、银信合作业务以及受益权发生转让导致受益人超过两人(含两人)的信托业务,按照集合资金信托业务计算风险资本。

银行理财资金成为受益人的信托业务视为银信合作业务,按照集合资金信托业务计算风险资本。

五、为防范关联交易风险，信托公司对资金来自非关联方但用于关联方的单一信托业务应按照规定的风险系数额外计提附加资本。

六、银监会将根据信托公司业务发展的实际情况，适时调整净资本、风险资本计算标准和监管指标，确保信托公司风险可控、科学发展。

七、各信托公司应根据国家宏观调控政策和银监会监管政策导向积极调整业务规模和业务结构，确保在2011年12月31日前达到净资本各项指标要求。

对在规定时间内未达标的信托公司，各银监局应立即暂停其信托业务，并追究该公司董事长和高级管理人员责任。

八、各银监局应认真组织监管人员和信托公司学习净资本管理相关规定，有效落实各项监管要求，并将文件执行中遇到的问题和建议及时报告银监会。

请各银监局将本通知转发至辖内银监分局及信托公司。

二〇一一年一月二十七日

附录2　中国银监会关于进一步规范银信理财合作业务的通知

银监发〔2011〕7号

各银监局，各政策性银行、国有商业银行、股份制商业银行，邮政储蓄银行，银监会直接监管的信托公司：

为进一步防范银信理财合作业务风险，促进商业银行和信托公司理财合作业务健康发展，结合《中国银监会关于规范银信理财合作业务有关事项的通知》（银监发〔2010〕72号，以下简称《通知》）有关规定，现就有关事项通知如下：

一、各商业银行应当按照《通知》要求在2011年底前将银信理财合作业务表外资产转入表内。各商业银行应当在2011年1月31日前向银监会或其省级派出机构报送资产转表计划，原则上银信合作贷款余额应当按照每季至少25%的比例予以压缩。

二、对商业银行未转入表内的银信合作信托贷款，各信托公司应当按照10.5%的比例计提风险资本。

三、信托公司信托赔偿准备金低于银信合作不良信托贷款余额150%或低于银信合作信托贷款余额2.5%的，信托公司不得分红，直至上述指标达到标准。

四、各银监局应当严格按照上述要求督促商业银行资产转表、信托公司压缩银信合作信托贷款业务。

各单位收到本通知后要立即按上述要求抓紧落实。

二〇一一年一月十三日

附录3 中国银监会关于印发信托公司参与股指期货交易业务指引的通知

银监发[2011]70号

各银监局，各国有商业银行、股份制商业银行，邮政储蓄银行，银监会直接监管的信托公司：

现将《信托公司参与股指期货交易业务指引》印发给你们，请遵照执行。请各银监局将本通知转发至辖内相关银行业金融机构。

银监会
二〇一一年六月二十七日

信托公司参与股指期货交易业务指引

第一条 为规范信托公司参与股指期货交易行为，有效防范风险，根据《中华人民共和国信托法》、《中华人民共和国银行业监督管理法》、《信托公司管理办法》和《银行业金融机构衍生产品交易业务管理暂行办法》等法律法规，制定本指引。

第二条 信托公司直接或间接参与股指期货交易，应当经中国银监会批准，并取得股指期货交易业务资格。

信托公司参与股指期货交易应当遵守期货交易所有关规则。

第三条 信托公司固有业务不得参与股指期货交易。

信托公司集合信托业务可以套期保值和套利为目的参与股指期货交易。信托公司单一信托业务可以套期保值、套利和投机为目的开展股指期货交易。

第四条 信托公司申请股指期货交易业务资格，应当具备下列条件：

（一）最近年度监管评级达到3C级（含）以上。

申请以投机为目的开展股指期货交易，最近年度监管评级应当达到2C级（含）以上，且已开展套期保值或套利业务一年以上。

（二）具有完善有效的股指期货交易内部控制制度和风险管理制度。

（三）具有接受相关期货交易技能专门培训半年以上、通过期货从业资格考试、从事相关期货交易1年以上的交易人员至少2名，相关风险分析和管理人员至少1名，熟悉套期会计操作程序和制度规范的人员至少1名，以上人员相互不得兼任，且无不良记录。

期货交易业务主管人员应当具备2年以上直接参与期货交易活动或风险管理的资历，且无不良记录。

（四）具有符合本指引第六条要求的IT系统。

（五）具有从事交易所需要的营业场所、安全防范设施和其他相关设施。

（六）具有严格的业务分离制度，确保套期保值类业务与非套期保值类业务的市场信息、风险管理、损益核算有效隔离。

（七）银监会规定的其他条件。

第五条 信托公司申请股指期货业务资格，由属地银监局初审，报送银监会审批。

银监会直接监管的信托公司直接报送银监会审批。

第六条 信托公司开展股指期货信托业务，IT系统应当符合以下要求：

（一）具备可靠、稳定、高效的股指期货交易管理系统及股指期货估值系统，能够满足股指期货交易及估值的需要；

（二）具备风险控制系统和风险控制模块，能够实现对股指期货交易的实时监控；

（三）将股指期货交易系统纳入风险控制指标动态监控系统，确保各项风险控制指标符合规定标准；

（四）信托公司与其合作的期货公司IT系统至少铺设一条专线连接，并建立备份通道。

第七条 信托公司开展股指期货信托业务，应当制定相应的业务流程和风险管理等制度，经公司董事会批准后执行。

第八条 信托公司以套期保值、套利为目的参与股指期货交易，应当制定详细的套期保值、套利方案。套期保值方案中应当明确套期保值工具、对象、规模、期限以及有效性等内容；套利方案中应当明确套利工具、对象、规模、套利方法、风险控制方法等内容。

第九条 信托公司风险管理部门应当对套期保值或套利交易的可行性、有效性进行充分研究、及时评估、实时监控并督促信托业务管理部门及时调整风险敞口，确保套期保值或套利交易的可行性、有效性。

第十条 信托公司开展股指期货信托业务，应当选择适当的客户，审慎进行股指期货投资。

信托公司在与客户签订参与股指期货交易的信托合同前，应当了解客户的资产情况，审慎评估客户的诚信状态、客户对产品的认知水平和风险承受能力，向客户进行充分的风险揭示，并将风险揭示书交客户签字确认。

第十一条 信托公司开展股指期货信托业务，应当在信托合同中明确约定参与股指期货交易的目的、比例限制、估值方法、信息披露、风险控制、责任承担等事项。

第十二条 信托公司、托管机构应当根据交易所的相关规定，确定信托资金参与股指期货交易的交易结算模式，明确交易执行、资金划拨、资金清算、会计核算、保证金存管等业务中的权利和义务，建立资金安全保障机制。

第十三条 信托公司在开展股指期货信托业务时，应当依据法律法规规定和信托文件约定，及时、准确、完整地进行信息披露。

信托公司应当在信托资产管理报告中充分披露参与股指期货交易的有关情况，如投资目的、持仓情况、损益情况等，并充分说明投资股指期货对信托资产总体风险的影响情况以及是否符合既定的投资目的。

第十四条 信托公司集合信托计划参与股指期货交易，应当遵守下列规则：

（一）信托公司集合信托计划参与套期保值交易时，在任何交易日日终持有的卖出股指期货合约价值总额不得超过集合信托计划持有的权益类证券总市值的20%；在任何交易日日终持有的买入股指期货合约价值总额不得超过信托资产净值的10%。

（二）信托公司集合信托计划参与股指期货交易须符合交易所相关规则。

（三）信托公司集合信托计划参与股指期货交易时，在任何交易日日终所持有的权益类证券市值和买入股指期货合约价值总额的合计价值，应当符合信托文件关于权益类证券投资比例的有关约定。

（四）银信合作业务视同为集合信托计划管理。

（五）结构化集合信托计划不得参与股指期货交易。

第十五条　信托公司单一信托参与股指期货交易，在任何交易日日终持有股指期货的风险敞口不得超过信托资产净值的80%，并符合交易所相关规则。

第十六条　因证券期货市场波动、信托规模变动等信托公司之外的原因致使股指期货投资比例不符合规定的，在该情形发生之日起2个工作日内，信托公司应当向银监会或属地银监局报告，并应当在10个工作日内调整完毕。调整完毕后2个工作日内应当再次向银监会或属地银监局报告。

第十七条　信托公司股指期货信托业务终止的，应当在清算结束后3个工作日内申请注销股指期货交易编码，并在5个工作日内向银监会或属地银监局报告。

第十八条　信托公司开展股指期货信托业务选择的合作保管银行应具备下列条件：

（一）具有独立的资产托管业务部门，配备熟悉股指期货业务的专业人员；

（二）有保管信托财产的条件；

（三）有安全高效的针对股指期货业务的清算、交割和估值系统；

（四）有满足保管业务需要的场所、配备独立的监控系统；

（五）银监会规定的其他条件。

第十九条　信托公司开展股指期货交易业务选择的合作期货公司应当具备下列条件：

（一）按照中金所的会员分级制度，具备全面结算会员或者交易结算会员资格；

（二）最近年度监管评级达到B级（含）以上；

（三）具备二类或二类以上的技术资格；

（四）有与业务规模相匹配的风险准备金余额。

第二十条　信托公司开展股指期货信托业务时，应当亲自处理信托事务，自主决策。信托文件事先另有约定的，信托公司可以聘请第三方为信托业务提供投资顾问服务。

第二十一条　前条所称投资顾问，应当满足以下条件：

（一）依法设立，没有重大违法违规记录；

（二）实收资本金不低于人民币1000万元；

（三）有合格的股指期货投资管理和研究团队，团队主要成员通过证券、期货从业资格考试，在业内具有良好的声誉，无不良从业记录，并有可追溯的证券或期货投资管理业绩证明；

（四）有健全的业务管理制度、风险控制体系、规范的后台管理制度和业务流程；

（五）有固定的营业场所和与所从事业务相适应的软硬件设施；

（六）银监会规定的其他条件。

第二十二条 信托公司应当就第三方投资顾问管理团队的基本情况、从业记录和过往业绩等开展尽职调查。信托公司应当制定第三方顾问选聘规程，并向银监会或其派出机构报告。

第二十三条 信托公司聘请第三方开展股指期货交易时，要做好交易实时监控和与第三方的即时风险通报。信托公司应该建立与第三方的多渠道联系方式，保证能够即时传达风险指令，并具有盘中按照净值管理要求进行自主调仓的管理能力。

第二十四条 信托公司开展股指期货交易信托业务不得有以下行为：

（一）以任何方式承诺信托资金不受损失，或者以任何方式承诺信托资金的最低收益；

（二）为股指期货信托产品设定预期收益率；

（三）利用所管理的信托财产为信托公司，或者为委托人、受益人之外的第三方谋取不正当利益或进行利益输送；

（四）从事内幕交易、操纵股指期货价格及其他违法违规活动；

（五）法律法规和银监会、中金所及其他监管机构禁止的其他行为。

第二十五条 本指引实施前，信托公司已开展的信托业务未明确约定可以参与股指期货交易的，不得投资股指期货。变更合同投资股指期货的，应按照约定的方式取得委托人（受益人）的同意，同时对相关后续事项做出合理安排。

第二十六条 本指引由银监会负责解释。

第二十七条 本指引自印发之日起施行。

附录4 关于规范信托产品营销有关问题的通知

为规范信托产品营销行为，保护投资者合法权益，促进信托行业规范发展，根据《中华人民共和国信托法》、《中国银行业监督管理法》、《信托公司管理办法》和《信托公司集合资金信托计划管理办法》等法律、法规，现将信托产品营销有关事项通知如下：

一、本通知所称信托产品营销是指信托公司将集合资金信托计划向合格投资者推介、销售或办理申购、赎回等各类业务活动。

二、信托公司从事信托产品营销应当遵守本通知及中国银监会、中国信托业协会规定的各项行为规范，诚实守信，公平对待投资者和专业胜任原则，恪守职业道德。

三、信托公司应着力提升自身资产管理能力和客户服务水平，充分发挥信托制度优势，通过自身营销团队的建设和营销能力的提升，构建以客户为核心、以专业化资产配置和财富管理为主要服务内容的信托营销模式。

四、中国信托业协会依据法律法规和自律规则，对信托产品营销活动进行自律管理，并对信托营销人员进行资格认证管理。

未取得资格认证和信托公司授权，任何人员不得从事信托产品营销活动。

五、信托公司营销信托产品，应遵循公平、公开、公正原则，充分揭示风险，不得误导投资者，保护投资者合法权益。

六、信托公司营销信托产品，应当遵循风险匹配原则，在有效评估投资者风险承受能力和需求的基础上，销售与其风险承受能力相符的信托产品。

七、信托公司营销信托产品，应遵循审慎合规原则，加强信托产品的合规性审查和营销行为的合规性管理，有效防范合规风险。

八、信托公司应对营销人员进行必要的专业知识培训和产品培训，确保营销人员掌握信托业务监管政策、规章制度，并对所营销的信托产品的风险特性有充分的理解。

九、信托公司应制定合理的信托营销考核评价和激励约束机制，从销售规模、客户满意度、服务规范等多维度进行考核，不得以销售业绩作为单一考核和奖励指标。

十、信托公司应对营销人员在营销活动中出现的违规行为进行问责处理，将其纳入营销人员整体考核系统，持续跟踪考核。同时应上报中国银监会和中国信托业协会。

十一、信托公司营销信托产品，可采取信托公司直接营销模式，也可选择其他金融机构代理推介信托产品。

十二、信托公司开展直接营销，应设立专业的营销团队。

十三、信托公司开展直接营销，应建立相应的客户关系管理系统，能为开展客户管理、营销管理、绩效考核管理、产品库管理、财富规划等工作提供技术支持。

十四、信托公司开展直接营销，应建立相应的营销管理制度：

（一）对营销人员的销售行为制定具体、明确、标准化的行为规范；

（二）开通客户反馈、建议及投诉渠道，对营销人员的销售行为进行监督管理；

（三）制定信托合同管理的规章制度，规范合同管理操作流程；

（四）对客户信息资料建立保密制度，保护客户隐私安全。

十五、信托公司开展直接营销，还可以通过设立营销中心的方式进行。

信托公司设立营销中心须经中国银监会审核批准。

十六、信托公司可在公司注册地之外设立异地营销中心。异地营销中心总数不得超过5个，但经中国银监会批准的除外。

十七、信托公司设立异地营销中心，必须具备以下条件：

（一）最近一年监管评级三级以上；

（二）受托管理集合资金信托计划资产规模　　亿元以上；

（三）营销中心负责人应具备足够的信托业务知识和营销管理经验；

（四）风险管理和内部控制健全有效；

（五）具备完善的激励约束机制；

（六）具有健全的管理信息系统；

（七）最近2年内未发生重大案件和重大违法违规行为；

（八）中国银监会要求的其他条件。

十八、银监会直接监管的信托公司设立营销中心，应向银监会提交申请，由银监会受理、审查并决定。银监局、银监分局监管的信托公司设立营销中心，应向所在地银监局提交申请，由银监局受理并初步审查、银监会审查并决定。申请材料包括以下文件和资料（一式三份）：

（一）营销中心设立申请

（二）营销中心设立方案；

（三）营销中心管理办法；

（四）营销中心负责人的简历及公司相关任职文件；

（五）营销团队主要成员名单、简历及相关授权文件；

（六）营销管理制度；

（七）客户关系管理系统介绍与说明

（八）营销人员考核评价、激励约束和问责机制；

（九）固定办公场所的所有权或者使用权证明文件；

（十）银监会要求提交的其他资料。

十九、异地营销中心可以经营如下活动：

（一）负责本公司信托产品在营销中心所在地的推介、发行和客户签约工作；

（二）为配合产品营销而开展的品牌宣传、市场推广等活动；

（三）履行对客户的售后服务工作，接受客户的咨询和投诉；

（四）各项增值服务及各种金融咨询等其他客户服务工作，包括但不限于资产配置、财务规划及法律咨询等各种金融咨询服务。

（五）对营销团队进行持续培训和日常管理；

（六）经银监会审核批准的其他业务。

二十、信托公司对异地营销中心的管理应达到如下要求：

（一）信托公司应当建立完善的营销管理制度，包括但不限于信托合同管理、营销团队管理制度、营销人员行为手册等；

（二）信托公司应当建立对营销中心和营销人员合理的考核评价和激励约束机制，确保业务的健康稳步发展；

（三）信托公司风险管理制度应涵盖信托营销风险的管理，能及时识别、控制与营销活动相关的各类风险；

（四）信托公司需要具备较强的产品研发能力，建立完善的客户服务体系和

IT 运营平台，支持营销中心的业务发展；

（五）信托公司应当制定相应的《营销中心管理办法》，对营销中心的设立、经营管理和考核评价有具体的标准和要求，并建立市场退出机制；

（六）信托公司每年应对已开设营销中心的经营管理情况进行检查并形成总结报告。

上述各类文件及情况说明应及时报送银监会备案。

二十一、异地营销中心的变更撤销

（一）信托公司变更营销中心名称、经营场所，应报属地银监局批准；

（二）信托公司撤销营销中心，应报属地银监局批准。

二十二、信托公司委托商业银行等金融机构代理推介信托产品，应制定明确的代理推介机构选择标准和完善的代理推介内控制度，有效规范代理推介机构的推介行为，防范代理推介过程中产生的风险。

二十三、信托公司不得将客户甄别、风险揭示、信息披露等职责委托他人。信托合同及相关信托文件必须由信托公司与委托人当面签署。

二十四、信托公司委托金融机构代理推介信托产品，应签署代理推介协议，明确约定代理推介事项、代理费用、双方权利和义务等。

二十五、代理推介机构应向信托公司提供全面、真实的客户信息，确保提供的客户信息能够满足信托公司甄别合格投资者的需求，并能够在产品存续期间及时有效地履行风险揭示、信息披露、后续服务等职责。

客户信息内容包括但不限于：姓名、身份证、职业、居住地、联系方式等。

二十六、信托公司委托商业银行等金融机构代理推介信托产品，代理推介机构应在推介结束后向信托公司提交代理推介情况报告。

二十七、信托公司应严格遵守《信托公司集合资金信托计划管理办法》第八条规定，不得委托非金融机构推介信托产品。非金融机构可以向信托公司推荐合格投资者，但不得以提供咨询、顾问、居间等方式直接或间接推介信托产品。

二十八、信托公司在营销信托产品过程中应审慎选择合作机构。发现合作机构有不当行为的，应及时上报银监会和中国信托业协会，且不得与其继续合作。

二十九、信托公司从事信托产品营销应当建立严格的合格投资者甄别制度。

信托公司应设计与业务特点相适应的合格投资者尽职调查问卷，其内容至少应包括：投资者姓名（名称）、投资者资产状况、收入稳定状况、资金来源、投资经验、对金融产品风险熟悉程度、风险承受能力、对信托制度和相关法规的了解程度、对信托产品的熟悉程度、对信托产品风险承担机制的理解等内容。

投资者应当以真实身份购买信托产品，信托资金的来源、用途应当符合法律法规的规定，且投资者应当在信托文件中对此做出明确承诺。如果投资者身份不真实、信托资金来源或者用途不合法，信托公司不得向该投资者销售信托产品。

三十、信托公司应事前对投资者进行风险适应性调查，应在“了解你的客户”基础上，根据投资者风险承受能力及风险偏好，适当推介及营销相应信托产品，引导投资者审慎做出投资决策。

三十一、信托公司向投资者销售产品时，应充分向投资者揭示信托产品的风险，完整披露所销售的信托产品相关信息，确保投资者对信托公司所提供的产品和服务做出正确的评价，确保投资者在购买该产品之前已知晓并理解相关风险，信托公司不得向投资者做出保本保收益等不当承诺或者保证。

三十二、信托公司应依法制作认购风险申明书，对信托产品投资风险进行书面提示。并应在该认购风险申明书中要求投资者在确认栏和签字栏中抄录如下语句：“本人已经阅读上述风险提示，充分了解并清楚知晓本信托产品的风险，愿意承担相关风险”，并由投资者亲笔签名。

三十三、信托公司在信托产品营销过程中应坚持公平竞争原则，以正当、合规、合法手段进行推介、销售，不得以诋毁、贬低竞争对手的方式进行宣传，抵制商业贿赂和不正当交易，不得向投资者给予或承诺给予信托合同以外的不正当经济利益。

三十四、信托公司应尊重投资者隐私，对投资者个人身份信息、产品认购金额、收益兑付账户等信息保密，不得向第三方借阅、转让、交换、出售投资者信息，亦不得违规利用或介绍他人利用投资者信息。

三十五、当自身利益或者相关方利益与投资者的利益发生冲突或者存在潜在利益冲突时，信托营销人员应及时向投资者进行披露，并且坚持投资者合法利益优先的原则。

三十六、信托公司宣传推介信托产品，应当制作规范和详尽的信托产品宣传推介材料。

宣传推介材料，是指信托公司为宣传推介信托产品向投资者提供的宣传单、手册等用于宣传推介信托产品的资料。宣传推介材料必须真实、准确、简明、易懂，与信托合同及相关信托文件相符，并由信托公司法律合规部门审查。

三十七、宣传推介材料不得有下列情形：

（一）虚假记载、误导性陈述或者重大遗漏；

（二）违规承诺收益或者承担损失；

（三）夸大或者片面宣传信托产品，违规使用安全、保证、承诺、保险、避险、有保障、高收益、无风险等可能使投资者认为没有风险；

（四）中国银监会规定的其他情形。

三十八、信托公司、代理推介机构宣传推介信托产品时，不得有以下行为：

（一）以任何方式承诺信托资金不受损失，或者以任何方式承诺信托资金的最低收益；

（二）通过报刊、电视、广播、互联网（信托公司或代理推介机构官方网站除外）及其他公共媒体公开宣传推介信托产品；

（三）通过手机短信等方式向不特定客户以群体发送方式宣传推介信托产品；

（四）以散发广告传单、报刊夹带等方式宣传推介信托产品；

（五）推介材料含有与信托文件不符的内容，或者存在虚假记载、误导性陈述或重大遗漏等情况；

（六）在销售活动中为自己或他人牟取不正当利益，承诺进行利益输送，通过给予他人财物或利益，或接受他人给予的财物或利益等形式进行商业贿赂；

（七）采用虚假宣传、夸大预期收益等不正当手段推介信托产品；

（八）对信托公司过去的经营业绩作夸大介绍，或者恶意贬低同行等不正当竞争行为；

（九）中国银监会禁止的其他行为。

三十九、信托公司或代理推介机构营销信托产品时，应当根据反洗钱相关法律法规要求识别投资者身份，核对投资者的有效身份证明文件，并登记基本身份信息。

信托公司或者代理推介机构如发现信托资金涉嫌洗钱，应当按照《中华人民共和国反洗钱法》和相关规定履行报告义务。

四十、对信托公司异地营销遵循属地监管原则，信托公司注册地银监局（以下简称属地局）对从事异地营销的信托公司实施包括准入、非现场监管和现场检查在内的全面监管，并承担最终监管责任；注册地以外的银监局（以下简称异地局）配合属地局对信托公司异地推介信托产品、募集信托资金的行为做好合规性监管；中国银监会负责监管局之间的指导与协调。

四十一、信托公司在注册地以外的地区开展信托产品推介和销售的各类活动均属于异地营销。

有下列情形之一的视为信托产品异地营销：

（一）在注册地以外的地区组织、开展以销售信托产品为目的的各种理财咨询、产品介绍、投资者沙龙等宣传推介活动；

（二）在注册地以外的其他地区开设代理收付账户，并募集资金的；

（三）在注册地以外的其他地区签署信托合同和相关文件的；

（四）委托注册地为异地的商业银行推介信托产品的；

（五）中国银行业监督管理委员会认定的其他情况。

四十二、信托公司应将开展异地营销的组织形式、相关批复文件、管理制度、人员名单、办公地址等情况同时报备属地局和异地局。属地局应与异地局加强沟通联动，共同做好异地信托营销人员行为的监管，严防违规行为的发生。

四十三、信托公司开展信托产品异地营销实行事前报告制度。属地局负责异地营销信托产品的事前报告受理与审核，以及向异地银监局的告知职责，异地局配合属地局对信托公司异地营销行为合规性实施监管。

信托公司应向属地局事前报告拟在异地营销的信托项目基本情况、风险和合规情况的说明等相关文件。属地局如对报告事项无异议，应将无异议意见连同信托公司报送的全套报告材料抄送异地局，同时将无异议意见告知信托公司。信托公司接到属地局无异议通知后即可开始异地营销活动。

属地局在监管异地信托业务时，应充分尊重异地局对其辖内同类业务的监管标准和相关合规、风险控制等监管要求，并加强与异地局的沟通。

四十四、信托公司委托异地商业银行推介信托产品的，异地局以商业银行总行注册地为准。

四十五、信托公司应于每季末将季度内异地营销的集合资金信托计划的实际募集情况、信托项目管理报告、资金运用及收益情况、信托资产的风险及变动趋势等情况报告属地局。

属地局应持续监测分析信托公司异地展业情况及其风险变动，并在每季的非现场监管分析报告中专门对信托公司异地业务做出分析说明，内容应包括异地集合资金信托业务总量、地区结构、涉及人数、业务合规性、后续管理、清算交付、风险状况等情况。

四十六、信托公司应于每月末对异地信托业务风险和未来三个月内到期的信托计划清算交付风险进行自查，如发现有涉及异地投资者的信托项目出现信托资金使用方的财务状况严重恶化、担保方不能继续提供有效担保等重大风险，或预计将发生无法按期清算交付的情况，信托公司应拟定风险化解方案，并在3个工作日内将项目基本情况和风险化解方案书面报告属地局和异地局。

四十七、异地局可根据监管需要对异地信托公司在其辖区设立的营销中心实施现场检查，还可要求报送与信托产品异地营销有关的各类报告或报表，或采取调查走访、审慎会谈等方式进行持续监管。

对现场检查或日常监管发现的问题，异地局应同时报银监会和属地局，由属地局负责后续处理工作，并将有关处理情况报银监会，同时抄送异地局。

四十八、异地局发现信托公司在其辖区进行信托产品推介和资金募集出现违规情况，可暂停其营销活动，并将相关情况通报属地局，由属地局对信托公司采取进一步的监管措施，情节严重的可限制该信托公司在其辖区开展异地集合资金信托业务。

四十九、属地局对信托公司异地信托业务进行调查或现场检查时，异地局应积极做好配合，确保调查或现场检查的效率和质量。

五十、两个以上（含两个）单一资金信托用于同一项目的，应当按照集合信托计划的标准遵守本通知相关规定。

五十一、动产信托、不动产信托以及其他财产和财产权信托进行受益权拆分转让的，应当遵守本通知相关规定。

五十二、本通知自下发之日起施行。

请各银监局及时将本通知转发至辖内银监分局和信托公司。